Die Gründung des Willensbegriffs

AF172557

D. G. Carus

Die Gründung des Willensbegriffs

Die Klärung des Willens als rationales Strebevermögen in einer Kritik an Schopenhauer und die Ergründung des Willens in einer Auseinandersetzung mit Aristoteles

 Springer VS

D. G. Carus
Albert-Ludwigs-Universität Freiburg
Freiburg, Deutschland

ISBN 978-3-658-11003-1   ISBN 978-3-658-11004-8 (eBook)
DOI 10.1007/978-3-658-11004-8

Die Deutsche Nationalbibliothek verzeichnet diese Publikation in der Deutschen Nationalbibliografie; detaillierte bibliografische Daten sind im Internet über http://dnb.d-nb.de abrufbar.

Springer VS

Lektorat: Frank Schindler, Monika Mülhausen

Gedruckt auf säurefreiem und chlorfrei gebleichtem Papier

Springer Fachmedien Wiesbaden ist Teil der Fachverlagsgruppe Springer Science+Business Media
(www.springer.com)

Inhalt

Vorwort IX

Einleitung 1
I   Der erste Hauptteil – Schopenhauers Willenskonzeption 1
II   Der zweite Hauptteil – Der Wille bei Aristoteles und die intellektuelle
     Tugend der Klugheit 5
III Der dritte Hauptteil – Die negativen Konsequenzen der aristotelischen
     Klugheits- und daher Willensbestimmung für die Erfassung und
     Bestimmung des Prinzips der Praxis 7

Erster Hauptteil – Schopenhauers Willenskonzeption

1   Das Verhältnis von Wille und Vorstellung 11
     1.1   Das Verhältnis von Wille und Vorstellung in Schopenhauers
           Weltbild 11
     1.2   Die Physiologie des Willens 17
     1.3   Schopenhauers naturalistische Willensvorstellung 22
     1.4   Schopenhauers Theorie der Erkenntnis des Willens am Leib 25
     1.5   Die Erkenntnis des intelligiblen Charakters als Wille 28
     1.6   Die Äußerung und Bestimmung des Willens als Willensakt 31
     1.7   Die Freiheitsvorstellung Schopenhauers zur Behauptung der
           Vorbestimmtheit des Willens 33
     1.8   Die unmittelbare Erkenntnis oder das Wunder *par excellence* 36
     1.9   Der Entschluss 37

2   Forschungsansätze zum Verhältnis des Willens als Ding an sich
    zur Erscheinung 43
    2.1   Rudolf Malter: Probleme der Willensmetaphysik 43
        2.1.1   Der Gang zur Postulierung des Willens als Ding an sich 44
        2.1.2   Das Leiberleben – der Leib als das Metaphysische und
                seine empirische Grundlage 46
        2.1.3   Das Problem der Deutung der Willensvorstellung durch
                das ‚Erleben‘ 49
    2.2   Alfred Schmidt: Die weltimmanente Erfassung des Dinges
          an sich 51
    2.3   Dieter Birnbacher: Das Ding an sich in seiner Erscheinung 52
    2.4   Matthias Koßler: Das Verhältnis von Wille als Ding an sich
          und Erscheinung – die Übergangskonstellation 59
    2.5   Moira Nicholls zu Julian Young: Der Wille ist Ding an sich
          versus der Wille ist nicht Ding an sich 75
    2.6   John Atwell: Der menschliche Charakter und die Metaphysik
          des Willens 77
    2.7   Christopher Janaway: Das Selbst und die Welt in Schopenhauers
          Philosophie 83

3   Die Auswirkung der Kluft zwischen Wille und Vorstellung auf
    Schopenhauers Morallehre 89
    3.1   Die Problematik von Schopenhauers Willenskonzeption für
          seine Moralvorstellung 90
    3.2   Schopenhauers Kritik an Kants Ethik der Allgemeinheit
          zur Einleitung in Schopenhauers Morallehre des Gefühls 92
    3.3   Die Gerechtigkeit und Menschenliebe bei Schopenhauer 94
    3.4   Schopenhauers Morallehre des Gefühls 95
    3.5   Der Charakter als Grund der Moralität bei Schopenhauer 96
    3.6   Eine Kritik an Schopenhauers Mitleidsvorstellung 98
        3.6.1   Fragen an Schopenhauer 98
        3.6.2   Die Notwendigkeit der Rationalität für jegliche
                Moralvorstellung 100
    3.7   Der unumgängliche Einfluss des Intellekts auf die Handlung 102

Zweiter Hauptteil – Die Ergründung des Willens in einer Auseinandersetzung mit Aristoteles

1 Einteilung der Strebevermögen 107
2 Der Wille ist bedingt durch die Zweckvorstellung und Überlegung des Intellekts, die richtige Zweckvorstellung des Intellekts ist bedingt durch die Klugheit 115
3 Die sittliche Tugend gegenüber der intellektuellen Tugend 116
4 Die Tugend der Klugheit 118
5 Die intellektuelle Tugend zur Bestimmung des Willensbegriffs 121
6 Die Konstitution des Entschlusses – die Klugheit als Tugend der Praxis 124
7 Der Entschluss gemäß dem Guten – Die Rolle der allgemeinen Annahme 129
8 Die intellektuelle Tugend der Kunst und ihre Ähnlichkeit mit der Form der Praxis 131
9 Die intellektuelle Tugend der Wissenschaft und ihre Verbindung mit der Praxis 133
10 Die intellektuelle Tugend der Weisheit als theoretische Parallele zur Klugheit 134
11 Der Wille als bedingt durch den zweckschaffenden Intellekt 138
12 Ansätze der Sekundärliteratur zur Klugheit als eigenständige Tugend der Praxis 139

Dritter Hauptteil – Die negativen Konsequenzen der aristotelischen Klugheits- und daher Willensbestimmung für die Erfassung und Bestimmung des Prinzips der Praxis

1 Ist das Mitleid eine Tugend und somit ein vernünftiges Handlungsprinzip? 153
2 Vernünftige Zwecksetzung bei Aristoteles und Thomas von Aquin 158
3 Das praktische Prinzip als Berücksichtigung des Einzelnen und Allgemeinen – Die Lex naturalis, Synderesis und das Gewissen 160

Schluss

1   Die Willensvorstellung bei Schopenhauer 171
2   Der Willensbegriff gegründet in der intellektuellen Erkenntnis 174

Literaturverzeichnis 179
Abkürzungsverzeichnis 185

Vorwort

Der Gegenstand dieses Buches ist der Willensbegriff, d. i. die Gründung des Willens in der Erkenntnis. Dieser ist dem Prinzip nach von einem Willen, der durch die Natur allein bestimmt ist, verschieden. Der Wille der Natur allein ist zwar bereits praktisch, d. h. ermöglicht ein Handeln des Menschen und ist für sich zum Leben hinreichend, er liegt aber nicht im Denken des Menschen begründet. Dieser Wille bildet und richtet sich nur nach sinnlich-praktischen Zwecken des menschlichen Lebens als körperliches und die Gegenstände des Handelns werden diesem Willen gemäß nicht so erkannt wie sie an sich sind. Das rationale Streben des Menschen, das auf die sinnlichen Gegenstände mittels des Denkens geht, birgt allerdings eine Potenz nach dem Intellekt selbst bestimmt zu werden. Dieser Wille gründet auf einer Zweckbestimmung des Intellekts und gibt den Willensbegriff ab. Die Richtigkeit der Handlung liegt in diesem Vernunftprinzip begründet, d. h. ist eine Folge der Erkenntnis. Die vernünftige Handlungsweise und Beurteilung der Handlung kann nur durch das jeweilig denkende Subjekt prinzipiell begründet werden und kluge Verhaltensweisen oder verallgemeinerte Gesetze für die Handlung, wie sie in der Ethik geschichtlich zum Ausdruck gebracht worden sind, tragen diesen vernünftigen Grund nicht in sich und können daher nicht als Prinzip guten Handelns gelten.

Im ersten Hauptteil wird der Wille als natürliches Strebevermögen des Menschen auseinandergesetzt. Dieser erste Hauptteil zu Arthur Schopenhauer fokussiert auf die Beziehung zwischen dem Willen ‚als Ding an sich' und seiner Erscheinung im Menschen. Es handelt sich dabei letztlich um die Beziehung zwischen dem Willensakt und dem Motiv in der Handlung. Es wird primär anhand der Konstitution des Entschlusses, der mit dem Willensakt und dem Motiv einhergeht, gezeigt, dass die theoretische Lücke zwischen dem Willen und der Vorstellung die Willens- und Handlungskonzeption Schopenhauers unmöglich macht. Nachdem Klarheit darüber gewonnen worden ist, dass auch bei Schopenhauer der Wille im Verhältnis des natürlichen Strebens steht und ein unabdingbares Verhältnis zur Vorstellung hat, wird gezeigt, dass Schopenhauers Willenskonzeption für sein Postulat eines

Willens als Ding an sich, das der Natur unterlegt werden soll, keine adäquate
Grundlage bietet und daher kein *Wille* als Ding an sich behauptet werden kann.
Es wird daraufhin erläutert, welche Konsequenzen Schopenhauers Willens-
konzeption für seine Morallehre hat. Es wird dabei gezeigt, dass die eigentliche
Tugendhaftigkeit bei Schopenhauer in der intuitiven Erkenntnis liegt. Das Mitleid
will Schopenhauer ‚plötzlich' eintreten sehen, als wäre die Quelle des Mitleids etwas
Ansichseiendes, das keiner weiteren Erklärung bedarf. Das Mitleid geht jedoch auch
Schopenhauer zufolge im Subjekt auf und bezieht sich auf Einzelfälle, da es handlungsbezogen ist. Es bedarf folglich einer Erklärung und einer Erkenntnis seiner
Ursache im Einzelfall. Das Mitleid bei Schopenhauer ist damit auf die Erkenntnis
angewiesen und es erweist sich, dass das Mitleid als intuitives Prinzip der ‚moralischen' Handlung nicht gedacht werden kann. Schopenhauers Moralvorstellung
weist somit die Konsequenzen seiner Erkenntnistheorie nach.

Im zweiten Hauptteil wird der Wille als Strebevermögen des rationalen Seelenteils bei Aristoteles auseinandergesetzt, da der Wille hier seine erste systematische
Ausführung gefunden hat. Dazu werden die konstitutiven Momente der Strebevermögen bei Aristoteles untersucht. Aristoteles unterscheidet den Willen von den
anderen beiden Strebevermögen durch das zugrundliegende Erkenntnisvermögen
und die Zwecksetzung. Der Wille wird von Aristoteles dadurch als ein praktisches
intellektuelles Strebevermögen bestimmt. Die Zweckbestimmung als eine *im Intellekt selbst begründete Instanz* kann aus der aristotelischen Klugheit (*phronēsis*)
als für sich stehende intellektuelle Tugend der Praxis zwar erschlossen werden,
aber die eigentliche Verbindung zwischen dem Willen als Strebevermögen und
dem Vernunftprinzip, das ihn begründet, wird von Aristoteles nicht expliziert.
Der *Willensbegriff* selbst wird im vorliegenden Buch über Aristoteles hinausgehend gegründet, indem gezeigt wird, dass das natürliche Streben des Menschen
als rationales Streben, das auf Einzeldinge als solche geht, durch die intellektuelle
Erkenntnis bestimmt und verändert wird. Dies setzt das intellektuelle Streben,
d. h. einen intellektuellen Zielpunkt, voraus. Die Gründung des Willensbegriffs
wird auf der Grundlage der anfänglichen Konzeption eines Willens bei Aristoteles
ermöglicht, bei dem der Kern eines intellektuellen Strebens gegeben ist. Es wird
dabei über Aristoteles hinausgehend ausgesprochen, dass der Wille sich in der
‚theoretischen' Vernunft begründet.

Im dritten Hauptteil wird dargelegt, dass nur der Willensbegriff das Prinzip
der richtigen Handlung ausmachen kann. Aristoteles und in der Folge Thomas
von Aquin haben, indem sie das intellektuelle Prinzip der Handlung nicht in der
Erkenntnis gegründet haben und indem sie das intellektuelle Prinzip an Charaktertugenden und Naturgesetze gebunden haben, moralisch-sittliche Vorstellungen
in ihre praktische Philosophie gebracht, die kein geistiges Fundament haben. Eine

ethische Lehre, die den Maßstab fordert nach Naturgesetzen zu handeln, und somit die Richtigkeit der Handlung abgeben soll, wird im vorliegenden Buch durch den Willensbegriff, der die gute Handlung und somit das Ethische denken lässt, als richtiges Handlungsprinzip außer Kraft gesetzt.

Wenn verallgemeinerte Gesetze in einer ethischen Lehre als Handlungsrichtlinie verstanden werden, führt dies zu einem unreflektierten Verhalten den Gegenständen der menschlichen Handlung gegenüber. Wenn der Grund der Handlung unreflektiert ist, entstehen Handlungen, die für die Vernunft als sinnlos beurteilt werden müssen. Diese Handlungen entstehen aufgrund der unvernünftigen Natur der Menschen, d.h. aufgrund der Möglichkeit eines unreflektierten Strebens. Angesichts der Tatsache unreflektierter Handlungen der Menschen und einer fehlenden Ergründung vernünftigen Handelns wurden bei Aristoteles und Thomas von Aquin bestimmte verallgemeinerte Gesetze und Verhaltensweisen als Handlungsanweisungen aufgestellt, denen gemäß die Handlungen als richtig oder falsch beurteilt werden sollten und denen gemäß zu handeln als tugendhaft bestimmt wurde. Ein von dem erkennenden Subjekt der jeweiligen Handlung losgelöstes verallgemeinertes Gesetz kann die gute Praxis jedoch nicht begründen. Das Gute für den Menschen muss aus der Vervollkommnung seines Vermögens, d.h. in einem intellektuellen Willen, der das Streben gemäß seinem inhärenten Zweck bedenkt, bestimmt werden und nur auf dieser Grundlage lässt sich auch die gute Handlung bestimmen. Im dritten Hauptteil wird daher die Moral- und Tugendlehre auf der Grundlage von Erkenntnissen über die menschliche Natur, die als Handlungsanweisungen dienen sollen, von einem intellektuellen Willen, der als reflektierendes Strebevermögen das Streben bestimmt und so die gute Praxis begründet, unterschieden und als Morallehre und Handlungsanweisung zum Guten verungültigt. Es wird dadurch deutlich, dass allein die praktische Philosophie durch ihre Auseinandersetzung mit dem menschlichen Strebevermögen und der Bestimmung des intellektuellen Willens als Vollkommenheit desselben das Gute in der Praxis bestimmen kann.

Einleitung

I Der erste Hauptteil – Schopenhauers Willenskonzeption

Der vorliegende erste Hauptteil befasst sich mit einer Leerstelle in der Schopenhauerforschung, die die Bestimmung der den Willensakt mit dem Motiv verbindenden Momente betrifft. Diese Verknüpfung thematisiert die Bedeutung des Willens in seiner Beziehung zur Vorstellung und betrifft den Kern des schopenhauerschen Werkes, wie schon aus dem Titel seines Hauptwerks hervorgeht. Der Wille wird von Schopenhauer als ein Weltprinzip postuliert, das sich grundsätzlich von der Vorstellung unterscheidet. Die Vorstellung als Subjekt-Objekt Beziehung der Erkenntnis drückt die Grundkonstellation des Satzes vom zureichenden Grunde aus. Durch die Vorstellung kann aufgrund dieser Konstellation das Wesen der Welt nicht erkannt werden; was erkannt wird ist allein die Erscheinung. Der Intellekt ist eine Form der Vorstellung und wird dem Willen gegenüber gestellt. Er wird von Schopenhauer als ‚im Dienste des Willens' konzipiert, da der Wille ein oberes, ontologisches Prinzip ausmacht und sich in der Materie und somit auch im Menschen manifestiert hat. Das Gehirn macht dabei den Intellekt aus. Der Intellekt, der sich als Gehirn manifestiert hat, ist auch in den Tieren vorzufinden und drückt mittels des Verstandes nur die ‚Erkenntnis' der Gegenstände gemäß einer Ursache-Wirkungs-Beziehung aus. Die Vernunft ist dem Menschen eigen, sofern die Begriffe durch sie gebildet werden. Die Begriffe, die Vorstellungen von Vorstellungen sind, können im Menschen jederzeit ‚wiederholt' und ins Gedächtnis zurückgerufen werden. Diese Bilder samt aller anderen Dinge, die der Intellekt erkennt, sind nur Erscheinungen und drücken daher das Wesen der Welt als Wille nicht aus. Da der Wille als Wesen nicht intellektuell sein kann, muss ein anderer Weg genommen werden, um diesen Willen ‚zu erkennen'. Letztlich liegt dieser Weg in der ‚intuitiven' Erkenntnis, die eine Art ‚Aufhebung' des Satzes vom zureichenden Grunde bedeutet. Die Annahme, dass der Wille nicht-intellektuell ist, führt zu Problemen in Schopenhauers Handlungskonzeption, denn auch bei Schopenhauer werden die Motive dem Willen *mittels des Intellekts* ‚geliefert'. Der eigentliche Willensakt, der zur Tat führt, darf aber natürlich nicht direkt im Zusammenhang mit dem Intellekt stehen, da sonst die Vorstellung Einfluss auf den Willen nehmen würde. Diese Diskrepanz in der Motivationslehre zwischen dem Moment des Willensaktes und dem Motiv wird im „Willensentschluss" thematisch. Das vorliegende Buch fokussiert daher auf die Momente der Handlungskonstitution, um aufzuweisen, dass der Wille als Strebevermögen und somit, wie es sich zeigt, als Weltprinzip bei Schopenhauer, ohne Intellekt nicht gedacht werden kann.

Schopenhauer konzipiert seine Willensvorstellung eigenständig, bedient sich bei dieser Konzeption jedoch einiger Elemente der Philosophiegeschichte. Maßgeblich ist dabei Kants Idee des intelligiblen Charakters und des Dinges an sich auf die Schopenhauer bezüglich der Nicht-Erscheinungshaftigkeit des Willens zurückgreift. Dieser Einfluss auf Schopenhauers Willensbegriff wird kurz dargestellt. Die erste systematische Auslegung des Willens bei Schopenhauer handelt vom Leib in seiner physiologischen Äußerung. In diesem Kontext wird die naturalistische Bestimmung des Wesens der Welt und des Willens zum Leben durch Schopenhauer dargelegt. Der Wille zum Leben im Organismus und die eigentliche Ursache des Bewegens aller anorganischen Natur ist bedingt durch eine „ursprünglich erkenntnißlose und im Finstern treibende innere Kraft der Natur, welche, wenn sie sich bis zum Selbstbewußtseyn emporgearbeitet hat, sich diesem als Wille entschleiert".[1] Es wird in diesem Kontext gezeigt, wie Schopenhauer den Leib in seiner Verbindung zum Willen als intelligibler Charakter des Menschen denkt, weil der Leib bei Schopenhauer für das Verhältnis zwischen Wille und Vorstellung und die nähere Erfassung des Willens im Selbstbewusstsein grundlegend ist.

In Schopenhauers Dissertationsschrift (1813) wurde eine Unmittelbarkeit zwischen dem Willensakt und der Leibesaktion behauptet, die ein Erkenntnismoment des Willens im Selbstbewusstsein abgeben und ermöglichen soll. Schopenhauer zufolge gibt es keine Kausalität zwischen dem Willensakt und der Leibesaktion – daher wird das subjektive Wollen im Moment der Leibesaktion im Selbstbewusstsein zum Schlüssel der Erkenntnis des Willens. Die Beziehung zwischen dem Motiv, das mittels des Leibes und dem Intellekt dem willentlichen Subjekt ‚geliefert' wird, und dem im Subjekt verankerten Wollen des Menschen, welches sich im Willensentschluss in der Handlung als Tat kundgibt, hat keine Kausalität und ist für Schopenhauer

---

1   Arthur Schopenhauer: *Die Welt als Wille und Vorstellung, Band II,* Mannheim 1988, hiernach WII, S. 324f.

daher ein unerklärliches Wunder.[2] Der Willensentschluss drückt den eigentlichen
Willensakt aus, der jedoch nicht durch das Motiv, das mittelbar durch den Intellekt
erwogen wird, bestimmt wird. Der Intellekt dient daher nur zur „Präsentation" der
Motive und bestimmt somit nur das Verhältnis des erscheinenden Subjekts zum
erscheinenden Objekt – der Wille (als ‚Intelligibilität' oder als Ding an sich) wird
vom Intellekt nicht affiziert. Schopenhauer begreift den Willensentschluss somit
in unmittelbarer, unerklärlicher Verbindung zu den Motiven und Erwägungen
des Intellekts (Wahlentscheidung). Hierin zeigt sich die Problematik der von
Schopenhauer als unmittelbar postulierten Beziehung zwischen dem Willensakt
und der Leibesaktion bzw. zwischen dem Motiv und dem Willensentschluss. Diese
Unmittelbarkeit wird jedoch aufgrund der Vorstellungshaftigkeit des Leibes von
Schopenhauer nach seiner Dissertation 1813 revidiert. Der Wille soll trotz der ge-
änderten Auffassung der objektiven Welt, der Erscheinung, zugrundegelegt werden,
aber wenn er nicht unmittelbar mit dem Leib korreliert, kann er der materiellen,
objektiven Welt der Erscheinung nicht als inneres Wesen dienen. Schopenhauers
erster Anlauf den Willen im Kontext der durch den Leib vermittelten Erkenntnis
als intelligibler Charakter des Individuums zu erkennen, führt deshalb in seinem
Hauptwerk zu verschiedenen Ausgestaltungen des Willens als Ding an sich.[3]
        Die Problematik der Beziehung zwischen dem Willensakt und dem Motiv
geht auf Schopenhauers Verständnis der Erscheinung und auf die Verbindung
des Willens mit ebenjener zurück. Da Schopenhauer den *Willen als Ding an
sich* ‚unabhängig' von der Vorstellungswelt postuliert, ist er für die theoretische
Erkenntnis über den Satz vom zureichenden Grunde nicht fassbar. Der Wille als
Ding an sich gibt sich inhaltlich durch die Beziehung zur Vorstellung nicht kund.
Es wird deshalb von Schopenhauer der Versuch gemacht, einen Willen *als Ding
an sich* in Unabhängigkeit von der Vorstellung zu erkennen. Dieser Versuch muss
jedoch misslingen, da die ursprüngliche Idee eines Willens ‚als Ding an sich' von
der Vorstellung – selbst wenn *ex negativo* – abhängt. Alle Ausgestaltungen des
Willens als Ding an sich, die keinen inhärenten Bezug zur Vorstellung haben, sind
von Schopenhauers Theorie der Erkenntnis der Natur abgelöst und dienen daher
nicht dazu, seine Willenskonzeption, die mit einem Willen als Strebevermögen in
Verbindung gebracht wird, zu begründen.

---

2   Schopenhauer erklärt, dass wir „den Hergang unserer eigenen Leibesaktion als ein
     Wunder anstaunen, welches dann darauf beruht, daß zwischen dem Willensakt und
     der Leibesaktion wirklich keine Kausalverbindung ist." WII, S. 281. Vgl. desweiteren
     Arthur Schopenhauer: *Die Welt als Wille und Vorstellung, Band I,* Mannheim 1988,
     hiernach WI, S. 120.

3   Die Gründe und die Ausgestaltung für den Wandel der Erkenntnis des Willens als
     Wesen der Welt in Schopenhauers Werk werden aus dem ersten Hauptteil deutlich.

Nachdem diese systeminhärente Problematik der Verbindung von Wille und Vorstellung anhand von Schopenhauers Werk ausgeführt worden ist, wird anhand der Sekundärliteratur noch einmal deutlich gezeigt werden können, was die Problematik von verschiedenen Perspektiven des schopenhauerschen Systems aus ist und wie diese Gedankenlücke in der Schopenhauerforschung behandelt worden ist. Es wird gezeigt, dass die Probleme zwar durchgängig angesprochen, aber nicht prinzipiell hinterfragt und auf die Erkenntnistheorie hin beleuchtet wurden. So wurden immer wieder Aspekte seiner Lehre eines unintellektuellen Willens affirmativ von der Sekundärliteratur aufgenommen, weil ihre Ungültigkeit, die sich aus dem Prinzip eines unintellektuell vorgestellten Willens ergibt, nicht erkannt wurde.

Schopenhauers moralisches Konstrukt wird im dritten Teil des ersten Hauptteils zur Erörterung der Bedeutung der Willenskonzeption für seine *Moralvorstellung* an seiner von ihm selbst behaupteten „empirischen Lehre" der Moralität in der *Grundlage der Moral[4]* untersucht. Anhand der Gerechtigkeit und der Menschenliebe wird gezeigt, wie Schopenhauer sich sein moralisches Prinzip des Mitleids vorstellt. Schopenhauer sieht die Vernunft als eine leere Abstraktion vom eigentlichen moralischen Lebensgehalt und daher Lebenszweck des Menschen. Anstelle derselben postuliert Schopenhauer eine Triebfeder der Moral im Menschen, die ,unvernünftig' ist. Es zeigt sich jedoch, dass das Mitleid ohne rationale Erkenntnis als moralisches Konstrukt nicht vorstellig gemacht werden kann. Schopenhauers nicht-vernünftiges Prinzip kann sich nicht behaupten, weil es bestimmte Vorstellungen enthalten muss, um das Mitleid anwendbar zu machen und sich auf einzelne Handlungen zu beziehen, so wie bei allen Handlungen des Menschen.

Der erste Hauptteil zu Schopenhauer dient insgesamt dazu zu zeigen, dass der Wille nur als rationales Strebevermögen gedacht werden kann. Die Frage nach der Konstitution dieses rationalen Strebevermögens und der damit in Frage stehenden Selbstbestimmung wird im zweiten Hauptteil diskutiert. Dies geschieht anhand von Aristoteles, der als erster ein rationales Strebevermögen im Kontext der Handlungskonstitution expliziert hat. Dieses rationale Strebevermögen bei Aristoteles steht wesentlicherweise in Verbindung zum natürlichen Streben des Menschen, d.h. bezieht das Einzelding der Handlung mit ein und thematisiert auch die Zwecksetzung durch den Intellekt. Er dient daher als Ausgangspunkt eines wissenschaftlichen Verständnisses des Willens des Menschen.

---

4   Arthur Schopenhauer: *Die beiden Grundprobleme der Ethik*, Mannheim 1988. Hiernach E.

II   Der zweite Hauptteil – Der Wille bei Aristoteles und die intellektuelle Tugend der Klugheit

Im zweiten Hauptteil wird der Wille als Strebevermögen im Unterschied zu dem sinnlichen Strebevermögen bei Aristoteles näher untersucht, um daraufhin aufzuweisen, dass der Willensbegriff sich durch den Intellekt konstituiert. Dabei wird auf die Klugheit (*phronēsis*) bei Aristoteles eingegangen und gezeigt, dass die Klugheit *als intellektuelle Tugend* die Möglichkeit einen Willensbegriff zu denken einleitet.

Es wird zum Zweck der Auslegung der praktischen Philosophie des Aristoteles zuerst auf die Dreiteilung des Strebens in *Über die Seele*[5] eingegangen, um den Willen (*boulēsis*) deutlich von den anderen Strebevermögen zu differenzieren und ihn in seiner Verbindung zu diesen zu klarifizieren. Es wird gezeigt, dass der Mensch nach einem Willen (*boulēsis*) handelt, der als *rationales* Strebevermögen und im Unterschied zu einer sinnlichen unmittelbaren Beziehung zur Außenwelt die Handlung des Menschen bestimmt. Bezweckt man den Gegenstand der Handlung im Sinne des sinnlichen Strebevermögens der Begierde und Gemütsregung, so ist das rationale Vermögen nur zur Überlegung der Mittel tätig und dient nicht selbst als Strebeprinzip. Ist das rationale Vermögen als eine *Form* der Überlegung für die Zweckvorstellung verantwortlich, d. h. gibt das rationale Vermögen den Grund für die Handlung ab, so handelt man Aristoteles zufolge nach dem Willen. Der Wille kennzeichnet sich demzufolge allgemein als ein Strebevermögen, das rational ist.

Die Vorstellung (*phantasia)*, die bei der Handlung mit Überlegung einhergeht, kann neben der Überlegung als Strebevermögen, auch Grund einer Handlung sein. Sie bestimmt sich als Strebevermögen prinzipiell als eine Gemütsregung (d. h. durch die Phantasie als sinnliche Vorstellung). Sie ist aber mit der Überlegung verknüpft und kann durch die Überlegung auf die Zukunft gerichtet sein. Wenn die Überlegung selbst die Motivation für die Handlung abgibt, d. h. den Grund, wird diese Form von Streben, in der die Vorstellung zwar konstitutiv mitspielt aber in der die Überlegung die Vorstellung bestimmt, von Aristoteles *Wille* genannt, da die Überlegung rational ist. Dieser Wille wird im vorliegenden Buch von einem *Willen*, der die Grundlage des Strebens in der intellektuellen Erkenntnis hat, unterschieden. Aristoteles vermischt beide, indem er das Fundament der intellektuellen Erkenntnis für den Willen mit der Klugheit als intellektuelle Tugend einleitet, dieselbe Klugheit jedoch in Zusammenhang mit den sittlichen ‚Tugenden‘ als eine regulative auf die Sinne gehende Überlegung bringt. Dass die Vorstellung als ein durch die Sinne bedingtes Vermögen sich in Aristoteles‘ rationales Prinzip eingemischt hat und von ihm als ein Aspekt des rationalen Prinzips des Strebens gefasst, d. h. als ein

---

5   Aristoteles: *Über die Seele*, Hamburg 1995, hiernach De anima.

Element der *boulēsis*, aber nicht von einem prinzipiell intellektuell bedingten Streben differenziert wurde, hat zu unwiderruflichen Konsequenzen für seinen rationalen Strebebegriff geführt. Dies hat natürlicherweise und offensichtlich Schwierigkeiten in der Aristotelesforschung zum *Willensbegriff*, als eine Gründung des rationalen Strebens, mit sich gebracht.

Für die Ergründung des rationalen Strebens im Denken selbst, welches Handlungsprinzip den Willen in seiner Eigentlichkeit durch die Zwecksetzung des Denkens selbst ausmacht, ist die Trennung zwischen der Überlegung oder Vorstellung und dem Denken für die Zwecksetzung, wie sie im zweiten Hauptteil geleistet wird, von grundlegender Bedeutung. Diese Unterscheidung wurde von Aristoteles nicht expliziert. Das rationale Streben steht ohne diese Unterscheidung in einem intrinsischen Verhältnis zum sinnlichen Strebevermögen und der Wille ist ohne diese nicht verwirklicht in seinem selbsteigenen Begriff.

Um den Willen als Strebevermögen grundlegend zu bestimmen, wird auf die Tugend der Klugheit selbst bei Aristoteles zurückgegriffen. Das Streben des Menschen ist zwar immer auch verständig, die Handlung wird jedoch erst gemäß einem Willen *in actu*, d. h. gemäß einer aus dem Intellekt selbst gewonnenen Zwecksetzung, ausgeführt, wenn die Klugheit, besser die Vernunft, *das Prinzip* der Handlung ist. Aristoteles sagt selbst, dass die Klugheit zweckbestimmend ist und den guten Zweck für die Handlung abgibt, sowie dass sie sich von der Verschlagenheit, d. h. der rationalen Überlegung gemäß einem schlechten Zweck, absetzt. Er erklärt jedoch nicht, wie der gute Zweck in der Klugheit zustandekommt. Der Wille als intellektuelles Strebevermögen wird damit behauptet, aber nicht in der Erkenntnis ergründet. Aristoteles ist dementsprechend nicht weiter auf die Unterscheidung zwischen dem rationalen Streben im allgemeinen und der intellektuellen praktischen ‚Tugend' eingegangen.

Aristoteles leitet auf ein intellektuelles Prinzip der Handlung hin, indem er zwischen der sittlichen und intellektuellen Tugend unterscheidet und erklärt, dass die *Tugend im eigentlichen Sinne* nur durch die intellektuelle Tugend der Klugheit gegeben ist und diese das Prinzip zur Bestimmung der guten Handlung abgibt. Gleichzeitig behauptet Aristoteles aber, dass die sittlichen Tugenden ‚Tugenden' seien und durch Gewöhnung entwickelt werden. Diese Tatsache wirft das Dilemma ins Feld, dass Aristoteles von „Tugenden" spricht, die nichts mit dem intellektuellen Handlungsprinzip des guten Willens zu tun haben. Aristoteles mischt das Prinzip der Klugheit als potentielle Vernunft in die sittliche Tugendlehre ein und spricht davon, dass die sittlichen Tugenden mit der Klugheit zustandekämen, wobei er auch

von der Klugheit als der „Tugend im eigentlichen Sinne"[6] spricht. Aus der Bestimmung der Klugheit als eigentliche Tugend, die in der Bestimmung des Guten in
der Vernunft gegründet sein muss, wird zugunsten einer Gesellschaftsmoral keine
Konsequenz gezogen. Die Gefahr besteht darin, dass dies glauben machen kann,
dass die zwei „Tugendlehren" miteinander „verwandt" seien. In Wahrheit sind sie
zwei entgegengesetzte Handlungsweisen: die eine Handlungsweise geht aus der
Vernunft hervor, die andere basiert auf dem sinnlichen Trieb des Menschen und
begründet keine vernünftige Praxis, sondern unreflektierte Handlungen, sofern
sie nach verallgemeinerten sittlichen Gesetzen einer menschlichen Natur erfolgen,
die nicht zur Erfüllung des Subjekts oder zur guten Handlung führen können.

In diesem Buch wird Aristoteles behandelt, weil er den Willen als rationales
Strebevermögen, das sich auf das Einzelding in der Handlung bezieht, verstanden
hat. Der Willensbegriff entsteht allerdings erst, wie im vorliegenden Buch erklärt
wird, indem die Intelligibilität des Gegenstandes des Subjekts erkannt wird, die
die Zweckbestimmung abgibt.

III   Der dritte Hauptteil – Die negativen Konsequenzen der aristotelischen Klugheits- und daher Willensbestimmung für die Erfassung und Beurteilung des Handlungsprinzips

Es wird im dritten Hauptteil aufgedeckt, dass sowohl Thomas von Aquin als auch
Aristoteles die Vorstellung der Handlung gemäß der Natur als Natur nicht von der
Frage nach dem Willensbegriff und somit des intellektuellen Prinzips der Handlung differenziert haben und sich somit verallgemeinerte sittliche und äußerliche
Handlungsparadigma in ihre praktische Philosophie eingemischt haben. Um diese
Problematik deutlich darzulegen, wird auf Thomas von Aquin zurückgegriffen, der
die Lehre des Aristoteles weitergeführt hat. Das, was eine gute Handlung ausmacht,
wird bei Thomas von Aquin zwar durch die Vernunfterkenntnis bestimmt; diese
Vernunfterkenntnis äußert sich aber nach ihm in allgemeinen Naturgesetzen,
die sich auch aus der Natur des Menschen als rationales Wesen ergeben. Indem
Thomas das intellektuelle Vernunftprinzip der guten Handlung inhaltlich rein auf
verallgemeinerte Erkenntnisse über die menschliche Natur zurückführt, löst er

---

6   Aristoteles: *Nikomachische Ethik*, übers. und hrsg. von Ursula Wolf, Hamburg 2006,
     1144b12-13. Hiernach EN. Aristoteles erklärt desweiteren, dass mit der Tugend der
     Klugheit alle anderen ‚Tugenden' vorhanden seien. Ebd. 1145a1-2.

das Prinzip guten Handelns von der intellektuellen Erkenntnis selbst, für die die Naturerkenntnis nur ein Element ist. Thomas stellt von der Handlung als Handlung und dem Menschen als reines Naturwesen aus betrachtet Naturprinzipien auf, die von dem materiellen Dasein des Menschen aus betrachtet reell sind. Diese sind z. B. eine Vorstellung des Überlebens des Menschen, der Fortpflanzung, der Aufzucht des Nachwuchses, der Gesellschaft und des Glaubens an Gott. Diese ‚Prinzipien' gemäß der menschlichen Natur machen Thomas zu Folge die Inhalte des Vernunftprinzips aus. Diese Prinzipien der menschlichen Natur, die Thomas aufstellt, können aber nicht als für sich stehende Handlungsprinzipien und als feststehende Erkenntnisinhalte auf das Prinzip der Vernunft zurückgeführt werden, denn das, was nicht aus der Vernunft selbst als Prinzip erfolgt, ist insgesamt im Bereich der Naturerkenntnis und diese Naturerkenntnis des Menschen ist für sich genommen in Bezug auf seinen intellektuellen Zweck noch nicht bestimmt. Die Naturerkenntnis als ein Gegenstand der Zweckvorstellung kann zwar in ein Verhältnis zur Vernunft gebracht werden, aber nur indem die Natur durch die Vernunft bestimmt wird, wie sie dem intellektuellen Vermögen und Willen des Menschen nach auch bestimmt werden soll. Dies kann nur durch das vernünftige Subjekt bezogen auf den jeweiligen Einzelgegenstand geschehen und nur aus diesem Prinzip heraus lässt sich eine vernünftige Beurteilung der Handlung begründen. Im dritten Hauptteil wird die Einmischung von Naturgesetzen und Naturvorstellungen in das vernünftige Prinzip guten Handelns bei Thomas, der dabei auf Aristoteles' Sittenlehre zurückgreift, dargelegt und der gute Wille als Gegenstand der praktischen Philosophie und Prinzip der guten Praxis, wie er auch bei Aristoteles und Thomas in Ansätzen behandelt wurde, von den ihrer Auslegung inhärenten Fehlverständnissen befreit.

Erster Hauptteil –
Schopenhauers Willenskonzeption

Das Verhältnis von Wille und Vorstellung 1

1.1 Das Verhältnis von Wille und Vorstellung in Schopenhauers Weltbild

Arthur Schopenhauer zufolge ist die Erkenntnis und somit die Wissenschaft der Philosophie mit einem Problem konfrontiert; die intellektuelle Erkenntnis und somit die menschliche Vorstellung sei ein prinzipiell anderes menschliches Vermögen als der Wille, der ein *toto genere* anderes Verhältnis zur Welt bedeute.[7] Die menschliche Erkenntnis bleibe über die Vorstellung einer Subjekt-Objekt-Korrelation verhaftet und erkenne dabei nur die Erscheinung, nicht das Wesen der Welt.[8] Das Wesen der Welt als Wille sei mittels des Intellekts nicht zu erfassen, denn der Intellekt als Verstandes- und Vernunftvermögen sei nur ein Mittel der Vorstellung nach den vier Gestaltungen des Satzes vom zureichenden Grunde.[9] Der Mensch trage ‚apriorisch‘ allgemeine Formen zur Erkenntnis der Objekte für ein Subjekt im Bewusstsein.[10] Die Erkenntnis sei durch Sinnlichkeit, Verstand und Vernunft bedingt; sie seien

---

7   Vgl. WI, S. 131.

8   Vgl. WI, S. 37.

9   Der Intellekt erkennt nur die Erscheinung nach dem Satz vom zureichenden Grunde, vgl.: „Nun ist aber der Satz vom Grunde in allen seinen Gestalten *a priori*, wurzelt also in unserm Intellekt: daher darf er nicht auf das Ganze aller daseyenden Dinge, die Welt, mit Einschluß dieses Intellekts, in welchem sie dasteht, angewandt werden. Denn eine solche, vermöge apriorischer Formen sich darstellende Welt ist eben deshalb bloße Erscheinung: was daher nur in Folge eben dieser Formen von ihr gilt, findet keine Anwendung auf sie selbst, d. h. auf das in ihr sich darstellende Ding an sich." G (1847), S. 157f. Nach Schopenhauer ist das Ding an sich Wille. Zum Unterschied zwischen Verstand und Vernunft, vgl. WI, S. 29.

10 Vgl. Arthur Schopenhauer: *Über die vierfache Wurzel des Satzes vom zureichenden Grunde (1813)*, Mannheim 1988, S. 18, hiernach G (1813). Die apriorischen Formen der Erkenntnis bei Schopenhauer sind Raum, Zeit und Kausalität, vgl. WII, S. 18.

jedoch alle als Vermögen der Erkenntnis auf den Inhalt der sinnlichen Erkenntnis zurückzuführen.[11] Der Wille als Ding an sich, welches das Wesen ‚hinter‘[12] der Erscheinung sei und welches Schopenhauer zu fassen beabsichtigt, könne über die Erkenntnisweise des Satzes vom zureichenden Grunde nicht erkannt werden.[13]

Jeder Mensch befindet sich nach Schopenhauer auf zwei unterschiedliche Weisen in der Welt: zum einen als vorstellendes Wesen, welches der ursprünglichen Gestalt der Subjekt-Objekt-Korrelation der Vorstellung unterworfen sei, zum anderen als ein in sich vorbestimmtes und wollendes Wesen. Letzteres könne über den Satz vom zureichenden Grunde nicht adäquat erkannt werden, da dessen ‚Prüffrage‘, *warum* etwas geschehe und *warum* etwas so sei, wie es sei, bei einer Untersuchung der Gründe des Handelns unbeantwortet bleibe.[14] Auf die Frage: ‚warum tue ich, was ich tue?‘ sei keine Antwort zu finden.[15] Der Wille sei ‚grundlos‘ und ‚metaphysisch‘, weil er der Erscheinungswelt als einer solchen nicht zugehöre und sich als Ding an sich nur im Sinne der ‚inneren Seite‘[16] der Erscheinung erfassen lasse. Um diesen Willen zu exponieren, betrachtet Schopenhauer die Korrelation von Wollen und Handlung.[17] Zur Bestimmung der Handlungskonstitution sei das Gesetz der Motivation entscheidend, das unter der vierten Gestaltung des Satzes vom zureichenden Grunde bereits in der Dissertationsschrift aus dem Jahre 1813 thematisiert wird.[18] Hierbei wird das willentliche Subjekt zum Gegenstand des Selbstbewusstseins und mit Blick auf die Korrelation zwischen der Leibesaktion und dem Willensakt diskutiert. Zur Handlung und zum Gesetz der Motivation gehöre mehr als die Determination oder Mitbestimmung durch die Naturkausalität. Dem Subjekt der Handlung komme noch ein von dem Erscheinungsverhältnis unabhängiges Grundloses zu – der intelligible Charakter, welcher bei Schopenhauer vernunftlos oder „inintelligibel"[19] ist.

---

11 Vgl. WI, S. 25; WI, S. 41.

12 Vgl. G (1847), S. 145.

13 Schopenhauer spricht von einer anderen veränderten „Erkenntnisweise", die nicht dem Satz vom zureichenden Grunde unterworfen ist. Der Gegenstand dieser Erkenntnis sei kein eigentliches Erkenntnisobjekt für ein Subjekt, sondern ein Unmittelbares, das entweder im Selbstbewusstsein, in der ästhetischen Schau oder in einer Aufhebung des Willens zum Leben beschaut wird. Vgl. WI, S. 477.

14 Vgl. G (1813), S. 7.

15 Vgl. ebd., S. 89.

16 Vgl. WI, S. 5.

17 Vgl. G (1813), S. 68-74, insb. 73f.

18 Vgl. G (1813), S. 74.

19 Schopenhauer schreibt: „Kant hat dieses den intelligiblen Karakter genannt (vielleicht hieße es richtiger der inintelligible)". G (1813), S. 76. Schopenhauer nennt den Charakter

Mit der Einordnung der Handlungsprinzipien in Naturkausalität und Intelligibilität zeichnet sich Schopenhauers dualistisches Weltbild ab. Das Verbindende zwischen der Erscheinungswelt und des Willens als Ding an sich ist für Schopenhauer in erster Instanz das handelnde Individuum.[20] Das, was da handele, sei ein Leib: ein Objekt unter Objekten und zugleich auch die Objektivation eines ‚hinter der Erscheinung‘ existierenden Willens. Schopenhauer pointiert diese Auffassung des Leibes wie folgt:

> „Dem Subjekt des Erkennens […] ist dieser Leib auf zwei ganz verschiedene Weisen gegeben: einmal als Vorstellung in verständiger Anschauung, als Objekt unter Objekten, und den Gesetzen dieser unterworfen; sodann aber auch zugleich auf eine ganz andere Weise, nämlich als jenes Jedem unmittelbar Bekannte, welches das Wort Wille bezeichnet."[21]

Nach Schopenhauer hat sich der menschliche Wille in der Vorstellungswelt über den Leib manifestiert. Der Leib sei die Objektivation des Willens und der Wille sei der zur Vorstellung gewordene Leib. Diese notwendige und innere Beziehung von Wille und Leib zur Erkenntnis dessen, was Schopenhauer als das Wesen der Welt zu erkennen beabsichtigt, ist der Grund, warum dem Zusammenhang zwischen Wille und Vorstellung am Leib nachgegangen zu werden verlangt.

Um den Willen zu bestimmen, muss das Verhältnis des Subjekts zum Objekt der Handlung analysiert werden, da durch die Handlung der Wille im Verhältnis zur Erscheinung erfasst wird und da der Wille in seiner Definition von *seiner* Erscheinung abhängt. Das Verhältnis zwischen dem willentlichen Subjekt und der äußeren Erscheinung drückt sich bei Schopenhauer allein am Leib aus. Das Leibparadigma zur Bestimmung des Willens steht somit im Zentrum seiner Lehre. Um den intelligiblen Charakter, d. h. das willentliche Subjekt, zu erkennen, bedarf es des Leibes, denn nur über die konkrete Handlung, so Schopenhauer, lerne der Mensch sich und seinen *Willen* kennen. Dieser Wille ist es, der auf die Erscheinung insgesamt ausgeweitet wird und sodann den Willen als Ding an sich ausmacht.[22]

---

inintelligibel, weil er nicht mit Intellekt verbunden ist.

20 Die Charakterlehre, d. h. die Erkenntnis des individuellen Willens anhand der Handlung, ist in der Dissertationsschrift aus dem Jahre 1813 Schopenhauers erster Versuch den Willen als Wesen der Welt in der Welt (am Leib) zu fassen. Das wollende Subjekt, das beim Handlungablauf unmittelbares Objekt des inneren Sinnes ist, erkennt sich in seinen zur Handlung führenden Willenakten als ein vorbestimmtes Individuum. Vgl. G (1813), S. 75f.

21 WI, S. 119.

22 Der spezifisch menschliche Wille wird hier auf das universale Konzept des Willens als Ding an sich in der Natur übertragen, mit der Begründung, dass der Mensch *in sich*

Das erkennende Subjekt des Selbstbewusstseins ist Zuschauer der eigenen Willensakte; das Subjekt des Wollens ist also dabei Objekt des vorstellenden Subjekts.[23] Die Wünsche sind nach Schopenhauer nicht Ausdruck des eigentlichen Willensaktes, sondern nur der Entschluss, der sich unmittelbar in der Leibesaktion als eine konkrete Bewegung des Leibes äußert.[24] Dieser Willensakt als Entschluss ist es, der nach Schopenhauer sowohl Aufschluss über den *intelligiblen Charakter* des menschlichen Willens gibt, als auch in seinem Verhältnis zur Leibesaktion strukturell die Korrelation zwischen Wille und Erscheinung zum Ausdruck bringt. Deswegen ist der Begriff des Entschlusses und wie er sich zu den Momenten Motiv, Willensakt, Leibesaktion und Wille verhält, der Begriff, woran die Konstitution des Willens in seiner Bedeutung für die Handlung und für die Erklärung des Wesens der Erscheinung handfest gemacht werden kann.

Der philosophisch-geschichtliche Ursprung des *Willens als Ding an sich* als intelligibles Wesen der Erscheinung liegt Schopenhauer zufolge in Kants intelligiblem Charakter als Ding an sich verankert. Schopenhauer erklärt sich in dieser Beziehung zu ihm:

---

selbst den Willen erfasse, dieser Wille sich im Willensakt *vernunftlos* äußere und aber für seine Handlungen und daher Bewegungen in der Erscheinung verantwortlich sei. Da diese Erkenntnis des Willens im Menschen die erste und vorzüglichste Erkenntnis des Willens sei (vgl. WI, S. 132), werde von diesem *menschlichen Willen* als *denominatio a potiori* Gebrauch gemacht und sei in einer *Verallgemeinerung* für die gesamte Erscheinung gültig gemacht. (Arthur Schopenhauer: Handschriftlicher Nachlass, Berliner Manuskripte (1813-1830), *Reisebuch*, 98, Mannheim 1988, hiernach HN, S. 109.) Aber selbst wenn Schopenhauer den *Willen* in der Natur nach seiner vorzüglichsten Äußerung im Menschen benennt und sich dabei berechtigt sieht, die Bedeutung dieses nicht-nach-Vernunft-eingegrenzten Begriffs auf die gesamte Natur auszuweiten, ist es nicht nur diese Frage zur Systematik Schopenhauers gemäß dieser Analogie, die das einzige und isolierte Problem darstellt. Vielmehr behandelt das vorliegende Buch die tieferliegende Problematik, ob ein *prinzipieller und somit wissenschaftlicher Fehler* dem *un*-intelligenten Willensbegriff zugrundeliegt – und wenn der Wille im Menschen notwendig mit Intelligenz einhergeht *und daher als Strebevermögen grundsätzlich vom sinnlichen Streben verschieden ist*, kann er für die Natur und die äußere Erscheinung ohnehin nicht gelten.

23 Schopenhauer erklärt: „Jede Erkenntniß setzt unumgänglich Subjekt und Objekt voraus. Daher ist auch das Selbstbewußtseyn nicht schlechthin einfach; sondern zerfällt, eben wie das Bewußtseyn von andern Dingen (d. i. das Anschauungsvermögen), in ein Erkanntes und ein Erkennendes. Hier tritt nun das Erkannte durchaus und ausschließlich als Wille auf." G (1847), S. 140. Das Selbstbewusstsein ist bei Schopenhauer das Bewusstsein seiner selbst, d. h. seines individuellen Wollens.

24 E, S. 19.

„dass die Wurzel meiner Philosophie schon in der Kantischen liegt, besonders in der Lehre vom empirischen und intelligiblen Charakter, überhaupt aber darin, dass, so oft Kant mit dem Ding an sich etwas näher ans Licht tritt, es allemal als Wille durch seinen Schleier hervorsieht; worauf ich in meiner Kritik der kantischen Philosophie ausdrücklich aufmerksam gemacht und demzufolge gesagt habe, dass meine Philosophie nur das zu-Ende-denken der seinigen sei".[25]

Der intelligible Charakter, der die Freiheit neben der Naturnotwendigkeit bei Kant zum Ausdruck bringt, wurde von Kant in der theoretischen Grundlegung seiner praktischen Philosophie mit dem handelnden Subjekt und dem Ding an sich in Verbindung gebracht und als unabhängig von der Zeit definiert. Kant schreibt: „Dieses handelnde Subjekt würde nun nach seinem intelligiblen Charakter unter keinen Zeitbedingungen stehen, denn die Zeit ist nur die Bedingung der Erscheinung nicht aber der Dinge an sich selbst."[26] Das handelnde Subjekt, das im Zitat mit dem Ding an sich identifiziert wird, greift Schopenhauer in seiner Auslegung des Dinges an sich als Wille auf, indem er einen von der Zeit unabhängigen *Willen* (des Individuums) als Ding an sich postuliert. Der intelligible Charakter ist bei Kant eine nicht-empirische Handlungskonstituente, die allerdings der *Vernunft* zugeordnet wird und sich im Menschen als die transzendentale Idee der Freiheit äußert. Bei Kant gibt sich die Idee der Freiheit und somit der autonome Wille also aus dem Vermögen der Vernunft in der Idee einer von der Erfahrung unabhängigen Kausalität nach Vernunftgesetzen kund.[27] Im Gegensatz zu der von Kant postulierten Idee der

---

25 Vgl. Arthur Schopenhauer: *Parerga et Paralipomena I*, Mannheim 1988, hiernach PI, S. 142. Schopenhauer sieht auch in den folgenden von ihm wiedergegebenen Worten Kants das Wesen seiner eigenen Lehre zum Ausdruck gebracht (Schopenhauer hat die Worte innerhalb der Klammer selbst eingefügt): „Der Freiheitsbegriff kann in seinem Objekt (das ist denn doch der Wille) ein Ding an sich, aber nicht in der Anschauung, vorstellig machen; dagegen der Naturbegriff seinen Gegenstand zwar in der Anschauung, aber nicht als Ding an sich vorstellig machen kann." WI, S. 595). Die eigene Wortstellung Kants weicht ein wenig davon ab: *Kritik der Urteilskraft*, Frankfurt a.M. 1992, S. 83. Schopenhauer sagt weiterhin: „Besonders aber lese man über die Auflösung der Antinomien den §. 53 der Prolegomena und beantworte dann aufrichtig die Frage, ob alles dort Gesagte nicht lautet wie ein Räthsel, zu welchem meine Lehre das Wort ist. Kant ist mit seinem Denken nicht zu Ende gekommen: ich habe bloß seine Sache durchgeführt." WI, S. 595.

26 KdrV, B 568. Zu diesem Thema sagt Eduard von Hartmann: „Was Kant als zaghafte Vermuthung aufstellte, dass das Ding an sich und das thätige Subject ein und dasselbe Wesen sein möchten, das sprach Schopenhauer als kategorische Behauptung aus, indem er als den positiven Charakter dieses Wesens den Willen erkannte." Eduard von Hartmann: *Philosophie des Unbewußten*, Berlin 1869, Bd. 2, S. 167.

27 Kant erklärt, dass die Freiheit kein Erfahrungsbegriff sei und schreibt daraufhin: „Daher ist Freiheit nur eine Idee der Vernunft, deren objective Realität an sich zweifelhaft ist,

Freiheit nach Vernunft ist nach Schopenhauer hingegen die Vorbestimmtheit des individuellen Willens Äußerung der Freiheit und drückt den intelligiblen Charakter aus.[28] Aus dem Gegensatz des Intelligiblen und des Erscheinungshaften geht nämlich nach Schopenhauer nicht hervor, dass der intelligible Charakter intellektuell, d. h. nach praktischer Vernunft bestimmt sein müsse.[29] Die Vorstellung eines durch die Vernunft nicht näher bestimmten Willensbegriffs sowohl im Zusammenhang der menschlichen Handlung als auch in der Verneinung derselben bei Schopenhauer steht somit *ipso facto* im Widerspruch zu Kants Bestimmung des intelligiblen Charakters der Freiheit nach Vernunft.[30] Es muss also gesagt werden, dass der Begriff des intelligiblen Charakters von Schopenhauer vollständig umgedeutet wurde und dem kantischen Begriff nicht entspricht.

Schopenhauer sucht das Ding an sich, das für Kant im Sinne der Erkenntnistheorie unerkennbar war, mit neuer Methode im menschlichen Subjekt[31] selbst auf.[32] Nach Schopenhauer ist es die Erkenntnis des intelligiblen Charakters im Selbstbewusstsein, die ‚den Zugang‘ zum *Ding an sich als Wille* bietet. Schopenhauer geht dem Nicht-erscheinungshaften der Erscheinung also nicht als Intellektuelles nach, sondern über die Erkenntnis des intelligiblen Charakters im Selbstbewusstsein. Den Inhalt dieser Erkenntnis expliziert Schopenhauer im Verhältnis zur Leibesaktion, weshalb der Leib zentral ist für die Untersuchung seiner Willenskonzeption.

Schopenhauer versteht die materielle Natur insgesamt als eine Objektivation des Willens in der Erscheinung, ergo als eine Manifestation. Schopenhauer betrachtet also den Willen in der Natur auch von seiner naturwissenschaftlichen Seite her.

Natur aber ein Verstandesbegriff, der seine Realität an Beispielen der Erfahrung [...] nothwendig beweisen muss." Immanuel Kant: *Grundlegung zur Metaphysik der Sitten*, Wiesbaden 1983, hiernach GMS, S. 92 (BA 114).

28   Diese seltsame Behauptung Schopenhauers wird im weiteren Verlauf dieses ersten Hauptteils im Zusammenhang des Begriffs der Freiheit bei Schopenhauer näher erläutert.

29   Vgl. KdrV, B 567. Wie oben bereits erwähnt, bemerkt Schopenhauer: „Kant hat dieses den intelligiblen Karakter genannt (vielleicht hieße es richtiger der inintelligible)". G (1813), S. 76f. Schopenhauer hält sich insofern allgemein an Kants Begriffsdefinition des Intelligiblen, als dass Kant schrieb: „Ich nenne dasjenige an einem Gegenstande der Sinne, was selbst nicht Erscheinung ist, intelligibel".

30   Vgl. KdrV, B 560 – B 587.

31   Das *Subjekt* ist in diesem Fall nicht das erkennende Subjekt, welches dem Satz vom zureichenden Grunde unterworfen ist, sondern das Wesen der Erscheinung selbst: der Wille.

32   Schopenhauer zufolge hat Kant das Ding an sich der Erscheinung nach auch objektiv aufgestellt. Vgl. PI, S. 100. Schopenhauer erklärt desweiteren auf dieser Seite, dass er nun dieses Objekt *als Leib* zum Gegenstand gemacht habe und dabei auf den Willen im Selbstbewusstsein Acht hat.

Schopenhauer sieht seine These der Manifestation des Willens in der Natur durch naturwissenschaftliche Erkenntnisse des 18. und 19. Jahrhunderts bestätigt, welche ihn 1859 mit erneutem Eifer dazu führen, den Willen in seiner Materialität, z. B. als Gehirn, das den Intellekt behaust, wiederholt und nachdrücklich physiologisch zu determinieren:

> „Eine Philosophie, welche, wie die Kantische, diesen Gesichtspunkt [den physiologischen] für den Intellekt gänzlich ignoriert, ist einseitig und eben dadurch unzureichend. Sie lässt zwischen unserm philosophischen und unserm physiologischen Wissen eine unübersehbare Kluft, bei der wir nimmermehr Befriedigung finden können."[33]

Die physiologische Komponente der Naturphilosophie Schopenhauers drückt die naturwissenschaftliche Herkunft von Schopenhauers Willensvorstellung aus und dient dazu, die Exposition des Willens als Ding an sich mittels des Leibes thematisch einzuführen und die Rolle der Physiologie für Schopenhauers Philosophie zu verdeutlichen. Aufgrund der Bedeutung der Physiologie für Schopenhauers Philosophie hatte er 1836 in seiner Einleitung zu *Über den Willen in der Natur* behauptet: „Meine Metaphysik bewährt sich dadurch als die einzige, welche wirklich einen gemeinschaftlichen Grenzpunkt mit den physischen Wissenschaften hat [...] so dass sie wirklich sich an sie schließen und mit ihr übereinstimmen"[34]. Dieses Thema wird im nächsten Unterkapitel exponiert und dient zur Einleitung in das Hauptthema zu Schopenhauers eigener Willenskonzeption im Verhältnis zur Vorstellung.

1.2 Die Physiologie des Willens

Schopenhauer wurde bereits als junger Medizinstudent mit der faktisch-materiellen Beschaffenheit des Menschen konfrontiert und gelangt 1811 und 1812, zwei Jahre vor der Dissertationsschrift, zu der Annahme, alle materiellen Körper hätten ein ihnen eigentümliches Wirken inne.[35] Dieses Wirken komme der Materie nicht

---

33   WII, S. 308.

34   Arthur Schopenhauer: *Über den Willen in der Natur*, Mannheim 1988, hiernach N, S. 1.

35   Wie aus dem handschriftlichen Nachlass der Jahre 1811-1813 hervorgeht, hat Schopenhauer bereits in diesen frühen Jahren seines Schaffens seine Idee der Identität von Seele und Materie, von Geist und Stoff, gefasst. Er spricht vom inneren Wirken der Materie, von dem eigentlichen Grund der Physiologie und weiterer Beispiele einer

mittels einer Erkenntnis einzelner Kausalreihen zu, sondern sei der Materie als alleinige Substanz inhärent,[36] weil sich der Wille als Ding an sich in der Materie objektiviert habe.[37] Die Materie beharre, ohne dabei von der Effloreszenz des Nervensystems, dem Gehirn, erkannt zu werden. Dies weist Schopenhauer physiologisch am Beispiel der Bildung des Organismus nach, indem er den Umbildungsprozess eines Blutkreislaufes bis hin zur Muskelkraft als eine Komplexitätssteigerung der Form beschreibt und als eine unmittelbare Äußerung des Willens als Ding an sich auffasst. Die Materie bewege sich im Einzelnen unwillkürlich, sei die beharrliche Substanz, äußere sich ihrem Dasein nach im Wirken[38] und führe auf den Willen als

---

Urkraft in der Natur. Im folgenden Zitat ist ein Beispiel dieser Thesen genannt: „Es sieht Einer Körper fallen, andre ruhen, so veranlaßt ihn dies nicht nach dem Warum zu fragen; denn die Erfahrung antwortet: du siehst ja daß sie fallen, daß sie ruhen. Er will aber eben etwas Anderes als die Wahrnehmung selbst: er frägt: Warum? und setzt voraus, daß es zu allen seinen Warums eine Welt von Darums gebe. Jede Angabe des Grundes und das aus ihr folgende allgemeine Gesetz, ist also etwas gar nicht in der Wahrnehmung gegebenes, sondern übersinnliches. Z. B. das Gesetz der Schwere." (HN, NII20, Über die Tatsachen des Bewusstseins (1811)). Schopenhauer erklärt, dass das unbewusste Wirken des Willens in der Materie in der Physiologie erfasst wird. Hierzu schreibt Schopenhauer: „Physiologie ist die Lehre vom blinden Wirken des Willens im Menschen" (Arthur Schopenhauer: *Vorlesung über die gesammte Philosophie (1820)*, hrsg. von Karsten Worm, Infosoftware, Berlin 2003, X 75). Dieses Phänomen des Wirkens wird von Schopenhauer letztendlich über 1. den physiologischen Prozess der Erkenntnis und 2. die empirische Beobachtung nachgewiesen. Alfred Schmidt äußert in diesem Zusammenhang: „Schopenhauers Metaphysik hat empirische Quellen. Sie ist naturwissenschaftlich fundiert." Alfred Schmidt: *Schopenhauers subjektive und objektive Betrachtungsweise des Intellekts*, Schopenhauer-Jahrbuch 2005, S. 105-132, S.108. Schopenhauer Jahrbuch hiernach: SJb.

36   Schopenhauer erklärt: „Unter reiner Materie ohne Form und Qualität denken wir eigentlich reines Wirken ohne Bestimmung der Wirkungsart, also Kausalität überhaupt, das Korrelat des Verstandes überhaupt." Arthur Schopenhauer: *Vorlesung über die gesammte Philosophie (1820)*, hrsg. von Karsten Worm, Infosoftware, Berlin 2008, IX 225. Zum Substanzbegriff als Materie siehe Schopenhauers Dissertation, G (1847), S. 34: „[D]ie Substanz, d. i. die Materie, beharrt"; wie auch S. 46f. Sodann schreibt Schopenhauer ausdrücklich: „Daß übrigens Substanz ein bloßes Synonym von Materie sei". Ebd., S. 48. Zur Materie und Naturkraft im Zusammenhang des Wirkens vgl. ebd., S. 48ff.

37   Schopenhauer erklärt: „Indem der Wille objektiv wird, d. h. in die Vorstellung übergeht, ist die Materie das allgemeine Substrat dieser Objektivation, oder vielmehr die Objektivation selbst in abstracto genommen, d. h. abgesehen von aller Form." WII, S. 350.

38   Vgl. zur Materie als Wirken: WI S, 10, WII, S. 215f. Die Materie sei: „Das, was den Ursachen die Kausalität, d. i. die Fähigkeit zu wirken, allererst ertheilt". G (1847), S. 49f.

geheime Naturkraft zurück.[39] Die Materie sei nicht erst, wie bei Kant, als Korrelat der Sinnlichkeit, d. h. der sinnlichen Erkenntnis der Empfindung, zu bestimmen.[40] Die Muskeln *reagieren* Schopenhauer zufolge unmittelbar auf den Eindruck materieller Umstände, wohingegen das Gehirn den Mechanismus der Erkenntnis bestimmt und die Willkür im Zusammenhang der Erkenntnis äußerer Gegenstände ermöglicht. Schopenhauer differenziert daher zwischen unwillkürlich und willkürlich, indem:

> „die unwillkürlich bewegten Muskeln großentheils die selben sind, welche, unter andern Umständen, vom Gehirn aus bewegt werden, in den willkürlichen Aktionen, wo ihr primum mobile uns durch das Selbstbewußtseyn als Wille intim bekannt ist.“[41]

Die Irritabilität der Muskeln bilde auf der ihr nächsten Evolutionsstufe ein Nervensystem, eine Sensibilität, welche im Gegensatz zur Muskelkraft nicht von selbst, d. h. unmittelbar, zu einer Bewegung führe, sondern im menschlichen Gehirn zu einer Erkenntnis der Ursachen, die als Motive fungieren, leite:

> „Das erste Produkt des Blutes sind seine eigenen Gefäße und dann die Muskeln, in deren Irritabilität der Wille sich dem Selbstbewußtseyn kund giebt, hiemit aber auch das Herz, als welches zugleich Gefäß und Muskel, und deshalb das wahre Centrum und *primum mobile* des ganzen Lebens ist [...]Im Nervensystem objektivirt der Wille sich demnach nur mittelbar und sekundär [...] die inneren [Veranlassungen] empfängt das plastische Nervensystem, also der sympathische Nerv, dieses *cerebrum abdominale*, als bloße Reize; der Wille reagirt darauf an Ort und Stelle, ohne Bewußtseyn des Gehirns; die äußeren empfängt das Gehirn, als Motive, und der Wille reagirt durch bewußte, nach außen gerichtete Handlungen. Mithin macht das ganze Nervensystem gleichsam die Fühlhörner des Willens aus, die er nach innen und außen streckt.“[42]

Dieses Wirken der Materie finde also unmittelbar und unbewusst statt und ermögliche den physiologischen Prozess der Vorstellung.[43] Der Leib liefere dem Gehirn und somit dem Subjekt Data.

---

39 WII, S. 282f.

40 Vgl. KdrV, §1.

41 WII, S. 281. Schopenhauer erklärt an gleicher Stelle, was Willkür bedeutet; und zwar ein Verhältnis zu Motiven: „Also ist allein im wirklichen Handeln der Wille selbst thätig, mithin in der Muskelaktion, folglich in der Irritabilität: also objektivirt sich in dieser der eigentliche Wille. Das große Gehirn ist der Ort der Motive, woselbst, durch diese, der Wille zur Willkür wird, d. h. eben durch Motive näher bestimmt wird.“ WII, S. 281.

42 WII, S. 281.

43 Ausführliche Gedanken zu Schopenhauers Idee eines Evolutionsprozesses bis zur Vorstellung hin, wie auch die Physiologie dieses Prozesses, werden in einem Aufsatz

Trotz des unmittelbaren Wirkens der Materie auf unseren Leib, bleibe die Erkenntnis der Gegenstände, selbst in der Physik, eine vermittelte Vorstellung. Denn sobald der Mensch Kenntnis von den Bewegungen und Kräften anderer Gegenstände nehme, sei er auf die Form der Erkenntnis des Satzes vom zureichenden Grunde beschränkt, durch welche er alle Objekte als Erscheinungen erfasse. Daher bleibe selbst den von Schopenhauer bezeichneten zwei Bereichen der Physik, die Morphologie und die Ätiologie, die Erkenntnis des Willens als Ding an sich an der Materie versagt. Schopenhauer erklärt:

> „Über das innere Wesen irgend einer jener Erscheinungen erhalten wir dadurch aber nicht den mindesten Aufschluß: dieses wird Naturkraft genannt und liegt außerhalb des Gebiets der ätiologischen Erklärung […] Dieses Naturgesetz, diese Bedingungen, dieser Eintritt, in Bezug auf bestimmten Ort zu bestimmter Zeit, sind aber Alles was sie weiß und je wissen kann. Die Kraft selbst, die sich äußert, das innere Wesen der nach jenen Gesetzen eintretenden Erscheinungen, bleibt ihr ewig ein Geheimniß, ein ganz Fremdes und Unbekanntes, sowohl bei der einfachsten, wie bei der kompliziertesten Erscheinung."[44]

In diesem Zitat wird deutlich, dass die Physik nach Schopenhauer immer in Hinblick auf das transzendentale Wesen des Willens gedacht werden muss. Unter diesem Gesichtspunkt wird auch verständlich, dass die Erkenntnis des Wesens der Dinge bei Schopenhauer einerseits „metaphysisch" gedeutet wird und andererseits empirisch fundiert werden muss. Dies ist der Grund, warum so viele Werke und Aufsätze seine Leibtheorie zum Schwerpunkt machen.[45]

---

von Erwin Rolger diskutiert, worin er auch Gerhard Roth rezipiert. Erwin Rogler: *Das Gehirnparadox – ein Problem nicht nur bei Schopenhauer*, SJb 2007, S. 71-114; Gerhard Roth: *Das Gehirn und seine Wirklichkeit. Kognitive Neurobiologie und ihre philosophischen Konsequenzen*, Frankfurt a. M. 1997. Unter einem ähnlichen Titel „Schopenhauers Gehirnparadox" thematisiert auch Dirk Göhmann Schopenhauers idealistisch-materialistische Ansicht des Gehirns. Allerdings stempelt Göhmann Schopenhauers Auffassung als inkonsituent ab und kritisiert, dass die naturalistische Äußerung des Willens letztlich nichts über das Konzept der Welt an sich, welches aber Grundstein einer bisher vergessenen Grundlage der Naturwissenschaft nach Schopenhauer sein soll, erkläre. Auch er rekurriert auf Gerhard Roth. Dirk Göhmann: *Schopenhauers Gehirnparadox*, SJb 2004, S. 211-229. Daniel Schubbe thematisiert die Verbindung von Neurobiologie und der Philosophie Schopenhauers auch mit besonderer Bezugnahme zu Gerhard Roth in seinem Artikel *Die Bedeutung Schopenhauers für das moderne Bild des Menschen oder Zwischen Willensmetaphysik und moderner Neurobiologie*, SJb 2004, S.191-210.

44 WI, S. 116.

45 Vgl. Harald Schöndorfs Auseinandersetzung hiermit: *Der Leib im Denken Schopenhauers und Fichtes*, München 1982. Auch Bernd Dörflinger bestätigt, dass die ganze

Alfred Schmidt und Hans Naegelsbach heben hervor, dass bei Schopenhauer für das Verständnis einer essentiellen Äußerung des Willens an der Materie die physische Funktionalität des Körpers miteinbezogen werden muss. So bezieht sich Alfred Schmidt in *Schopenhauers subjektive und objektive Betrachtungsweise des Intellekts*[46] insbesondere auf Hans Naegelsbach, der zur Rolle des Gehirns als objektive Manifestation des Intellekts in Schopenhauers Erkenntnistheorie geforscht hat.[47] Jan Berg notiert ebenfalls das empirische Anliegen Schopenhauers, wenn er schreibt: „Eine apriorische Disziplin wie die transzendentale Philosophie, die die Bedingungen von Erfahrungen thematisiert, wird durch eine empirische Wissenschaft, die Physiologie, gestützt."[48] Die Physiologie dient demnach bei Schopenhauer dazu, das Wirken des Willens in der organischen und anorganischen Natur zu konstatieren.[49] Dieses Verhältnis zur Naturwissenschaft in der Willenskonzeption bei Schopenhauer weist darauf hin, dass Schopenhauers Vorstellungen eine naturalistische Quelle haben.[50]

Philosophie Schopenhauers von der Philosophie des Leibes abhänge. Er stellt die vier Bücher der Welt als Wille und Vorstellung dem Begriff des Leibes gegenüber. Er setzt scharfsinnig deskriptiv Schmerz und Wollust, Lust und Unlust des Willens auseinander. Vgl. Bernd Dörflinger: *Schopenhauers Philosophie des Leibes*, Schopenhauer-Jahrbuch 2002, S. 43-85, insb. S. 53-57.

46 Alfred Schmidt: *Schopenhauers subjektive und objektive Betrachtungsweise des Intellekts*, in: Schopenhauer-Jahrbuch, Band. 86, Würzburg 2005, S. 105-132.

47 Hans Naegelsbach: *Das Wesen der Vorstellung bei Schopenhauer*, Heidelberg 1927. Zur Leibproblematik im allgemeinen siehe bei Naegelsbach insb. S. 138.

48 Jan Berg: *Objektiver Idealismus und Voluntarismus*, Würzburg 2003, S. 123.

49 „Alle Naturwissenschaft ist entweder Beschreibung von Gestalten, die nenne ich Morphologie: oder Erklärung von Veränderungen die ich nenne Aetiologie […] hingegen den Uebergang der stets wandelnden Materie in jene Gestalten, d.h. die Entstehung der Individuen, ist kein wesentlicher Theil der Betrachtung, da jedes Individuum aus dem ihm gleichen durch Zeugung hervorgeht, die überall gleich geheimnißvoll sich bis jetzt der deutlichen Erkenntniß entzieht: das Wenige was man darüber weiß findet seine Stelle in der Physiologie, die schon der ätiologischen Naturwissenschaft angehört" Arthur Schopenhauer: *Vorlesung über die gesammte Philosophie 1820*, Infosoftware, Berlin 2008, S. 21-22.

50 Um diese physiologische Natur der Welt als Wille, im Sinne der Objektivation des Willens im oder am Leib, und der Welt als Vorstellung, im Sinne physiologischer Prozesse von Vorstellungen über den Leib bei Schopenhauer nachzuverfolgen, vergleiche die unten angeführten physiologischen und sogenannten neurophilosophischen Forschungsergebnisse der Sekundärliteratur zu Schopenhauer. Zudem erschienen nach Schopenhauers Ausführungen weitere Publikationen zu diesem Themenbereich. Nach den Veröffentlichungen Schopenhauers erschienen im Jahre 1859 die *Entstehung der Arten* von Darwin und 1866 eine von Haeckel in Zusammenhang hiermit ausein-

1.3   Schopenhauers naturalistische Willensvorstellung

Nach Schopenhauer unterscheidet sich die Handlung des Menschen nicht wesentlich von den Bewegungen anderer Lebewesen. Zu diesem Schluss kommt Schopenhauer, da die Vernunft für den Willen, der auch letztlich der Vorbestimmtheit der Natur unterliege, unwesentlich sei. Die Kausalität als Gesetz des Verhältnisses von Subjekt und Objekt der Vorstellung oder als Gesetz des Wirkens zwischen materiellen Gegenständen wird nur nach unterschiedlichen ‚Reaktionen'[51] oder Einflüssen des Objekts auf das Subjekt bestimmt:

---

andergesetzte *Morphologie der Evolution.* Hierbei spielten allerdings auch Goethes naturwissenschaftliche Untersuchungen eine große Rolle. Auch Goethe stellte den Leib als Urphänomen auf, was Bewunderung von Seiten Schopenhauers auf sich zog. In diesem Zusammenhang hat Olaf Breidbach Goethes Metamorphosenlehre ein ausführliches Werk gewidmet (Olaf Breidbach: *Goethes Metamorphosenlehre,* München 2006). Helmuth Plessner setzt sich mit der Entwicklung des Bewußtseins in: *Elemente der Metaphysik, eine Vorlesung aus dem Jahre 1931/32,* Oldenburg 2002, auseinander. Hier wird ebenfalls ausführlich auf das tierische und organische Bewusstsein in seiner evolutionären Entwicklung eingegangen. Plessner spricht auch von dem Beginn einer philosophischen Anthropologie im Ausgang von der Leibtheorie (Helmuth Plessner: *die Frage nach der Conditio Humana,* Frankfurt 1976, insb. S. 194-196). Das Lachen und Weinen stellt er als Grenzerfahrung der Erkenntnis auf und beobachtet das gleiche Phänomen bei Tieren: Ebd., S.70-74. Dieter Birnbacher geht explizit auf die Neurophysiologie als Bedingung der Vorstellung ein (Dieter Birnbacher: *Schopenhauer und die moderne Neurophilosophie,* Schopenhauer-Jahrbuch 2005, S. 133-149). Alfred Schmidt setzt sich in derselben Publikation mit der Physiologie und ihrer Rolle in der objektiven Betrachtung des Intellekts auseinander (Alfred Schmidt: *Schopenhauers subjektive und objektive Betrachtungsweise des Intellekts,* SJb 2005, S. 105-132). Auch der zwei Jahre später erschienene Beitrag von Günter Schultes diskutiert Schopenhauers neurophilosophische Wende. Hier wird das Gehirn in seiner Rolle für den Idealismus und Realismus in Schopenhauers naturwissenschaftlich fundiertem Denkens auseinandergesetzt (Günter Schulte: *Gehirn Funktion und Willensfreiheit, Schopenhauers neurophilosophischer Wende. Teil I: Die Frage nach der Realität der Außenwelt,* Jahrbuch 2007, S. 51-70). Diese Untersuchung führt Schulte bezüglich einer Willensfreiheit in dem darauf folgenden Schopenhauer Jahrbuch fort (Günter Schulte: *Gehirnfunktion und Willensfreiheit. Schopenhauers neurophilosophischer Wende. Teil II: Die Frage nach der Freiheit des Willens,* Jahrbuch 2008, S. 91-116). In diesem zweiten Artikel geht Schulte auf die Materialität Schopenhauers Philosophie nicht mehr ein. Schulte fährt in dieser zweiten Abhandlung viel „theoretischer" fort, d.h. hinsichtlich der *metaphysischen* Äußerung des Willens, wogegen die erste der *physischen* Äußerung des Willens gewidmet war.

51   Vgl. E, S. 14.

„Es zeigt sich, dem dreifachen Unterschiede von unorganischen Körpern, Pflanzen
und Tieren entsprechend, die alle ihre Veränderungen leitende Kausalität ebenfalls
in drei Formen, nämlich als Ursache im engsten Sinne des Wortes, oder als Reiz,
oder als Motivation."[52]

Schopenhauer materialisiert die Motivation des Menschen in dem Sinne, dass es
keine Erkenntnis gebe, die in Hinblick auf die Handlung in Unabhängigkeit von
der anschaulichen Wirklichkeit des Gegenstandes bzw. der Materie gedacht werden
könne. Die Fähigkeit der Deliberation, Wahl, Überlegung usw. mittels der Vernunft
des Menschen sei etwas, das dem Menschen zwar einen anderen Motivationskreis
ermögliche, d. h. er sei nicht auf die anschauliche Gegenwart des Motivs, wie beim
Tier, beschränkt. Die Motivation des Menschen sei aber letztendlich durch den
Intellekt, als wäre er eine von der äußeren Materie isolierte Instanz, und somit
durch die Wahl der Motive nicht zu beeinflussen, d. h. nehme keinen Einfluss
auf den Willen selbst. Alle Motivation sei in ihrer Ursache daher direkt auf den
Gegenstand der Anschauung als Motiv zurückzuführen. Schopenhauer erklärt:
„[Das Motiv ist] eine Ursache wie jede andere, ist sogar auch, wie die anderen, stets
ein Reales, Materielles, sofern es allemal zuletzt doch auf einem irgendwann und
irgendwo erhaltenen Eindruck *von außen* beruht."[53] Das Streben nach Motiven
ist Schopenhauer zufolge nur ein weiteres Moment in der natürlich-materiellen
Entwicklung des Gehirns und nur eine komplexere, da mit Vernunft verbundene,
Reaktion und Aktion der Materie:

„Sie [die dritte Art der bewegenden Ursachen nach Motiven] tritt in der Stufenfolge
der Naturwesen auf dem Punkt ein, wo das kompliziertere und daher mannigfaltigere
Bedürfnisse habende Wesen, diese nicht mehr bloß auf Anlaß des Reizes befriedigen
konnte, als welcher abgewartet werden muss; sondern es im Stande seyn mußte, die
Mittel der Befriedigung zu wählen, zu ergreifen, ja, aufzusuchen. Deshalb tritt bei
Wesen dieser Art an die Stelle der bloßen Empfänglichkeit für Reize und der Bewegung auf solche, die Empfänglichkeit für Motive, d. h. ein Vorstellungsvermögen, ein
Intellekt, in unzähligen Abstufungen der Vollkommenheit, materiell sich darstellend
als Nervensystem und Gehirn, und eben damit das Bewußtseyn."[54]

Diese materielle Auffassung der Motivation und damit des Handelns unterstreicht
noch einmal deutlich, dass Motivation, Willentlichkeit und alle einzelnen Hand-
lungsmomente (außer der Vorbestimmtheit des individuellen Charakters als Freiheitsvorstellung) nach Schopenhauer naturalistisch bedingt sind. Die materielle

---

52   E, S. 29.
53   E, S. 36. Hervorhebung durch Schopenhauer.
54   E, S. 31-32.

Grundlage allen Strebens, die Identität des überall gleichen Willens als Wesen aller Dinge, wie auch die gestufte Identität zwischen Tier und Mensch hierin, werden in obigem Zitat zum Ausdruck gebracht. Der Wille des Menschen und der Tiere sei mit Verstand durch die Motive, welche dem Willen vorgelegt werden, verbunden, wodurch aber kein wesentlicher Unterschied in den Motivationen der Tiere und des Menschen bestehe:

> „Bei den oberen, intelligenteren Thieren wird die Wirkung der Motive immer mittelbarer: nämlich das Motiv trennt sich deutlicher von der Handlung, die es hervorruft; so daß man sogar diese Verschiedenheit der Entfernung zwischen Motiv und Handlung zum Maaßstabe der Intelligenz der Thiere gebrauchen könnte. Beim Menschen wird sie unermeßlich."[55]

Schopenhauer setzt die *Naturkraft und Lebenskraft* also mit dem *Willen* des Menschen gleich und sieht die *Bewegung* als Ausdruck der *Naturkraft als Wille* in den Organismen an. Schopenhauer erklärt:

> „als das, was das Wort Wille bezeichnet, gibt sich hier dem Wesen selbst, innerlich und unmittelbar, Dasjenige kund, was eigentlich dem Motiv die Kraft zu wirken erteilt, die geheime Springfeder der durch dasselbe hervorgerufenen Bewegung. Bei ausschließlich auf Reize sich bewegenden Köpern nennen wir jene beharrende, innere Bedingung Lebenskraft; bei den bloß auf Ursachen im engsten Sinne sich bewegenden Körpern nennen wir sie Naturkraft, oder Qualität: immer wird sie von den Erklärungen als das Unerklärliche vorausgesetzt".[56]

Der Wille sei die Urkraft,[57] welche an sich in den materiellen Manifestationen walte und welche in uns als Urphänomen[58] entdeckt werde. Das Motiv veranlasse die Bewegung als Handlung, hingegen sei der Wille selbst die Springfeder, wie in obigem Zitat ausgeschrieben. Der Wille als Ding an sich ist auf gleiche Weise für das Handeln und für das Bewegen zu erfassen, d. h. das Motiv unterscheidet sich

---

55 E, S. 33.

56 E, S. 33. Diesen Zusammenhang und die Unerklärlichkeit der Naturkraft legt Schopenhauer auch auf S. 47f. dar.

57 Siehe zur Urkraft: WI, 147; insbesondere aber WII, S. 332, wo Schopenhauer erklärt, dass der Wille, „der Kern unsers Wesens und jene Urkraft selbst sei, welche den thierischen Leib schafft und erhält, indem sie die unbewußten, so gut wie die bewußten Funktionen desselben vollzieht."

58 Zum Urphänomen siehe insbesondere E, S. 260-261. Schopenhauer versteht das Urphänomen im Grunde genommen als das Verbindungsmoment zwischen dem Willen im Selbstbewusstsein und seiner Äußerung am Leib. Siehe zu diesem Schnittpunkt als Urphänomen: HN, *Pandectae I, HNIV, 113Fu.*

Schopenhauer zufolge *dem Willen nach* nicht von dem „Reiz" und der „Ursache". Das wollende Subjekt erfasse das, was es will, auf Anlass der Motive, welche auf gleiche Weise dem materiellen Wirken unterliegen, wie anderes willentliches Bewegen und Streben. Das Wirken als materielle Äußerung des Willens oder als materieller Anlass der Bewegung verhalte sich somit immer auf gleiche Weise zum Subjekt des Willens.

1.4 Schopenhauers Theorie der Erkenntnis des Willens am Leib

Um das Verhältnis des Willens, als Intelligibles oder als Ding an sich, zur Vorstellung zu untersuchen, wird im Folgenden aufgestellt, welche Momente „subjektiv" und „objektiv" dabei berücksichtigt werden müssen. Bei Schopenhauer liegt der Wille (1) dem Menschen *innerlich* oder aber *subjektiv der Vorstellung nach* als Ding an sich, als intelligibler Charakter und als physische und theoretische Möglichkeit der Welterkenntnis über das Gehirn zugrunde. Der Wille als Ding an sich liegt (2) *äußerlich* oder aber *objektiv der Vorstellung nach* der materiellen Substanz, der Spezies, sofern die Spezies Gegenstand der Idee in der Kunst ist, und der physiologischen Tatsache des Gegenstandes zugrunde.

Den Blick nach innen wendend, also auf der subjektiven Seite der Welt, erkennt der Mensch sich selbst als Wille. Es ist hier, im Inneren des Menschen, wo Schopenhauers Vorstellung zum Willen als Ding an sich seinen theoretischen Anfang genommen hat und im Verhältnis zur Vorstellungswelt untersucht wird. Deswegen wird im vorliegenden Buch an diesem Ort der Wille untersucht. Ein solcher Wille, der in seiner Unvermittelbarkeit im Selbstbewusstsein erkannt werden soll, ist der intelligible Charakter des Menschen und dieser wird per Analogieschluss gemäß der Leibeskonzeption Schopenhauers auf die gesamte Natur übertragen. Schopenhauer erklärt zur Rolle der Analogie für das Postulieren eines Weltwillens:

> „Wir werden demzufolge die nunmehr zur Deutlichkeit erhobene doppelte, auf zwei völlig heterogene Weisen gegebene Erkenntniß, welche wir vom Wesen und Wirken unseres eigenen Leibes haben, weiterhin als einen Schlüssel zum Wesen jeder Erscheinung in der Natur gebrauchen und alle Objekte, die nicht unser eigener Leib, daher nicht auf doppelte Weise, sondern allein als Vorstellungen unserm Bewußtseyn gegeben sind, eben nach Analogie jenes Leibes beurtheilen und daher annehmen, dass, wie sie einerseits, ganz so wie er, Vorstellung und darin mit ihm gleichartig sind, auch andererseits, wenn man ihr Daseyn als Vorstellung des Subjekts bei Seite setzt,

das dann noch übrig Bleibende, seinem innern Wesen nach, das selbe seyn muß, als was wir an uns Wille nennen."[59]

Die Übertragung des intelligiblen Charakters des Menschen auf die gesamte Natur versucht Schopenhauer also über den Leibbegriff zu ermöglichen, der sowohl manifestierter Wille als auch zur Vorstellung gewordenes Objekt sei.[60]

Die Übertragung des Willens des Menschen auf das Innere der äußeren Erscheinungswelt wurde zu Anfang von Schopenhauers Schaffenszeit durch die Behauptung der Unmittelbarkeit des Willens am Leib eingeführt. Der Leib sei unmittelbares Objekt des Subjekts. Es ist nämlich wesentlich für Schopenhauers philosophischen Entwurf, dass Schopenhauer den Leib *in seiner Unmittelbarkeit* als Wille bestimmt hat, wie auch im folgenden Zitat von Schopenhauer erklärt wird:

„Nur indem meine Augen den Leib unmittelbar oder mittelbar durch seine Wirkung auf spiegelnde Körper sehn, und meine Hände ihn betasten, erkenne ich seine Gestalt und er ist mir Objekt im Raum, Vorstellung. Ohne Hände und Augen könnte ich bloß aus der Einwirkung andrer Körper auf ihn auf seine Gestalt, d.h. sein räumliches Verhältniß schließen und ihn so in die Welt als Vorstellung hinüberziehn. *Unmittelbar*

---

59 WI, S. 125. Schopenhauer wiederholt sein Theorem Jahre später in Band II der Welt als Wille und Vorstellung: „Hingegen auf dem subjektiven Wege ist das Innere uns jeden Augenblick zugänglich: da finden wir es als den Willen zunächst in uns selbst, und müssen, am Leitfaden der Analogie mit unserm eigenen Wesen, die übrigen enträthseln können, indem wir zu der Einsicht gelangen, daß ein Seyn an sich, unabhängig vom Erkanntwerden, d.h. Sichdarstellen in einem Intellekt, nur als ein Wollen denkbar ist." WII, S. 309-310. Siehe zum Analogieschluss, ein Terminus, den Schopenhauer meines Wissens nach allerdings nicht selbst verwendet: Eckhard Zimmermann: *Der Analogieschluß in der Lehre von der Ich-Welt-Identität bei Arthur Schopenhauer.* München 1970, S. 77. Siehe auch Matthias Koßler: *Empirische Ethik und christliche Moral,* Würzburg 1999, S. 185f.

60 Andreas Brenner notiert hierzu, dass der Leib „sowohl Schlüssel wie auch Schloß der Welterkenntnis [ist], er öffnet die äußere Welt, insofern er die innere ist." Andreas Brenner: *Bioethik und Biophänomen, den Leib zur Sprache bringen,* Würzburg 2006, S.105. Dörpinghaus verwendet auch die Metapher des Schlüssels (Andreas Dörpinghaus: *Der Leib als Schlüssel zur Welt. Zur Bedeutung der Funktion des Leibes in der Philosophie Schopenhauers,* Schopenhauer-Jahrbuch 2000, S.15-32). Helmut Plessner spricht vom Leib als Schlüssel. (Plessner: *Die Frage nach der Conditio humana,* S. 194). Schopenhauer selbst nennt den Leib „den Schlüssel zum Wesen jeder Erscheinung in der Natur" (WI, S. 125). Desweiteren auch Heinrich Günther: „Die Schlüsselfunktion des Leibes" oder „dient nach Schopenhauer der eigene Leib als Schlüssel". Heinrich Günther: *Über den Begriff der Vernunft bei Schopenhauer,* Frankfurt a.M. 1989, S. 14.

ist er mir bloß als Wille gegeben: erst mittelbar, durch Anwendung des Gesetzes der Kausalität wird er mir Objekt, Vorstellung."[61]

Schopenhauer möchte mit dieser Auslegung des Leibes ein unmittelbares Verhältnis und damit eine Einheit zwischen der Materialität des menschlichen Körpers und seinem Willen ermöglichen. Wenn der Leib und der menschliche Wille identisch wären, wäre hiermit die Materialität des Willens gesichert. Ein solcher materielle Wille ließe sich problemlos auf die Erscheinungswelt übertragen, denn der Mensch ist das vorstellungshaft komplizierteste willentliche Wesen und ,mit Abzug' des menschlichen Gehirns als weitere Manifestation des Willens wäre die Identität zwischen Wille und Körper gegeben.

In seiner Dissertationsschrift (1813) hatte Schopenhauer zum ersten Mal den Leib als unmittelbares Objekt bestimmt und somit als Wille zu fassen versucht. Schopenhauer schreibt jedoch in seiner eigenen Überarbeitung der Dissertationsschrift (1847), dass der Leib nur in dem Sinne unmittelbar sei, dass er die Objektivation des Willens sei und man (Schopenhauer hält daran fest) den Willensakt unmittelbar an der Leibesaktion erkenne; der Leib sei aber als Objekt unter anderen Objekten schlichtweg der Vorstellung unterworfen:

„Insofern nun der organische Leib der Ausgangspunkt für die Anschauung aller andern Objekte, also das diese Vermittelnde ist, hatte ich ihn, in der ersten Auflage dieser Abhandlung, das unmittelbare Objekt genannt. [...] [O]bwohl die Wahrnehmung seiner Empfindungen eine schlechthin unmittelbare ist; so stellt doch er selbst sich dadurch noch gar nicht als Objekt dar; sondern soweit bleibt Alles noch subjektiv, nämlich Empfindung [...] Objektiv, also als Objekt, wird auch er allein mittelbar erkannt, indem er, gleich allen andern Objekten, sich im Verstande, oder Gehirn (welches Eins ist), als erkannte Ursache subjektiv gegebener Wirkung und eben dadurch objektiv darstellt".[62]

Schopenhauer wurde also klar, dass der Leib nur Objekt nach der Art der Objektivität sein kann, nämlich als Vorstellung. Die Erkenntnis des Willens ist also vermittelt durch das vorstellungshafte Erkennen von einem Objekt, nämlich dem Leib, der als Objekt auch in dem Verhältnis anderer Objekte zum Subjekt steht. Die willentliche Motivation ist also, da die Motive durch den Leib vermittelt oder vernünftig erkannt werden, durch Vorstellung vermittelt und kann nur nach Art der Vorstellung erkannt werden.

---

61 Arthur Schopenhauer: HN, Die Genesis des Systems (1816), Bogen eeee-3, NI 351. Hervorhebung hinzugefügt.

62 G (1847), S. 84.

Auch die Wahrnehmung oder Empfindung im Subjekt muss vorstellungshaftes Objekt sein, um als *Wille* (*ein Strebevermögen der Handlung*) bestimmt werden zu können. Der *Wille* muss bei Schopenhauer unbedingt in der Leibesaktion zum Ausdruck gebracht werden und muss als Empfindung oder Wahrnehmung gemäß der *Wirksamkeit*, d. h. durch das Handeln, bestimmt werden, um erkannt zu werden. Die Erkenntnis des Willens ist also auf das vorstellungshafte Erkennen angewiesen.

Schopenhauer wurde also klar, dass die Erkenntnis des Leibes und dessen, was der Wille in seiner Unmittelbarkeit sein soll, nicht identisch sein kann und dass der Leib nur ein Objekt unter Objekten ist. Die Änderung der Auffassung hat zu einem wesentlichen paradigmatischen Problem geführt: kann man unter Berücksichtigung dieser revidierten Auffassung den Willen an der Erscheinung des Leibes postulieren und kann der Wille unabhängig der Vorstellung erkannt werden, wenn er mit der Vorstellung verbunden gedacht wurde? Die Erscheinung des Leibes oder die Leibesaktion kann man nun Schopenhauer zufolge nicht anders als in einer Subjekt-Objekt-Korrelation der Erkenntnis erfassen. Folglich kann man die Erkenntnis der Leibesaktion verbunden mit dem Willensakt nicht als unmittelbare Beziehung bestimmen und daher objektiv als Einheit von Vorstellung und Wille aufstellen (zur Erinnerung: der Leib soll nach Schopenhauer der zur Vorstellung gewordene Wille sein).[63] Ergo: Die Erkenntnis des eigenen Selbst wird nur über die Objekte ermöglicht und der Willensakt kann nicht unmittelbar und ohne Bezug zum Gegenstand erkannt werden.

1.5   Die Erkenntnis des intelligiblen Charakters als Wille

Schopenhauer hält trotz der vorausgeschickten erkenntnistheoretischen Problematik bis zum Ende seiner Schaffenszeit an der unmittelbaren Beziehung zwischen dem Leib und dem *Willen* fest. Im Selbstbewußtsein erkenne man seinen Willen

---

63   Vgl. zur Manifestation des Willens als Leib: „Wie jede andere Manifestation des Willens objektivierte sich die Erkenntniß durch körperliche Organe: Nerven, Gehirn. Also ist die Erkenntniß ihrem Ursprung und Wesen nach dem Willen durchaus dienstbar." Vorlesung über die gesamte Philosophie (1820), X189, Infosoftware, Berlin 2008. Zur äußeren Erkenntnis des Leibes als Manifestation des Willens schreibt Schopenhauer: „[...] daß dieser organische Leib selbst nichts Anderes sei, als der in die Vorstellung getretene Wille, der in der Erkenntnißform des Raums angeschaute Wille selbst. Demnach hatte ich gesagt, daß, wie jeder einzelne momentane Willensakt sofort, unmittelbar und unausbleiblich sich in der äußern Anschauung des Leibes als eine Aktion desselben darstellt". N, S. 34.

in den einzelnen Willensakten, welche sich Schopenhauer zufolge *unmittelbar* als Leibesaktionen manifestieren.[64] Diese Erkenntnis des Willens in dem reziproken Verhältnis von Leib und wollendem Subjekt im Selbstbewusstsein kennzeichnet Schopenhauers ‚Metaphysik der Erfahrung‘, die ‚von Innen‘ anhebt. Schopenhauer schreibt hierzu,

> „daß mithin zu jenem selbsteigenen und inneren Wesen der Dinge, bis zu welchem wir von Außen nicht dringen können, uns ein Weg von Innen offen steht, gleichsam ein unterirdischer Gang, eine geheime Verbindung, die uns, wie durch Verrath, mit Einem Male in die Festung versetzt, welche durch Angriff von außen zu nehmen unmöglich war."[65]

Die Willensakte als Ausdruck des wollenden Wesens des Menschen, welche sich Schopenhauer zufolge unmittelbar in unserer Leibesaktion äußern, zeigen in der Sukzession einzelner Leibesaktionen und damit verbundenen Willensakte den individuellen *Charakter* an (der sich nach der oben geschilderten Problematik nur über die Erkenntnis in Beziehung zum Objekt der Vorstellung – und damit wiederum im Verhältnis zu einem Motiv[66] – bestimmen lässt). Bei der Erkenntnis dieses intelligiblen Charakters habe das Subjekt des Selbstbewusstseins das wollende Subjekt zum Gegenstand.[67]

Die Erkenntnis des eigenen Selbst im Selbstbewusstsein ist der einzige Ort einer mit der Materie (dem Leib) verbundenen Erkenntnis des Willens (als Ding an sich).[68] Schopenhauer erklärt diesbezüglich, „[d]ass [er] von der Erfahrung und dem

---

64   Schopenhauer schreibt dazu: „Weshalb wir [...] den Hergang unserer eigenen Leibes-
     aktion als ein Wunder anstaunen, welches dann darauf beruht, dass zwischen dem
     Willensakt und der Leibesaktion wirklich keine Kausalverbindung ist: denn sie sind
     eben unmittelbar *identisch*." WII, S. 281. Es ist, wie bereits gesagt, ein paradigmati-
     sches Problem, wie der Willensakt zustandekommt und zudem auch inwiefern er sich
     unmittelbar in der Leibesaktion äußert.

65   WII, S. 218-219.

66   Dadurch dass der Leib wiederum Vorstellung ist, wird auch die Frage nach der Ursäch-
     lichkeit der Leibesaktion aufgeworfen. Der Leib wurde veranlasst, eine Bewegung zu
     vollziehen, die im Menschen aufgrund eines Motivs verursacht wurde.

67   Vgl. G (1813), S. 68.

68   Schopenhauer behauptet neben der Leiberkenntnis zwei weitere Hypothesen einer Er-
     kenntnis des Willens als Ding an sich. Die von Schopenhauer sogenannte „platonische
     Idee" als eine Form der Erkenntnis des Willens als Ding an sich wird in der ästhetischen
     Kontemplation als eine *Erfahrung* von Schopenhauer geschildert, welche aber nur in
     einer momentanen *genial- anschaulichen Transzendenz* aufgeht und in dem Sinne er-
     kenntnistheoretisch vom konkreten *Objekt als Erscheinung* absieht. Vgl. WI, S. 209ff.
     Dasselbe betrifft die *Erfahrung* des Willens als Ding an sich in der Verneinung des

natürlichen, jedem gegebenen Selbstbewußtsein ausgeh[t] und auf den Willen als das einzige Metaphysische hinleite[t], also den aufsteigenden, analytischen Gang n[immt]".[69] Wie an zahlreichen anderen Stellen, so macht Schopenhauer auch im Kontext dieser Passage zum wiederholten Male deutlich, dass die Verbindung der Theorie eines immateriellen und beständigen ‚intelligiblen Charakters' als Wille mit der physischen Existenz desselben, welche in der Vorstellungswelt im Verhältnis des Selbstbewusstseins vermittelt ist, das zentrale Thema seiner Philosophie ausmache.[70] Erst durch den Leib erkenne man seinen Charakter und letztlich das ‚Wesen' des menschlichen Willens, weil er die Naht einer nicht-manifesten oder immateriellen und einer manifesten oder materiellen Ordnung sei.

Die Handlungen eines Individuums, die auf die Beschaffenheit seines bestimmten Charakters zurückzuführen seien,[71] äußern sich im Bereich der Objekte. Sie geben Aufschluss über den Willen des Individuums unter den Bedingungen des individuellen Strebens nach Motiven. Aufgrund seiner raumzeitlichen Lokalität könne das individuelle und jeweils unterschiedlich motivierte Streben natürlich nur aus der Vorstellung heraus expliziert und verstanden werden. Man könne den Willen des Individuums daher nur ‚empirisch' erkennen, denn die intelligible Bestimmung des Wesens des Individuums könne nur aus der Vorstellung und der damit verbundenen Handlung mittels des Leibes rückerschlossen werden.

Willens zum Leben, welche über das Wesen des Willens im Verhältnis zur Erscheinung keinen weiteren Aufschluss gibt, als dass der Wille negiert wird. Vgl. WI, S. 394f.; S. 453f.; S. 461. Beide zuletzt genannten ‚Erkenntnisweisen' geschehen *plötzlich* durch eine *veränderte Erkenntnisweise* und können nicht konkret im Zusammenhang mit der Vorstellung erklärt werden. Allein in der Leibtheorie wird die für die Definition des Willensbegriffs notwendige Beziehung zur Vorstellung berücksichtigt.

69   WII, S. 737.

70   Der intelligible Charakter wird natürlich von Schopenhauer erst einmal im Verhältnis der Erkenntnis des individuellen Charakters des Menschen als Wille gedacht (deswegen ist der Willensbegriff eine *denominatio a potiori* des menschlichen Willens). Der Wille als Ding an sich betrifft eine Ausweitung dieses Konzepts einer „Innenseite" der Erscheinung, wird aber immer in Referenz zu dieser ursprünglichen Konzeption – und der Handlung – gedacht werden müssen, da sie den Willen in seiner Bedeutung für die Erscheinung, worum es insgesamt geht, thematisiert.

71   Vgl. E, S. 176f.

1.6   Die Äußerung und Bestimmung des Willens als Willensakt

Das erkennende Subjekt des Selbstbewusstseins erkennt den Willen als Gegenstand des Selbstbewusstseins im Willensakt, sofern der Willensakt sich durch den Entschluss als Aktion des Leibes zum Ausdruck bringt.[72] Nur dann könne der Mensch von der Erfassung des Willens im ‚Inneren' als Ausdruck des intelligiblen Charakters sprechen – ansonsten bleibe er nur Wunsch.[73] Das Objekt des Selbstbewusstseins ist also Ausdruck des intelligiblen Charakters, sofern die Leibesaktion erfolgt. Der empirische Charakter bildet sich zeitlich anhand der konkreten Äußerung der Bewegungen des Leibes und den damit verbundenen Erkenntnissen des Charakters. An einer der wichtigsten Stellen des Werkes Schopenhauers[74] – *Die Welt als Wille und Vorstellung, Buch II, §18* – schreibt er:

> „Endlich ist die Erkenntniß, welche ich von meinem Willen habe, obwohl eine unmittelbare, doch von der meines Leibes nicht zu trennen. Ich erkenne meinen Willen nicht im Ganzen, nicht als Einheit, nicht vollkommen seinem Wesen nach, sondern ich erkenne ihn allein in seinen einzelnen Akten, also in der Zeit, welche die Form der Erscheinung meines Leibes, wie jedes Objekts ist: daher ist der Leib Bedingung der Erkenntniß meines Willens. Diesen Willen ohne meinen Leib kann ich demnach eigentlich nicht vorstellen."[75]

Der Wille (als intelligibler Charakter) kann also Schopenhauer zufolge nur über die Leibesaktion bestimmt werden; der Wille als intelligibler Charakter oder als Ding an sich soll aber doch wiederum nach Schopenhauer „unerkennbar" nach Art der Vorstellung sein (kann selbst nicht Objekt werden), weil sonst der Wille ja durch die Vorstellung erkannt würde und bedingt wäre.

Der primäre Ort der Erkenntnis des Willens in der Vermittlung durch den Willensakt sei bemerkenswerterweise die Leibesaktion selbst, „weil der Mensch, als ein zunächst und wesentlich praktisches, nicht theoretisches Wesen, sich der aktiven Seite seiner Willensakte, d. h. der ihrer Wirksamkeit, sehr viel deutlicher bewusst wird."[76] Die Wirksamkeit der Leibesaktion ist also nach Schopenhauer durch den Willen verursacht und diese Ursache könne nur durch die konkrete Aktion erkannt

---

72   Vgl. WI, S. 119; WII, S. 41.
73   Vgl. WI, S. 354.
74   Rudolf Malter sagt, sie sei die: „Kardinalstelle seines Denkens". Rudolf Malter: *Der Eine Gedanke – Hinführung zur Philosophie Arthur Schopenhauers*, Darmstadt 1988, S. 54.
75   WI, S. 121.
76   WI, S. 19.

werden. Das Verhältnis zwischen dem Willensakt und der Leibesaktion, das den eigentlichen Willen des Individuums kundgibt, kann jedoch nicht an der Leibesaktion als Vorstellung den Willen bestimmen, da der Wille damit Vorstellung wäre. Die Erkenntnis des Leibes, hatte Schopenhauer festgehalten, ist nur über die Vorstellung möglich und daher kann diese Erkenntnis kein Ausdruck des eigentlichen Willens sein; der Wille muss daher eine andere ‚Eigenschaft' haben als z. B. die Vorstellungshaftigkeit der Bewegung des Leibes. Er kann also nicht in der konkreten Vermittlung der Aktionen direkt erkannt werden, denn die Erkenntnisweise, zur Bestimmung dessen, was der Wille als Intelligibilität ist, soll nicht Vorstellung sein. Der Wille als ein Ansichseiendes und von keinem anderen weiter Bedingten müsse daher Schopenhauer zufolge im Inneren angeschaut, bzw. andersartig erkannt werden. Die Leibesaktion soll also nur zum Moment der inneren „Schau" oder „Wahrnehmung" des Willensaktes werden. Diese Schau, die nicht mittels des Satzes vom zureichenden Grunde bedingt sein darf, ist konkret mit den Willensakten, die sich als Willensregungen äußern, verknüpft. Die Willensregungen, die schließlich einzeln sind, geben Schopenhauer zufolge Aufschluss über die Bedeutung des spezifischen Inhaltes des intelligiblen Charakters und somit auch über die nicht-intellektuelle Bestimmung des Willens als Ding an sich.[77] Die Regungen und Akte des eigenen Willens sind also nach Schopenhauer bestimmend für die Erkenntnis des Willens, d. h. sie sind der ausgesprochene Inhalt dessen, was Schopenhauer als Wesen der Welt zu bestimmen vermag:

> „Aber dennoch [trotz der Form der Zeit, die dem Selbstbewusstsein anhaftet] ist die Wahrnehmung, in der wir die Regungen und Akte des eigenen Willens erkennen, bei Weitem unmittelbarer, als jede andere: sie ist der Punkt, wo das Ding an sich am unmittelbarsten in die Erscheinung tritt, und in größter Nähe vom erkennenden Subjekt beleuchtet wird; daher eben der also intim erkannte Vorgang der Ausleger jedes anderen zu werden einzig und allein geeignet ist. Denn bei jedem Hervortreten eines Willensaktes aus der dunkeln Tiefe unsers Innern in das erkennende Bewußtseyn geschieht ein unmittelbarer Uebergang des außer der Zeit liegenden Dinges an sich in die Erscheinung. Demnach ist zwar der Willensakt nur die nächste und deutlichste Erscheinung des Dinges an sich; doch folgt hieraus, daß wenn alle übrigen Erscheinungen eben so unmittelbar und innerlich von uns erkannt werden könnten, wir sie für eben das ansprechen müßten, was der Wille in uns ist. In diesem Sinne also lehre ich, daß das innere Wesen eines jeden Dinges Wille ist, und nenne den Willen das Ding an sich."[78]

---

77 Schopenhauer setzt den Willen oft in Verbindung mit Regungen und dergleichen mehr Begriffe, die insgesamt „Gefühlstermini" sind. Vgl. WI, S. 130; WI, S. 320; G (1847), S. 136.

78 WII, S. 220f.

Die Regungen müssen allerdings auch bei Schopenhauer identifiziert werden, denn sie sind in sich spezifisch. Der Mensch muss, um etwas als seinen Willen oder Charakter zu bestimmen, dieses etwas z. B. als Furcht oder Gereiztheit, d. h. als etwas, das eine Trennung, bzw. etwas Bestimmtes, ausdrückt, erfahren. Mit einer solchen Trennung, die der Definition nach immer eine Differenz zweier Dinge impliziert, oder aber eine *Erfahrung von etwas Bestimmtem* ist, ist dieses Etwas als Moment der Vorstellung zu fassen, denn es ist *von Natur aus* Einzelnes und Bezogenes und drückt keine „metaphysische Allgemeinheit" als für sich bestehende Innerlichkeit aus. Das Innerliche, das als Regung erlebt wird, steht im Verhältnis zum Äußerlichen und kann nur insofern als Wille im Subjekt „gedeutet" werden, als dass das, was Regung ist, nichts anderes zum Ausdruck bringt als die natürliche Korrespondenz, ob physisch-materiell oder anderweitig erkenntnishaft, zwischen zwei Dingen, denn die innerliche Regung geht auf einen objektiven Sachverhalt, der im Erkenntnismoment bemerkt wurde, zurück. Was ist dann dieses Etwas anderes als ein mit einem Sachverhalt (der Vorstellung) Verbundenes? Der Rückbezug auf den Willen an sich mittels der Regung als Gattung des Nicht-Intellektuellen soll bei Schopenhauer ermöglichen, dass der Wille an sich nicht-bestimmt als Sache der Vorstellung ist, ergo eine Art Erlebnis des Subjekts sein soll. Diese Behauptung der Isolation der erlebten Regung von ihrem erlebten Inhalt kann aber gar nicht nach Art des Erlebnisses sein, denn das Erleben selbst ist einzeln und jede Regung, die der Ausdruck des Willens sein soll, ist in der Zeit, steht in Bezug zu anderen und ist spezifisch.

Die Unabhängigkeit des innerlich bestimmten und regungshaften Willens von der erscheinungshaften Kausalität und von dem durch die Erkenntnis bestimmten Motiv unterstreicht Schopenhauer in seiner Freiheitsvorstellung. Diese Freiheit einer Vorbestimmtheit des Charakters thematisiert erneut den Willen des Menschen in seiner Unabhängigkeit von dem Satz des zureichenden Grundes.

1.7 Die Freiheitsvorstellung Schopenhauers zur Behauptung der Vorbestimmtheit des Willens

Schopenhauer erklärt, der Satz: ‚Ich kann tun, was ich will' spreche nur von dem notwendigen Eintritt der Leibesaktion nach dem in uns festliegenden Charakter und des darauffolgenden und gegründeten Willensaktes. Deswegen sei das Freisein nicht von der Willkür als Entscheidungsprozess her zu bestimmen. Es gehe gar nicht um die Frage, ob die Tat eintreten oder nicht eintreten sollte oder könnte. Die für jeden intuitive Äußerung ‚ich bin frei' beziehe sich Schopenhauer zufolge nur darauf, dass das, was ohnehin gewollt wird, auch in der Leibesaktion notwendig erfolgt und nicht darauf, wie der Willensakt selbst (durch eine Wahl) bestimmt wird.[79]

Schopenhauer setzt die Frage nach der inneren Bestimmtheit der Freiheit und der Äußerung derselben durch den Willensakt in den folgenden dialogisierenden Sätzen genauer auseinander:

> „«Aber dein Wollen selbst, wovon hängt das ab?» So antwortet der Mensch aus dem Selbstbewusstsein: «Von gar nichts als von mir! Ich kann wollen was ich will: was ich will, das will ich.»"[80]

Schopenhauer konstatiert, man will etwas, weil man so ist, wie man ist; es gebe keine andere Grundlage des Wollens als den vorgegebenen Charakter. Schopenhauer erläutert seine Freiheitskonzeption in *Über die Freiheit des menschlichen Willens* auf Veranlassung einer Preisfrage der dänischen Sozietät, welche lautete: „Läßt die Freiheit des menschlichen Willens sich aus dem Selbstbewusstsein beweisen[?]"[81] Schopenhauers Antwort ist streng genommen die, dass Freiheit sich ‚innerlich' erfassen und in dem Sinne *erfahren* lasse, da der Mensch seinen intelligiblen Charakter als frei und unabhängig von der Außenwelt im Selbstbewusstsein erfassen könne.

Schopenhauer geht im Gange der Abhandlung erst einmal auf die Beziehung zwischen dem Objekt und dem Subjekt in der Handlungskonstellation gemäß der Vorstellung ein. Da der gegenüberliegende einzelne Gegenstand die Handlung nach Motiven bestimme, fragt Schopenhauer: „Was heißt Freiheit?"[82] und antwortet sogleich: „Dieser Begriff ist, genau betrachtet, ein negativer. Wir denken durch ihn nur die Abwesenheit alles hindernden und hemmenden: dieses hingegen muss, als Kraft äußernd, ein Positives sein."[83] Das Subjekt, welches durch das Objekt der Erkenntnis als Motiv bestimmt wird, sei nicht dadurch frei, dass es nicht nach diesem oder jenem erkannten Motiv bestimmt agiert oder durch Reflexion auf allgemeine Prinzipien nicht unmittelbar veranlasst wird zu agieren. Die Freiheitsbestimmung müsse etwas sein, das sich kraft seiner Selbst bestimmt oder vielmehr bestimmt hat. Die physische Freiheit sei aus diesem Grund der Abhängigkeit von dem Objekt der Vorstellung keine wirkliche Form der Freiheit. Der Mensch und sogar das Tier werden physisch ‚frei' genannt, wenn „überhaupt kein physisches materielles Hinderniß ihre Handlungen hemmt, sondern diese ihrem Willen gemäß

---

79 Vgl. E, S. 19.
80 E, S. 20.
81 E, S. 3.
82 E, S. 3.
83 E, S. 3.

vor sich gehen."[84] Die intellektuelle Freiheit sei ebenfalls keine wirkliche Form der Freiheit, denn sie sei nur eine rationale Freiheit im Sinne einer Wahlentscheidung. Schopenhauer erklärt, es gehe bei dieser Form der Freiheit nur um den begrenzten und relativen Begriff einer ungezwungenen Entscheidung, d. h. ohne Zwang oder Bedrohung. *In nuce* gehe es auch bei dieser Form der Freiheit nur um die Abwesenheit des Hemmenden.[85] Der freie Wille sei jedoch ein solcher, der durch keine Gründe, also unabhängig vom Satze des zureichenden Grundes, bestimmt werden würde: „weil der Satz vom Grunde, in allen seinen Bedeutungen, die wesentliche Form unseres gesammten Erkenntnisvermögens ist, hier aber aufgegeben werden soll."[86] Die Freiheit des Individuums sei als positive Freiheit nur ‚hinter‘ den Erscheinungsverhältnissen zu finden und somit ausschließlich im vorbestimmten Wesen des Menschen selbst.

Schopenhauer erklärt, dass das Selbstbewusstsein *der Ort* zur Auffindung der Freiheit sei: „Im unmittelbaren Selbstbewusstsein aber haben wir die Data zur Lösung desselben [des Begriffs der Freiheit] zu suchen".[87] Das Selbstbewusstsein ermögliche den einzigen Zugang zur ‚Erkenntnis‘ des Willens, die letztlich in einer Erfahrung des eigenen intelligiblen Charakters, welcher wiederum Ausdruck eines vorbestimmten Willens sei, bestehe. Die transzendentale Freiheit des Individuums artikuliere sich also im intelligiblen Charakter des Selbst.[88] Der Charakter sei in diesem Sinne unveränderlich und angeboren.[89] Beschrieben und erkannt werde der ‚intelligible Charakter‘ durch das Selbstbewusstsein, indem sich der Mensch peu à peu mittels der Regungen seines Willens und der unmittelbar darauffolgenden Handlungen des Leibes kennenlerne. Somit gehe es bei der Bestimmung des menschlichen Willens *prima facie* um die mittels des Verhältnisses zu äußeren Gegenständen gewonnene Erkenntnis der vorbestimmten Willensfreiheit der Person.

---

84 E, S. 4.
85 Vgl. E, S. 5.
86 E, S. 8-9.
87 E, S. 15.
88 Vgl. ebd., S. 96.
89 Vgl. WII, S. 364. Zu den vier Bestimmungen des Charakters des Menschen siehe E, S. 48-54. Er sei neben diesen zwei Bestimmungen individuell und empirisch, d. h. könne nur durch Erfahrung erkannt werden.

1.8   Die unmittelbare Erkenntnis oder das Wunder *par excellence*

Schopenhauer ist jedoch darauf bedacht, den Willen als Ding an sich zu erkennen und zu bestimmen und diese Erkenntnis darf dem System zufolge keine vermittelte Vorstellung sein. Das Problem, dass der Wille im Selbstbewusstsein notwendig mittelbar erkannt wird, führt dazu, dass Schopenhauer zur positiven Bestimmung dieses Willens als Ding an sich eine andere Erkenntnisweise beansprucht. Diese Erkenntnisweise sei „intuitiv"[90] und, wie unten ausgeführt wird, ein unerklärliches „Wunder"[91].

Die Bestimmung des Willens als Ding an sich ist allerdings, wie oben dargelegt, nur im Zusammenhang des äußeren Gegenstandes der Vorstellung zu erfassen. Die Vorstellung veranlasst über das Motiv sogar die Äußerung des Willens, d. h. den Willensakt im Menschen, der auf den Willen als Ding an sich hindeuten soll. Das Subjekt erfasst sich bei Schopenhauer auf die einzige Weise, die ihm offensteht, und zwar als „Innenseite" einer *materiellen Erscheinung*. Das Selbstbewusstsein müsse Notiz von der Leibesaktion nehmen, welche durch das Bewusstsein vermittelt werde.[92] Das Subjekt ist somit auf die Erfahrung angewiesen, bevor es sein Selbst bewusst betrachten kann. Schopenhauers eigene Auffassung einer isolierten Bestimmung des Willens über den von der Vorstellung – und damit dem Motiv – abgekoppelten Willensakt, ist also notwendig fehlerhaft, denn die Erkenntnis der Dinge und die Weise, wie das Subjekt sie erkennt, ist wesentlich für den eigentlichen Willensakt, weil die Erkenntnis der Dinge notwendig für die Erkenntnis des wollenden Subjekts ist und somit das wollende Subjekt *de facto* konstituiert.

Für die unmittelbare Erkenntnis des Willens im Selbstbewusstsein besteht zudem das erkenntnistheoretische Problem, dass der Wille im Selbstbewusstsein als Objekt gefasst wird, sofern er nach Schopenhauer der Erkenntnisform der Zeit unterworfen ist. Das wollende Subjekt wird im Selbstbewusstsein Objekt des (Erkenntnis-)Subjekts, nur ist der Wille Schopenhauer zufolge unter solchen Um-

---

90   WI, S. 452f. Zu dieser „Erkenntnisweise" vgl. insb. WI, S. 463; S. 477f.

91   G (1813), S. 73. Das „Wunder" betrifft das Zusammenfallen des Objekts und Subjekts im Selbstbewusstsein und somit auch die fehlende Kausalität zwischen dem Willensakt und der Leibesaktion, denn das Objekt, der Wille, im Selbstbewusstsein, kann nicht erkannt werden und somit auch nicht die Kausalität zwischen dem willentlichen Subjekt und der Leibesaktion. Vgl. WI, S. 121. Schopenhauer schreibt an dieser Stelle, seine gesamte Schrift beinhalte die Erklärung dieses „Wunders", allerdings wird das Wunder nie erklärt werden können, wie im vorliegenden Buch dargelegt und von Schopenhauer selbst zugegeben. Vgl. zum Thema auch WII, S. 281f; WII, S. 356.

92   Vgl. N, S. 29.

ständen gar nicht mehr als Objekt zu nehmen, da das menschliche Subjekt selbst dieses Objekt ist. Dieses Objekt soll daher auch nicht als Erkenntnisobjekt gedacht werden. Schopenhauer nennt dieses Zusammentreffen des Subjekts und Objekts im Selbstbewusstsein das Wunder *par excellence*. Dazu schreibt Schopenhauer:

> „In der Abhandlung über den Satz vom Grund ist zwar der Wille, oder vielmehr das Subjekt des Wollens als eine besondere Klasse der Vorstellungen oder Objekte aufgestellt: allein schon selbst sahen wir dieses Objekt mit dem Subjekt zusammenfallen, d. h. eben aufhören Objekt zu seyn: wir nannten dort dieses Zusammenfallen das Wunder kat' ἐξοχήν: gewissermaßen ist die ganze gegenwärtige Schrift die Erklärung desselben."[93]

Das Subjekt des Wollens und somit der Wille kann also nicht *erkannt* werden und fällt leer aus, wie im weiteren Verlauf weiter erklärt wird. Der Versuch den Willen im „Inneren" unseres Selbst zu erkennen, ist bei einer Form von Negation angelangt – der Wille kann nicht erkannt werden und muss nun als nicht-erkenntnismäßig behauptet werden. Schopenhauer greift dabei auf Gefühlstermini als Negation vom Erkenntnisinhalt zurück. Dieser Inhalt ist jedoch, wie in Kapitel 1.6 gezeigt, auch mit Erkenntnis gefüllt und Schopenhauers Versuch die Welt immanent zu erkennen damit gescheitert. Der Wille, der als Begriff für das Wesen des Menschen genommen wurde und von nichts außer ihm abhängen sollte, zeigt sich als auf Inhalte der Erkenntnis angewiesen.

1.9   Der Entschluss

Um dieses erkenntnistheoretische Problem, das dem schopenhauerschen System inhärent ist, zu beleuchten, wird im Folgenden auf den Begriff des Willensentschlusses bei Schopenhauer eingegangen, da dieser das Moment der notwendigen Verbindung von Wille und Vorstellung thematisiert. Der Entschluss drückt das von Schopenhauer behauptete unmittelbare Verhältnis zwischen dem Willensakt und dem vorgestellten Motiv aus, welche Behauptung die vernichtende Folge von Schopenhauers Grundprämisse eines Willens als Ding an sich unabhängig der Vorstellung ist.

Der menschliche Wille wird Schopenhauer zufolge in einer *denominatio a potiori* auf die Natur ausgeweitet und somit als Weltwille postuliert. Im Willensentschluss als eigentlicher Willensakt darf daher Schopenhauers Postulat zufolge die menschliche Vorstellung, d. h. die Wahl, keinen Einfluss auf den metaphysischen

---

93   WI, S. 121.

Willen nehmen. Der Willensakt allein muss für den Entschluss tragsam sein und die Abwägung der Motive kann keine wesentliche Rolle für die Wahl des einen Motivs vor dem anderen spielen, da sonst der zum Dienste des Willens entstandene Intellekt des Menschen an dem Willensentschluss mitbeteiligt wäre und der Wille somit intellektuell oder vorstellungshaft bedingt wäre.

Schopenhauer erklärt, dass der Willensentschluss das für den Willen des Individuums stärkste Motiv „wählt", worauf die Handlung unmittelbar folgt. Das Motiv des Entschlusses sei nach Schopenhauer zwar reell und mache ein Moment der Motivation aus, dennoch sei der eigentliche Grund, warum dieses und nicht jenes Motiv im Entschluss gewählt werde, unerklärlich. Schopenhauer gibt keine inhaltliche Begründung für den Entschluss für das eine Motiv an und schreibt lediglich:

> „Er [der Mensch] läßt nämlich die Motive wiederholt ihre Kraft gegen einander an seinem Willen versuchen [...] bis zuletzt das entschieden stärkste Motiv die andern aus dem Felde schlägt und den Willen bestimmt; welcher Ausgang Entschluss heißt und als Resultat des Kampfes mit völliger Nothwendigkeit eintritt."[94]

Der Entschluss sei rein innerlich durch den vorbestimmten Willen des Individuums ‚verursacht' und könne daher nicht erklärt werden. Schopenhauer schreibt hierzu:

> „Bei jedem wahrgenommenen Entschluss sowohl Anderer, als unsrer selbst, halten wir uns berechtigt, zu fragen Warum? d.h. wir setzen als nothwendig voraus, es sei ihm etwas vorhergegangen, daraus er erfolgt ist, und welches wir den Grund, genauer, das Motiv der jetzt erfolgenden Handlung nennen. [...] Das Innere solcher Vorgänge hingegen bleibt uns dort ein Geheimniß: denn wir stehn daselbst immer draußen. Da sehn wir wohl diese Ursache jene Wirkung mit Nothwendigkeit hervorbringen: aber wie sie eigentlich Das könne, was nämlich dabei im Innern vorgehe, erfahren wir nicht."[95]

Warum diese Wahl, die den Willensentschluss ausdrückt, getroffen wird, ist Schopenhauer zufolge nach Art der Vorstellung, d.h. der intellektuellen Wahl selbst, nicht zu erklären. Die Wahl werde schlichtweg aufgrund des dem Individuum gegebenen Willens getroffen. Schopenhauers erkennt einen „Entscheidungsprozess" der Wahl an, doch tritt der Entschluss ohne eigentlichen Zusammenhang zum intellektuellen „Entfalten der gegenseitigen Motive"[96] ein: „Daher auch bleibt, bei einer vorliegenden schweren Wahl, unser eigener Entschluss, gleich einem fremden,

---

94   E, S. 36.
95   G 1847, S. 144.
96   WI, S. 344. Zur Entscheidung und des Wahlprozesses des Intellekts vgl. WI, S. 343f.

uns selber so lange ein Geheimniß, bis jene entschieden ist."[97] Die Tatsache, dass der Entschluss durch die Wahl bedingt ist, welche intellektuell ist und auf den Gegenstand der Erscheinung als Motiv zurückgreift, bedeutet, dass der Entschluss davon betroffen wird. Der Entschluss und damit der Wille kann also nicht unabhängig der Vorstellung gedacht werden.

Der Willensakt und somit der Willensentschluss soll Schopenhauers System zufolge eine eigene rein willentliche Spontanität besitzen, die nicht im Zusammenhang des Verstandes oder der Vernunft zu denken ist, denn diese sind dem Satze vom zureichenden Grunde unterworfen und daran hält Schopenhauer bei aller Inkonsistenz fest. Er basiert seine Schlüsse auf seiner Grundprämisse einer Primordialität des gleichbleibenden und vorgegebenen Willens in den Erscheinungen.

Der Zusammenhang zwischen dem Entschluss und der Tat drückt sich nach Schopenhauer in der unmittelbaren Beziehung zwischen der Leibesaktion und dem Willensakt aus. Dass die Tat den Willensentschluss zeigt, ist notwendig und für jeden Leser sicherlich klar; die Frage ist jedoch, wie zu Beginn des Kapitels eingeführt, wie die Sukzession der Momente: Motiv als Gegenstand der Vorstellung – der Wunsch als Gegenstand des Willens im Zusammenhang der durch die Vorstellung bedingte Wahl – und der Willensentschluss – zu denken ist. Schopenhauer versucht der intellektuellen Abhängigkeit zwischen dem zur Tat führenden Entschluss und der Wahl mit dem Wunsch, der mit der intellektuellen Erwägung einhergeht, abzuhelfen, indem er das fehlende Verhältnis zwischen der Wahl und dem Entschluss durch den Wunsch als Mittelglied bedingt bestimmt: „Denn solange er [der Willensakt] im Werden begriffen ist, heißt er Wunsch, wenn fertig, Entschluss; dass er aber dies sei, beweist dem Selbstbewußtseyn selbst erst die That: denn bis zu ihr ist er veränderlich".[98] Der Entschluss sei also ein Willensakt, der mit potentiellen Wünschen zusammenhängt und in diesem Sinne auf die Wahl zugreift. Schopenhauer versucht also die Problematik des fehlenden Zusammenhangs zwischen der Wahl bzw. dem vorgestellten Motiv und dem Willensakt zu verbergen, indem er den Willen im Werden mit dem Wunsch und damit dem Wahlprozess verbindet. Der Wunsch als mit dem Willen verknüpft, erklärt jedoch nicht, warum die eine Wahl und nicht die andere getroffen wird, wie Schopenhauer selbst erklärt und kann also die Problematik des fehlenden Zusammenhangs zwischen dem Motiv und dem Willensakt für die Erklärung des Entschlusses nicht aufheben. Schopenhauer bringt die Wahl zwar mit dem Wunsch in Zusammenhang, nur wird direkt zu der Erklärung übergeleitet, dass der Wunsch erst durch den Entschluss zu dem wird, was der eigentliche Wille des Individuums ist. Schopenhauer schreibt:

---

97   E, S. 49.
98   E, S. 17.

„[A]llein nach vorhergegangener Wahl sind die in verschiedenen Individuen verschieden ausfallenden Entschlüsse ein Zeichen des individuellen Charakters derselben, der bei Jedem ein anderer ist [...] Daher ist beim Menschen allein der Entschluß, nicht aber der bloße Wunsch, ein gültiges Zeichen seines Charakters, für ihn selbst und für Andere. Der Entschluß aber wird allein durch die That gewiß, für ihn selbst, wie für Andere. Der Wunsch ist bloß nothwendige Folge des gegenwärtigen Eindrucks, sei es des äußern Reizes, oder der innern vorübergehenden Stimmung, und ist daher so unmittelbar nothwendig und ohne Ueberlegung, wie das Thun der Thiere: daher auch drückt er, eben wie dieses, bloß den Gattungscharakter aus, nicht den individuellen, d. h. deutet bloß an, was der Mensch überhaupt, nicht was das den Wunsch fühlende Individuum zu thun fähig wäre."[99]

Die Wahl wird von Schopenhauer inhaltlich nicht näher betrachtet; der Wille „greife" auf eine von „ihm" getroffenen Wahl zu, die für das handelnde Individuum seinen eigentlichen Willen ausmache. Schopenhauer ignoriert schlichtweg, dass der Wille 1) eine Wahl trifft und damit mit einem Vorstellungsgehalt einhergeht; 2) den Vorrang des einen Gehalts vor dem anderen festlegt und dafür des Intellekts bedarf und 3) dass der Entschluss des Willens mit der Abwägung einhergehen muss. Schopenhauer will den intellektuellen Vorgang negieren, da er den mit dem Charakter und dem Willensakt verbundenen Entschluss als vorbestimmt fasst und als durch die Einsicht unveränderbar postuliert. Schopenhauers abwegige Konstellation ist darauf zurückzuführen, dass, wenn er zugeben würde, dass der intellektuell erwägte Entschluss zur Tat führt, er sich in der Idee der Nicht-Intellektualität des Willens widersprechen würde.

Die Zeit drückt ein weiteres Problem für die behauptete Unmittelbarkeit des Willensaktes aus. Der Wille wird, wie in Kapitel 1.7 erläutert, über die Willensakte, welche wiederum mittels der Leibesaktion in der Zeit zu erkennen sind, zu fassen versucht. Die Zeit bleibt eine Form der Erkenntnis des willentlichen Subjekts als Objekt im Selbstbewusstsein. Die einzelnen Willensakte drücken somit an der Leibesaktion das willentliche Subjekt in der Zeit aus. Im folgenden Zitat behauptet Schopenhauer, dass das „unerkennbare" Subjekt des Willens, das also nicht Gegenstand des Selbstbewusstseins ist, nicht in der Zeit liegt. Der Entschluss drückt diesen Willen des Subjekts aus und liegt somit Schopenhauer zufolge auch außerhalb der Erkenntnisform der Zeit. Der Willensentschluss drückt jedoch wiederum den Willensakt aus, der im Verhältnis zur Wirklichkeit (des Motivs und der Leibesaktion) steht und dessen Erkenntnis in der Zeit sein muss. Der Willensentschluss soll aber der Zeit enthoben sein und kann demzufolge nicht mehr erklärt werden. Schopenhauer behauptet:

---

99   WI, S. 354.

> „Schon der Entschluss füllt keine Zeit, eben wie die Gegenwart: wie diese zum Subjekt des Erkennens, so scheint sich jener zu dem des Wollens zu verhalten und der Berührungspunkt des außer der Zeit liegenden unerkennbaren Subjekts des Willens mit den in der Zeit liegenden Motiven zu seyn."[100]

Der Entschluss ist also Schopenhauer zufolge der Berührungspunkt zwischen dem unerkennbaren Subjekt des Willens und den in der Zeit liegenden Motiven. Der „Willensakt" und der darauf folgende „Willensentschluss" sind als solche „unabhängig" des Bestimmungsgrundes des Motivs, sofern sie einem vorgegeben, außerzeitlichen Willen, welcher unabhängig der Abwägung des Intellekts ist, ihren ‚Akt' verdanken. Das Motiv ermöglicht jedoch erst den Entschluss und somit muss der Willensentschluss auf der Grundlage intellektueller Erwägung und auch des Einbezugs individueller der Erscheinung unterworfener Momente gefällt werden. Schopenhauers Konzeption eines vorbestimmten Willens fällt inhaltsleer aus. Der Wille als Ding an sich ist nur ein von Schopenhauer auf der Grundlage der Definition der Vorstellung *ex negativo* vorgestellter inhaltsleerer ‚Inhalt'.

---

100 G 1813, S. 75f.

2.1 Rudolf Malter: Probleme der Willensmetaphysik

Rudolf Malter schreibt zu Beginn seiner Schrift *Der eine Gedanke*,[101] der Ansporn Schopenhauers zu philosophieren gehe aus seinem Interesse an der Existentialität des Menschen hervor. In diesem Kontext zitiert er die Aussage Schopenhauers: „Ohne Zweifel ist es das Wissen um den Tod [...] was den stärksten Anlaß zum philosophischen Besinnen [...] gibt. (WII, S. 176f.)"[102] Rudolf Malter spricht hier Schopenhauers anthropologische Philosophie an: es gehe Schopenhauer in erster Linie um das menschliche Leben, d.i. genauer um das menschliche Subjekt. Die Philosophie Schopenhauers soll nach Malter dazu dienen, die Leidensexistenz des Menschen als Individuum zu überwinden. Diese interessante Lesart Malters führt zu der Frage, was Schopenhauer demgemäß dazu veranlasst hat, den Willen als Ding an sich aufzustellen und erkennen zu wollen. Wenn Schopenhauers Lehre wenig mit dem deutschen Idealismus gemein hat, – sei es, dass man nach einem Kriterium des Wissens strebt oder eine Kritik der Vernunft unternimmt, – was ist dann das ‚Wesen der Welt', das Schopenhauer zu erkennen beabsichtigt? Was ist der Zweck dieser Auseinandersetzung mit einem im Subjekt vorhandenen Ding an sich, das sich dem Selbstbewusstsein als Wille kundgibt und auf die Natur übertragen wird?

Ziel dieses ersten Kapitels zur Schopenhauerforschung ist es, die Hauptanliegen der in wesentlichen Teilen von Rudolf Malter angeregten Forschung zu einem als *Ding an sich verstandenen Willen* zu skizzieren, um das Grundschema des vorliegenden Buches zu untermauern. Dieses Kapitel soll durch die Erörterung der folgenden drei Fragen, die eine Konsequenz der allgemeinen Feststellung Malters zu Schopenhauers Interesse sind, das Anliegen des vorliegenden Buches stützen:

---

101 Rudolf Malter: *Der Eine Gedanke – Hinführung zur Philosophie Arthur Schopenhauers*, Darmstadt 1988.

102 Ebd., S. 2.

1. Wie und warum kommt Schopenhauer zu der Postulierung des *Willens als Ding an sich*? 2. Inwieweit ermöglicht der Leib die Hinwendung zu dieser Konzeption? 3. Wird die ‚Erkenntnis' des Willens durch das Leiberleben ermöglicht? Oder anders gefragt: Ist durch das Leiberleben ein Inhalt für den Willen als Ding an sich gegeben?

2.1.1 Der Gang zur Postulierung des Willens als Ding an sich

Malter geht von einer Entwicklung der Willenskonzeption vor Schopenhauers Hauptschrift (1819) aus, in der Schopenhauer Kants Ding an sich mit dem Willen identisch setzt. Diese Identität sei aus der Problematik der vierten Klasse der Vorstellungen, der Grund des Handelns oder Wollens, in seiner Dissertationsschrift (1813) hervorgegangen. Malter expliziert das Problem dieses Vorstellungsgrundes wie folgt:

> „Bei der 4. Klasse von Vorstellungen und dem für sie geltenden Gesetz der Motivation zeigt sich ein folgenschwerer Unterschied zu den drei anderen Vorstellungsklassen. Zwar wird das Wollen jeweils durch einen Grund ausgelöst, doch erklärt hier der Grund allein nicht den je eintretenden Entschluss, d. i. den Willensakt, selbst."[103]

Die Problemstellung des vierten Satzes vom zureichenden Grunde des Handelns als Gesetz der Motivation sei das „Grundlose"[104] des Wollens, welches sich als Willensakt äußere, und aber nicht durch eine Explikation der Vorstellungsart erklärt werden könne.[105] Das Verhältnis zwischen dem Subjekt und dem Objekt der Motivation, d. h. zwischen dem Entschluss und dem Motiv gemäß der Vorstellung, könne Schopenhauer nicht erklären. Grund hierfür sei, dass die kausale Verbindung zwischen dem Motiv in der Erscheinung und der Leibesaktion den *Grund* für die Leibesaktion gemäß dem Entschluss nicht hinreichend ausdrücke, denn nicht jeder handele bei gleichem Motiv auf gleiche Weise, wie Malter erklärt.[106] Dieser Wille, welcher im Menschen seinen eigenen „Charakter" ausmache, wird nun über den Satz vom zureichenden Grunde nicht hinreichend erklärt werden können, denn mit dem Gesetz der Motivation, sofern es der kausalen Erkenntnis des Intellekts

---

103 Ebd., S.18.

104 Vgl. WI, S. 127.

105 Schopenhauer schreibt: „[…] wir [sind] uns nach jeder Darlegung von Motiven ihrer Unzulänglichkeit bewußt: sie motiviren höchstens das Wünschen, nicht aber den Entschluß, welcher der eigentliche Willensakt ist." G (1813), S. 75.

106 Vgl. Malter, *Der eine Gedanke*, S. 18-25.

unterworfen sei, könne er nicht im direkten Zusammenhang stehen; das Motiv biete dem Willen nur den von ihm *unterschiedenen* Stoff zur Erkenntnis seiner selbsteigenen Triebfeder an.[107]

Malter schreibt, dass diese der Dissertation 1813 und auch davor entnommene frühe Willenslehre Schopenhauers eine Antizipation der Interpretation der kantischen Idee eines *intelligiblen Charakters* als den *Willen als Ding an sich* enthalte. Rudolph Malter sieht den endgültigen Schritt zur Korrelation von *Wille und Ding an sich* ein Jahr nach der ersten Vorlage der Dissertation im *Fragment 305* (1814) ausgesprochen: „Die Platonische Idee, das Ding an sich, der Wille (denn dies Alles ist Eins)".[108] Die Identifizierung des Willens als Ding an sich mit der *Idee* sei nach Malter nur die theoretische Konsequenz der früheren Grundlegung eines unerklärlichen Grundes des Willensakts gemäß der vierten Wurzel des zureichenden Grundes. In Malters Auseinandersetzung mit dem *besseren Bewusstsein* der Frühschriften Schopenhauers (vor 1814) erklärt er, dass das bessere Bewusstsein zu der später ausgearbeiteten Vorstellung der platonischen Idee in der Kunst führt, wie er dann zu Worte stellt:

> „Das bessere Bewusstsein ist noch nicht explizit als das Bewusstsein der ewigen Formen charakterisiert […] doch werden hier die Linien bereits sichtbar zur Kunsttheorie der Welt als Wille und Vorstellung".[109]

Allgemein gesprochen, so Malter, sei das bessere Bewusstsein, das Bewusstsein eines ‚Reiches' jenseits der empirischen, qualvollen Welt. Es müsse also Schopenhauer methodisch in seiner Philosophie darum gehen, einen Weg von dem empirischen Bewusstsein zum besseren Bewusstsein zu finden.[110] Dies sei der Inhalt der schopenhauerschen Willensmetaphysik.

Der Schritt zum besseren Bewusstsein sei nur dadurch möglich, dass der Mensch selbst mit der Idee eines besseren Bewusstseins in seinem Wesen vertraut sei; dass er nämlich dieser metaphysische Wille selbst sei. Malter folgert diesbezüglich aus Schopenhauers Dissertationsschrift von 1813, dass der Wille als Ding an sich notwendig im Leib verankert liege (denn so könne das Individuum auch dieses „höhere" Bewusstsein innehaben) – wie sich aus dem vierten Satz vom zureichenden

---

107 Ebd., S. 18ff.
108 Ebd., S. 26. Zum Zitat von Schopenhauer: Arthur Schopenhauer: HN, *Die Genesis des Systems (1814)*, Bogen R-CCC, §285, Fragment 305.
109 Rudolf Malter: *Der Eine Gedanke*, S. 10.
110 Ebd., S. 11.

Grunde eines intelligiblen Charakters der Erscheinung für Schopenhauer ergeben hatte – und hieraus also auch definitorisch abgeleitet werden müsse.[111]

Wie bereits erwähnt,[112] setzte Schopenhauer bereits vor der Dissertationsschrift bei seinen naturwissenschaftlichen Auseinandersetzungen als Medizinstudent eine *Urkraft* mit dem Leib in Verbindung. Wichtig ist also allererst nicht die Interpretation dessen, was für Schopenhauer das Ding an sich *bedeuten kann*, sondern vielmehr die Untersuchung des *Willens* als Ding an sich in seiner Grundbedeutung. Diese Grundbedeutung ist notwendig mit der Kraft und dem Streben der Körper verknüpft und daher vorrangig mit dem Leib als der Ort der Identifizierung des intelligiblen Charakter an der Handlung als Wille verbunden, woraus die Problematik für Schopenhauer entstand. Malter erklärt daher:

> „Explizit zum Thema wird die in Fragment Nr. 159 vorgenommene Identifizierung von Mensch und Wille – immer noch im Rahmen der Philosophie des ‚besseren Bewusstseins‘ – bei der Bestimmung von Leib (vgl. Nr. 191).“[113]

2.1.2 Das Leiberleben – der Leib als das Metaphysische und seine empirische Grundlage

Schopenhauer erklärt in eigener Sache ausführlich, der Mensch sei nicht nur ein rein erkennendes Subjekt, ein „geflügelter Engelskopf ohne Leib",[114] sondern er „wurzelt selbst in jener Welt, findet sich nämlich in ihr als Individuum, d. h. sein Erkennen, welches der bedingende Träger der ganzen Welt als Vorstellung ist, ist dennoch durchaus vermittelt durch einen Leib.“[115]

Malter erklärt, sobald das Subjekt sich einmal frage, was es außer dem Erkennen noch sei, man mit einer solchen Frage bereits unmittelbar bei der exemplarischen Stellung des Leibes in Schopenhauers Philosophie angelangt sei: „Denn ist die Frage so gestellt, fällt die Antwort dem Fragenden insofern leicht, als er unmittelbar erlebt, was er außer dem Subjekt des Erkennens noch ist: Leib.“[116] Malter postuliert, dass die Einsicht in die Identität des Willens mit dem Leib „sich aus dem unmittelbaren

---

111 Malter, *Der eine Gedanke*, S. 25f.

112 Vgl. Erster Hauptteil, Kapitel 1.2 des vorliegenden Buches.

113 Malter, *Der eine Gedanke*, S. 25.

114 WI, S. 118

115 WI, S. 118.

116 Malter: *Der eine Gedanke*, S. 51. Malters Ansicht nach erfolge die Enträtselung der Erkenntnis des Willens dadurch, „dass der Leib als *Erleben* beachtet wird.“ Malter: *Der eine Gedanke*, S. 25.

Erleben ergibt"[117] Diese unmittelbare Identifizierung des Leibes mit dem Willen wird von Malter als unproblematisch aufgefasst.[118]

Diesen unmittelbaren Bezug nennt Malter die „Besonderheit des Leibes"[119] und expliziert, dass der

> „Übergang vom Transzendentalismus der Vorstellung zur Metaphysik des Willens [...] erst in dem Augenblick [geschieht], in welchem, wie noch zu erläutern ist, das Wollen zum ‚Schlüssel‘ der motivbedingten Handlungen des Leibes wird."[120]

Malter postuliert in diesem Zusammenhang eine Grenzerkenntnis der Vernunft; eine Erkenntnis bei der die Vernunft zu der Einsicht gelange, dass das Subjekt der Erkenntnis noch etwas anderes, etwas Zusätzliches sei, nämlich Wille.[121] Dies geschehe im Selbstbewusstsein, welches von Schopenhauer irrational gefasst werde[122] und von Malter als ‚Gefühl‘ bezeichnet wird.[123] So offenbare sich auch der Gesamtrahmen der Natur, welcher sich als der welteine Wille darstelle, mittels „der

---

117 Malter: *Der eine Gedanke*, S. 54.

118 Rudolf Malter schreibt, indem er von der angenommenen ‚Freiheit‘ des Handelnden (als eine Vorbestimmtheit des Willens, die wir durch die Leibesaktion erkennen) bei Schopenhauer spricht, dass das Subjekt des Selbstbewusstseins nur Zuschauer eines fühlenden Leiberlebens sei: „Das Selbstbewusstsein, so Schopenhauers Antwort in sachlicher Fortführung der Selbstbewusstseinskonzeption seines Hauptwerkes, kann Freiheit überhaupt nicht bezeugen, denn es vollzieht sich als unmittelbar fühlendes Leiberleben, das den Willen so kundgibt: ‚er ist, wie er will, und will wie er ist‘ (E1, S. 21)". Malter: *Der eine Gedanke*, S. 121. Wie bereits erläutert, wird der Leib jedoch nicht unmittelbar erlebt, denn er muss vorgestellt werden. Dieses Problem wird in den nächsten Absätzen auch hier verdeutlicht.

119 Rudolf Malter: *Arthur Schopenhauer – Transcendentalphilosophie und Metaphysik des Willens*, Stuttgart und Bad-Cannstatt 1991, S. 188f. Malter fasst die menschliche Existenz als Leib und die daraufhin aufkommende Frage um die Metaphysik des Willens bei Schopenhauer bündig zusammen: „Was zur Metaphysik treibt, ergibt sich für Schopenhauer aus der unmittelbaren Erfahrung des Leibes." Malter: *Arthur Schopenhauer*, S.15.

120 Ebd., S. 189.

121 Siehe insbesondere Malters Ausführungen zum Selbstbewusstsein und Leib in Malter: *Arthur Schopenhauer*, S. 199f.

122 Vgl. Malter: *Arthur Schopenhauer*, S. 17.

123 Vgl. ebd., S. 151. In diesem Zusammenhang behandelt Malter das, was Matthias Koßler als das Problem der Erkenntnis des Objekts, welches im Selbstbewusstsein der Zeit unterworfen ist, zu lösen sucht, indem er zwischen Selbst*bewusstsein* und *Selbst*bewusstsein unterscheidet. Matthias Koßler: *Substantielles Wissen und subjektives Handeln, dargestellt in einem Vergleich von Hegel und Schopenhauer*, Frankfurt 1990 (= *Substantielles Wissen*), S. 112ff.

aus der Metaphysik des Willens/Leibes hervorgehenden Schopenhauerschen Natur-philosophie."[124] Wie Malter an anderer Stelle seines Hauptwerks zu Schopenhauer ausführt, setzen die „Wesenserkenntnis und mit ihr die Metaphysik des Willens [...] in der Tat mit einem neuen Faktum den Gang der Reflexion fort: der Blick des reflektierenden Subjekts wendet sich von den Dingen ab und auf das eigene Selbst zurück [...] Und so versteht es das *Selbst* darin [...]: den eigenen *Leib*."[125]

Mit dem Gefühl oder dem Leiberleben versucht Schopenhauer, wie Malter richtig erfasst, den metaphysischen Willen weltimmanent am Leib zu erfassen. So konstatiert Malter:

> „Die Metaphysik, die Schopenhauer entwickeln will, hat einen Gegenstand, der jederzeit dem Anspruch, das Wesen zu sein, ohne Überschreiten der transzenden-talphilosophisch festgesetzten Grenzen des menschlichen Erkennens genügt. Die unmittelbare Einsicht in die materiale Identität zweier empirisch gegebener Momente unter dem Aspekt der Wesenssuche konstituiert eine *immanente* Metaphysik. Von ihrem Gegenstand, dem ‚inneren Wesen der Welt‘, sagt Schopenhauer, dieses sei „etwas durchaus Wirkliches und empirische Gegebenes".[126]

Das von Malter genannte Faktum der Erfahrung, d.h. das empirisch Gegebene, ist hier der Leib und das Wirkliche, ist er selbst und sein korrelatives Gefühl oder Erleben. Malter führt auf selbiger Seite fort, es handle sich bei der Identitätserfah-rung des Leibes mit dem Willen um:

> „eine genuin meta-physische Betrachtung [...] [D]ass also der Forderung nach Er-reichung eines Was, das sich nicht mehr reduzieren läßt auf ein Wie, Genüge getan ist, zeigt sich daran, dass – wie schon erwähnt – für Schopenhauer Wille und Leib nicht in kausalem Verhältnis zueinander stehen."[127]

Malter behauptet also, dass das Faktum der Identität des Leibes und des Willens den hinreichenden Grund für eine Metaphysik des Willens abgibt, d.h. dass der Wille als Weltprinzip am Leib gefasst werden könne. Diese Schlussfolgerung Malters ist jedoch unzulässig, denn das Kausalitätsverhältnis bleibt für die Erkenntnis des Leibes bestehen, so wie Schopenhauer in der Überarbeitung der Dissertations-schrift zugibt, denn die Leibesaktion kann nur als Vorstellung gefasst werden. Das Erlebnis muss mit der Leibesaktion zusammen gefasst werden, wenn die Identität zwischen Wille und Leib als Erlebnis gefasst werden soll, denn der Wille drückt

---

124 Malter: *Der eine Gedanke*, S. 55.
125 Malter: *Arthur Schopenhauer*, S. 185.
126 Ebd., S. 192. Das Zitat von Schopenhauer: WII, S. 398.
127 Ebd., S. 192.

sich in seinem Willensakt aus, ist dadurch erst Erlebnis, ist sonst nur potentiell Wille und das Erlebnis ist zudem spezifisch, wie in früheren Kapiteln ausgeführt wurde. Schopenhauer gibt eigentlich gar keine Erklärung dafür an, *wie* der Wille mit dem Leib in einer Identitätsdefinition zusammengefasst werden soll.

Diese gesamte Erklärung zur empirischen Auffassung und Bedeutung des Willens in seinem Wesen und die auf irrationaler Basis fundierte Idee der Erfahrung des Willens über den Leib sowie die Tatsache, dass die ‚Leib-Wille-Identitätserfahrung' nicht weiter erklärt werden kann, werfen erneut die Fraglichkeit des konkreten Gehalts des manifestierten Willens auf. Das Leiberleben soll nach Malter den positiven Charakter des Willens in dieser Identitätserfahrung aufweisen. Das Wollen kann aber nur in dem Erleben als ein erlebbares Gefühl gedeutet werden, welches wiederum vorgestellt wird, da es als solches innerlich der Zeit und äußerlich – als Ursache oder Wirkung – dem Raum unterworfen ist. Die Spezifizierung dieser Momente des Wollens, auch als Gefühlsinstanzen, sind Vorstellungsgehalte. Zudem ist dieses menschliche Erleben keine Lösung für den der Natur unterstellten Willen, der selbstverständlich als Erleben nicht näher bestimmt werden kann.

2.1.3 Das Problem der Deutung der Willensvorstellung durch das ‚Erleben'

Nach Schopenhauer ist der Wille am Leib ein sich selbst verzehrender Wille, den es zu überwinden gilt, weil dieser Wille zum Leben am Leib nie besättigt werden kann und daher zu ständigem Leid führt. Der Wille als Ding an sich, das Eine, das in Allem erscheint,[128] ist letztlich aufgrund des *principii individuationis* der Vorstellung nur durch Negation der Vielheit zu erfahren. Das Ding an sich wird letztlich und in seiner metaphysischen Gestalt als ein der erscheinenden Natur Entrücktes, d. h. ein aus dem Leben zu Negierendes, bestimmt. Der Wille ist, in Malters Worten, ein „nichtsein Sollendes".[129] Am Anfang und am Ende seiner Werke *Der Eine Gedanke* und *Arthur Schopenhauer* erinnert Malter an seine These, dass es Schopenhauer generell in seiner Philosophie um die Überwindung des Leidens gehe. Nach Malter liege der Verdienst Schopenhauers gerade in diesem Spannungsverhältnis zwischen einer vor-empirischen und einer empirischen Auffassung des Willens, die gezwungenermaßen eine hermeneutische Deutung des Willens als Ding an sich zur Konsequenz habe. Zum Spannungsverhältnis schreibt Malter:

---

128 WI, S. 333; sowie WI, S. 440ff.
129 Malter: *Der Eine Gedanke*, S. 21.

„Aber die Entdeckung des Leibes, so erheblich sie für die Anthropologie der Gegenwart auch ist,130 ist allein für sich genommen noch nicht das, was Schopenhauers Denken innerhalb der Geschichte der nachkantischen Philosophie zu einem exemplarischen Lehrstück macht; exemplarisch und singulär ist Schopenhauers Denken vielmehr darin, dass sie den Leib im Rahmen einer soteriologischen Fragestellung mit dem metaphysisch verstandenen Begriffspaar ‚Ding an sich‘ – ‚Erscheinung‘ verbindet.“[131]

In der Interpretation des Leiberlebens sieht Malter wiederum die Lösung der Leidensexistenz, da man mit der ‚Erkenntnis‘ des ‚Dinges an sich‘ einen ‚metaphysischen‘ Ausweg (aus dem Leiden) angeboten bekomme. Was ist aber dieses Ding an sich? Es ist für sich als solches nicht inhaltlich bestimmt. Auch die Askesis ist nicht inhaltlich mit der Bestimmung des Willens verknüpft, sofern die Negation nur eine Vorstellung der Negation betrifft. Das Nicht-sein ist ohne Bezug zum Sein nichts Inhaltliches. Der Wille unabhängig von diesem obengenannten korrelativen Verhältnis zum Leib ist nicht existent, denn der Wille als Ding an sich ist nichts anderes als die Negation des Verstandenen und des ‚Nicht-erwünschten‘. Der Wille ist nach Malter vorrangig ein Leiberleben; was hat das für eine Bedeutung für das metaphysische Prinzip der Welt (der Wille als Ding an sich)? Malter geht auf diese inhaltliche Problematik nicht weiter ein und versucht mit dem Erleben und einer Deutungsschematik des Willens als Ding an sich, welcher ‚nicht begrifflich einzuholen‘ ist, das genannte Problem zu umgehen, sodass der Wille als Leiberfahrung der Schlüssel zur Öffnung einer nicht zu ‚begreifenden‘ Welt sei. Die wahre Welt liege hinter der dem Menschen erscheinenden Welt. Malter schreibt:

„Das Erfahrbare und Beschreibbare redet, wenn das Denken es mit dem Begriffspaar Ding an sich – Erscheinung angeht, nur sekundär von dem, was sich erfahren und beschreiben lässt – es bringt als Erfahrbares und Beschreibbares eine Bedeutung zur Geltung, die mehr ist als es selbst in seiner Erfahrbarkeit und Beschreibbarkeit, die aber gleichwohl nur vermittelt sich zeigt. Das jeweils gegebene Erfahrbare und Beschreibbare macht das Andere *offenbar* – das erfahrbare und beschreibbare Seiende wird zur Erscheinung, das Andere erweist sich als das wirklich im Seienden Gemeinte.“[132]

Dies ist *in nuce* das Resultat Malters. Der Wille sei zwar in der Erscheinung, aber nur negativ daraus zu deuten, da das Erfahrbare und Beschreibbare den Willen als

---

130 Fußnote von Malter: „Vgl. Améry, 610 (Vorentwurf einer Phänomenologie der Leiblichkeit"); Gehlen, 101 (Philosophieren „am Leitfaden des Leibes" als „die erste und gütige Leistung Schopenhauers"); vlg. Die Würdigung der schopenhauerschen Leibphilosophie durch Schöndorf, 233ff. und die Monographie von Graetzel, 41ff."

131 Malter: *Arthur Schopenhauer*, S. 445.

132 Ebd., S. 445.

Ding an sich nicht fasse. Im Leib-Wille Verhältnis liege zwar die Willenstheorie Schopenhauers verankert, dieses könne aber für die Motivationslehre nicht weiter erklärbar und fruchtbar gemacht werden. Der Wille als Ding an sich sei ein Erleben, das nicht weiter *erkannt* werden könne. Damit ist aber in Hinblick auf die zentrale Problematik der Erkenntnis des Willens am Leib, welche beide Seiten der inneren und äußeren Welt verbindet, nichts gewonnen. Die Aussagen Malters zeugen von derselben Problematik, die sein Lehrer hatte.

2.2   Alfred Schmidt: Die weltimmanente Erfassung des Dinges an sich

Alfred Schmidt bietet eine Erklärung für die paradoxale Verbindung zwischen der Welt des Dinges an sich und der der Erscheinung.[133] Schmidt führt aus, dass Schopenhauer gezwungen war, seine Idee eines „Jenseits der Erscheinung" in späteren Jahren abzuschwächen – eine Idee, welche das Denken des jungen Schopenhauer gekennzeichnet hatte. Schopenhauer wolle aber unbedingt an dem kantischen Ding an sich als ein der Erscheinung nicht Zugehöriges festhalten, obwohl er aus seiner Systematik der Bindung des Willens an den Leib keinen zwingenden Grund dafür habe. Schmidt zitiert hieraufhin Schopenhauers frühe Aussage aus dem Jahre 1808/9:

> „Alle Philosophie und aller Trost, den sie gewährt, läuft darauf hinaus, dass eine Geisterwelt ist und dass wir in derselben, von allen Erscheinungen der Außenwelt getrennt, ihnen von einem erhabenen Sitz mit größter Ruhe und Theilnahme zusehen können, wenn unser der Körperwelt gehörender Teil auch noch so sehr darin herumgerissen wird."[134]

Dieser Trost, den Schopenhauer aufsucht, macht Alfred Schmidt als Grund für das „unvermittelte Nebeneinander zweier Welten" verantwortlich.[135] Weiterführend schreibt Schmidt:

---

133 Die Philosophie Schopenhauers sei die „naturalistische Umbildung des kantischen Transzendentalidealismus". Alfred Schmidt: *Physiologie und Transzendentalphilosophie bei Schopenhauer*, SJb 1989, S. 43-53, S. 43.

134 Alfred Schmidt: *Die Wahrheit im Gewande der Lüge. Schopenhauers Religionsphilosophie*, München und Zürich 1986, S.101. Das Zitat Schopenhauers: HN, *Erstlingsmanuskripte 1807-1811, Philosophische Aphorismen*, NI7- NI8.

135 Alfred Schmidt: *Die Wahrheit im Gewande der Lüge*, S. 101.

„Schopenhauer preist schon damals die wenigen Augenblicke der Religion, der Kunst und der reinen Liebe. Würden Sie aus dem Leben entfernt, so bliebe nur ,eine Reihe trivialer Gedanken'.“[136]

Eine Seite später kommt Schmidt zu einer der Sache nach endgültigen Festlegung Schopenhauers, denn alles, was nur auf der Grundlage der Erscheinung begrifflich festgehalten wird, bleibt doch an der Erscheinung haften:

„Kurz nach der Niederschrift der Dissertation (1813) tritt der entscheidende Wandel ein: Schopenhauer *naturalisiert* das Ewige, Metaphysische, indem er es zum Wesenskern der Erscheinungswelt erklärt.“[137]

Schopenhauers Erfahrung und Vorstellung des Ewigen wird dieser aufgezeigten Problematik gemäß auf seine Naturvorstellung zurückgeworfen. Das Ewige fungiert demzufolge bei Schopenhauer als Prinzip der Natur und der Erscheinung. Die Verbindung zwischen dem ewigen Prinzip und der Naturerscheinung kann Schopenhauer jedoch nicht schließen. Die Notwendigkeit und der Wunsch die beiden Prinzipien zu binden, geht aus seinen zwei unterschiedlichen Weltauffassungen hervor: der der Naturvorstellung und der des Nicht-aus-der-Natur-Erklärlichen und der Problematik, dass zweitere ohne erstere nicht bestimmbar ist.

2.3 Dieter Birnbacher: Das Ding an sich in seiner Erscheinung

Dieter Birnbacher konstatiert folgendes Problem zum reziproken Verhältnis eines als Ding an sich verstandenen Willens und der Erscheinungswelt:

„Ein [...] Problem beträfe das Verhältnis zwischen einem als Ding an sich verstandenen Willen und der Erscheinungswelt. Wie soll diese aus dem Willen entspringen können, wenn doch nach Schopenhauer (wie nach Kant) die Kategorie der Kausalität lediglich auf die Erscheinungswelt in Raum und Zeit anwendbar sein soll? Solange der Wille als transzendente Entität aufgefasst wird, kann auch Schopenhauers defensive Redeweise von Objektivation (der Wille objektiviert sich in der Erscheinungswelt) nicht darüber hinwegtäuschen, dass es sich bei diesem Verhältnis letztlich um ein kausales Verhältnis handelt.“[138]

---

136 Ebd., S. 102.
137 Ebd., S. 103.
138 Dieter Birnbacher: *Schopenhauer*, Stuttgart 2009, S. 49-50.

Die angesprochene Kategorie der Kausalität betrifft nach Schopenhauer nur das äußere Verhältnis des Subjekts zum Objekt oder der Objekte unter sich nach dem Satz vom zureichenden Grunde und nicht den eigentlichen Willensakt, bzw. den Willen. Der Wille hat aber immer einen Gegenstand und wird von diesem Gegenstand aktuiert, d. h. er ist bedingt durch eine Stimulation. Der Wille wird von Schopenhauer als Trieb ausschließlich leiblich durch eine Kausalitätsverbindung zu anderen Körpern bestimmt, auch wenn er gleichzeitig behauptet, dass die Leibesaktion unmittelbar (ohne Kausalität) von dem Willensakt ausgeht und dieses Ausgehen nicht in einer Beziehung zum Gegenstand erklärt wird. Schopenhauer behauptet nämlich es gebe keine Kausalität zwischen der Leibesaktion und dem Willensakt[139] und daher kein solches Verhältnis zwischen dem Motiv und dem Entschluss,[140] wie Birnbacher letztlich kritisiert.

Es muss jedoch, wie gesagt, ein Kausalverhältnis in der Beziehung des *Leibes als Wille* zur Außenwelt geben, denn der Wille *ist* Leib und agiert auch leiblich, weswegen Schopenhauer die Materie als *substantielle Kausalität* postuliert und das Wirken der Materie als unmittelbare Äußerung des Willens.[141]

Der Wille als Ding an sich, der Schopenhauer zufolge in keinem Kausalverhältnis zur „Außenwelt" als solches steht, muss durch einen äußeren Gegenstand mittels des Leibes oder der verständigen Übertragung dieses Gegenstandes mittels des Bewusstseins stimuliert werden, etwas zu wollen. Der Wille hängt somit notwendig von seiner materiellen Natur als Leib oder Körper ab und muss also stimuliert werden, um den Willen im gegebenen Subjekt auszulösen. Auch umgekehrt muss der Wille selbst kausal sein, weil der Leib sonst keine Aktion seines Aktes wäre

---

139 Schopenhauer kommentiert: „Zwischen dem Willensakt und der Leibesaktion ist gar kein Kausalzusammenhang; sondern Beide sind unmittelbar Eins und Dasselbe". G 1847, S. 79. Vgl. auch WI, S. 119f.

140 Vgl. G (1813), §46.

141 Zur Substantialität schreibt Schopenhauer: „Daß die Materie für sich, also getrennt von der Form, nicht angeschaut oder vorgestellt werden kann, beruht darauf, daß sie an sich selbst und als das rein Substantielle der Körper eigentlich der Wille selbst ist". WII, S. 351. Schopenhauer nennt die Materie als solche auch das Substrat der Erscheinung. Vgl. WII, S. 351f. Sie ist die „objektivierte Ursächlichkeit selbst". Vgl. WII, S. 349. An anderer Stelle der überarbeiteten Dissertationsschrift von 1847 erklärt Schopenhauer die Verbindung zwischen Materie und Kausalität – im Grunde hätte die Kausliität sich materialisiert: „[…] die Materie, welche ich daher einerseits als die Wahrnehmbarkeit von Zeit und Raum, und andrerseits als die objektiv gewordene Kausalität erklärt habe." G (1847), S. 130. Schopenhauer setzt sich an einer weiteren Stelle mit diesem Thema auseinander: „Das Daseyn der Materie, d. h. ihre Wirklichkeit ist nichts als ihr Wirken d. i. ihre Kausalität. Wo also Materie ist, ist Kausalität: aber auch wo Kausalität ist, ist Materie." HN, *Metaphysische Anfangsgründe der Naturwissenschaft*, NII299u.

und weil der Leib sich im Verhältnis zu anderen materiellen Gegenständen äußert und somit auf sie wirkt (als Wille).

Birnbacher führt seine Kritik zum Verständnis einer sinnvollen Bestimmung der Beziehung zwischen dem Willen als Ding an sich und seiner Manifestation in der Erscheinung fort, indem er die Nicht-Zeitlichkeit des Willens hinterfragt:

> „Und noch grundsätzlicher: Wie soll sich ein Wille überhaupt denken lassen, der nicht zeitlich bestimmt ist, sondern außerhalb von Raum und Zeit existiert wie eine platonische Idee = wörtlich verstanden, ist ein überzeitlicher Wille eine Contradictio in adjecto, schon deshalb, weil jedes Wollen und jeder Trieb, auch der unbewusste, notwendig zukunftsgerichtet sind."[142]

Im Menschen äußert sich der *sinnliche Trieb* nach Schopenhauer zwar im gegenwärtigen Bezug zum Objekt, durch seinen Bezug zur Vernunft jedoch bezieht sich der Trieb und somit die Motivation des Menschen auch auf die Zukunft, da sich die *Überlegung* bei Schopenhauer um eine noch zu vollziehende Handlung dreht.[143] Das Problem, welches Birnbacher anspricht, ist, dass der Wille etwas sein muss, das nur zeitlich und im Zusammenhang mit einem (reellen) Objekt gedacht werden kann, sofern man überhaupt von seinem Verhältnis zur Erscheinung und somit von *Wille* spricht.

In dieser und obiger Beziehung gelangt Birnbacher zu dem Schluss, dass Schopenhauer immer wieder gegen die „selbstauferlegten Beschränkungen"[144] einer immanenten Metaphysik handelt, denn eigentlich sollte Schopenhauers Metaphysik „eine vollständige Wiederholung, gleichsam *Abspiegelung der Welt* in abstrakten Begriffen"[145] sein. Diese nicht weiter eingehaltene Beschränkung rügt Birnbacher: „etwa indem er [Schopenhauer] sich anmaßt, etwas über transzendente Sachverhalte wie die ‚Unzerstörbarkeit unseres Wesens an sich' (IV, 542ff) aussagen zu können."[146] Birnbacher führt seine scharfsinnige Kritik mit der Erklärung weiter, Schopenhauer biete dem Leser eine rein ‚hermeneutische' Hinweisung auf das Wesen der Welt. Birnbacher interpretiert die vielseitig in der Sekundärliteratur diskutierten von Schopenhauer geschichtlich fälschlich übernommenen metaphysischen Begriffe

---

142 Dieter Birnbacher: *Schopenhauer*, Stuttgart 2009, S. 49f.

143 Vgl. WI, S. 180. Streng genommen ist der unbewusste Trieb bei den Tieren auf die anschauliche Gegenwart des Motivs beschränkt (vgl. E, S. 34). Hier wird die Zukunftsgerichtetheit auf die Handlung selbst bezogen, denn jede Handlung ist in der Zeit.

144 Birnbacher: *Schopenhauer*, S. 51.

145 Birnbacher: *Schopenhauer*, S. 50. Vgl. WI, S. 99.

146 Birnbacher: *Schopenhauer*, S. 51. Vgl. WII, S. 555; auch N, S. 422.

im Sinne einer von Schopenhauer selbst intendierten hermeneutischen Deutung,[147] indem er schreibt:

> „Dass Schopenhauer die Risiken gesehen hat, die eine Übernahme der metaphysischen Begriffe in ihrem wörtlichen Verständnis für die innere Konsistenz seiner Philosophie beinhaltet, zeigen seine wiederholten Versuche, sich von diesem Verständnis zu distanzieren und stattdessen den hermeneutisch-phänomenologischen Charakter seiner Philosophie herauszustellen."[148]

Birnbacher definiert in einem seiner frühen Aufsätze den Inhalt dieser ‚Deutungslehre' der Philosophie Schopenhauers als eine ‚expressive Beschreibung' der Welt im Gegensatz zu einer erkenntnistheoretischen induktiven Immanenzerklärung.[149] Demzufolge wird der eigentliche Gehalt der Welt als eine „Phänomen*deutung* durch Aufweis eines inneren Sinnzusammenhangs"[150] aufgefasst. Der Grund für diese Auffassung Schopenhauers liege, man erinnere sich an die obige Auslegung, an seiner Kausalitätskonzeption, wie Birnbacher in der folgenden Textpassage seines Aufsatzes *Induktion oder Expression* erklärt:

> „Der Grund dafür, dass Schopenhauer die Konzeption der induktiven Metaphysik immer wieder zugunsten der Konzeption der expressiven Beschreibung verlässt, ist nicht schwer zu finden. Er liegt in der Unverträglichkeit von Schopenhauers induktivistischer *Metaphilosophie* mit seiner *Philosophie*, genauer: mit seiner Kausalitätskonzeption."[151]

Diesen Textabschnitt kommentiert Matthias Koßler durch folgenden Einwand:

> „Nach Birnbacher kann eine induktive Metaphysik auf ‚Kausalbeziehungen zwischen Erscheinungen und dem, was ihnen zugrundeliegt', nicht verzichten; und eine expressive Beschreibung kann nicht den Anspruch erheben, der objektiven Realität zu entsprechen.[152] Betrachtet man jedoch den Ausgangspunkt der Schopenhauerschen Metaphysik, den menschlichen Charakter, so ist das Zugrundliegende der erscheinen-

---

147 Wie bereits im ersten Hauptteil, 1. Abschnitt, zu Schopenhauers Philosophie erklärt wurde, liegt das wesentliche Problem Schopenhauers an der fehlenden Verbindung zwischen dem Willen und der Vorstellung, bzw. exemplarisch in der Konstitution der Motivation, wie auch Birnbacher an der Kausalitätskonzeption zeigt.

148 Birnbacher: *Schopenhauer*, S, 51.

149 Vgl. Dieter Birnbacher: *Induktion oder Expression? Zu Schopenhauers Metaphilosophie*, In: SJb 69, 1988, S.7-19.

150 Ebd., S. 11.

151 Ebd., S. 12.

152 Fußnote von Koßler zu Birnbacher: Birnbacher: *Induktion oder Expression*, S. 12.

den Handlungen nicht etwas von diesen Verschiedenes, sondern die ‚Beziehung' von Ding an sich und Erscheinung ist die Identität von Willensaktion und Leibesaktion, bzw. von Wille und Leib (vgl. G 96)."[153]

Koßler betont in diesem Zitat, dass die Verbindung zwischen einem Willen als Ding an sich und seiner Erscheinung über den menschlichen Charakter geschlossen wird, (welcher intelligible Charakter bei Schopenhauer sich unmittelbar in der Leibesaktion durch den Entschluss, der den Willensakt ausdrückt, äußert). Die Problematik der Kausalität sei in diesem Sinne nicht gegeben, da diese Beziehung gar keine Kausalität verlange und das Zugrundeliegende bereits manifest in den Erscheinungen sei.

Man ist jedoch gezwungen den Charakter als eine Entität zu fassen, welche anders ist als der Leib, der ein Objekt unter Objekten ist und sachlich nur durch Vorstellung erkannt werden kann. Man muss demzufolge fragen, was es ist, dass 1. diesem Charakter die Verbindung zur empirischen Realität ermöglicht und 2. dem Charakter ermöglicht, sich als Leibesaktion zu äußern, d. h. wie der Willensakt wirklich vorsichgehe. Der Willensakt wird von Schopenhauer schlichtweg auf den grundlosen Willen zurückgeführt und kann zudem nicht im Verhältnis zum kausalen Motiv gedacht werden. Dies liegt, wie mehrmals betont, einerseits an dem Postulat der Vorbestimmtheit des Willens und andererseits an der Verneinung der Rolle des Intellekts für das Wesen der Motivation. Der Willensakt wird, wie oben erklärt, angeregt, stellt sich empirisch dar und ermöglicht erst den Rückschluss auf den Charakter. Der Charakter muss sich in der Wirklichkeit äußern und diese Wirklichkeit ist Handlung, die auf ein Motiv zugeht und zurückgeht, d. h. diese Wirklichkeit ermöglicht erst die Erkenntnis des Charakters. Die Behauptung einer ‚Vorbestimmtheit' kann dieser Problematik nicht abhelfen. Der Charakter des Menschen muss in einem Zusammenhang zum Leib stehen und diese Beziehung, erklärt Schopenhauer, sei „unmittelbar" oder eine „Identität", obwohl der Leib nur als Vorstellung erfasst werden kann (auch die Erkenntnis des Willensakts, wie gesagt, ist der Zeit unterworfen, wie auch Schopenhauer erklärt).

Von der Seite der „expressiven Deutung" des Willens her betrachtet, die zugleich eine Antwort auf die Metaphysik Schopenhauers geben soll, wird auch unweigerlich eine Interpretation des Willens als Ding an sich verlangt, welche Interpretation wiederum von dem Grund des Postulats eines Dinges an sich abhängt. Die Beziehung zwischen einem Willen in der Erscheinung und eines Willens als Ding an sich, ist nicht gegeben, weil es keine Kausalität zwischen dem Willen qua Ding sich und dem Leib gibt. Wie kann der intelligible Charakter als Ausdruck des Willens als

---

153 Matthias Koßler: *Empirische Ethik und Christliche Moral*, Würzburg 1999, S. 433.

Ding an sich im Menschen anders bestimmt werden als durch seine „Reaktion"
auf oder „Äußerung" *in* der Welt, die auf äußerer Kausalität und auf Vorstellung
beruht? Der Wille als Ding an sich steht somit in einem epistemologisch unbe-
gründbaren und unmöglichen Verhältnis zur Erkennbarkeit der *Ur*sächlichkeit,
welche er selbst sein soll.

Birnbacher führt sein thematisches Problem mit der Kausalität weiter aus, indem
er die schopenhauersche These, dass die Kausalität der Natur nicht im Bereiche
des Dinges an sich gelte, expliziert. Birnbacher merkt kritisch an, dass es schwer
sei, sich vorzustellen,

> „wie eine induktive Metaphysik darauf verzichten können soll, Kausalbeziehungen
> zwischen den Erscheinungen und dem, was ihnen zugrundeliegt, zu postulieren. Sie
> interpretiert ja die Erscheinungen nicht als in sich selbst, sondern als in etwas anderem
> begründet [...] An die Stelle der Erklärung durch Ursachen tritt die Deutung der Welt
> als Sinnzusammenhang. Die Analogie mit der Methode der Naturwissenschaften
> wird abgelöst von der Analogie mit der Methode der Hermeneutik."[154]

So lässt sich die allgemeine Frage stellen, ob es wirklich eine Essenz der Materie
und des Wirkens geben könne, die trotz ihrer Bezugnahme auf die Außenwelt
Kausalität exkludiere? Dieter Birnbacher fragt folglich nach dem inneren Sinn
dieser genannten Hermeneutik.

Birnbacher erklärt den Willen in seiner Erscheinungsinhärenz so, dass auch

> „das unbewusste Wollen [...] auf etwas hinaus [‚will']. Der *Trieb* gibt eine Richtung
> vor und treibt Körper und Geist einer spezifischen Befriedigungsquelle und einem
> spezifischen Gleichgewichtszustand entgegen".[155]

Birnbacher nimmt in diesem Bezug eine nähere Definition der Schopenhauerschen Willensvorstellung vor, die insgesamt eine „semantisch beträchtliche [A]
usdünn[ung]"[156] erfährt und als Trieb bestimmt wird. Birnbachers Auslegung
zufolge artikuliere sich die Auffassung der Willensvorstellung bei Schopenhauer
in seiner Verbindung mit dem Zweck oder essentieller in seiner „Gerichtetheit".[157]
Diese Deutung gehe vom Menschen aus und werde auf die Natur per Analogieschluss
appliziert. Die Teleologie sei aber nach Schopenhauer *an sich* nicht vorgegeben,
weil Schopenhauer die Zweckmäßigkeit rückblickend auf Kant dem Verstande

---

154 Birnbacher: *Induktion oder Expression*, S. 12.
155 Birnbacher: *Schopenhauer*, S. 54.
156 Ebd., S. 54.
157 Ebd., S. 55.

zugeordnet habe. Deswegen ist Birnbacher zufolge der Begriff der Gerichtetheit wichtiger als der der Teleologie. Diese Gerichtetheit, welche ontogenetisch in der Entwicklung und in der ‚Kunst' der Tiere augenfällig werde, zeige den inneren Trieb der Natur an, welche sich als Teleologie für uns begrifflich äußere.[158] Wille sei daher bei Schopenhauer vorrangig naturalistisch zu verstehen. Der Wille erkläre nach diesem Muster „nicht mehr nur das unbewusst Steuernde und Motivierende in der Sphäre des Lebendigen, sondern darüber hinaus auch die in der unlebendigen Natur wirkenden Kräfte."[159] Diese naturalistische These geht, wie auch von Birnbacher angedeutet, nicht mehr auf die Problematik der Willenskonzeption Schopenhauers ein. Dass die Lebewesen und der Mensch Triebe haben und die Natur Kräfte, wird im vorliegenden Buch nicht fraglich.

Birnbacher fasst seine Interpretation der Koexistenz des Schauspiels des „Naturwillens" und einer Metaphysik, welche diesen Willen welthinhärent fassen soll, als ein Verhältnis zweier Entitäten zusammen. Die Natur habe zwei Seiten:

> „Die Natur bietet uns nicht nur, ins Grandiose erweitert, das Schauspiel unseres eigenen inneren Lebens und Strebens. Sie bietet uns darüber hinaus ein Bild dieser zugrundeliegenden unbewussten Dynamik."[160]

Aber kurz gefragt: ist diese unbewusste Dynamik dann Wille? Die Artikulation des Unbewussten gehört nun Birnbacher zufolge zum Wesen der Natur, denn sie deutet auf den „Bereich der psychischen Phänomene"[161] hin, die Schopenhauer zu beschreiben intendiere und worauf das Unbewusste letztlich zurückzuführen sein müsse. Allerdings, folgert Birnbacher, müsse dieser Bereich, dem Schopenhauer „Willenscharakter zuschreibt, […] als eine quasi poetische Analogiebildung verstanden werden."[162] Zusammenfassend schreibt Birnbacher:

> „Das Erleben der Natur in ihrer Ursprünglichkeit eröffnet uns einen Zugang zu unserem Unbewusstsein und damit zu den Quellen von Gefühlswelt und Fantasie. Das Erleben der Natur wirkt als Katalysator für das Naturhafte in uns selbst und als Brücke zu den kreativen Potenzialen des Unbewussten."[163]

---

158 Zu diesem Zwecke zitiert Biernbacher Schopenhauer: „[dass] alle teleologischen Tatsachen sich aus dem Willen des Wesens selbst, an dem sie befunden werden, erklären" (N, S. 39). Birnbacher: *Schopenhauer*, S. 55.

159 Birnbacher: *Schopenhauer*, S. 56.

160 Ebd., S. 57.

161 Ebd., S. 56.

162 Ebd., S. 57.

163 Ebd., S. 59.

Der Wille bei Schopenhauer wird somit von Birnbacher als ein allgemeiner Trieb verstanden, der auch ‚sämtliche Naturkräfte' beinhaltet und somit auch die Kraft besitzt in den Menschen Kunst zu schaffen und in ihr zu wirken.[164] Auf einem solchen Boden stehend, müsse ein solcher triebhafter Wille in erster Linie naturalistisch verstanden werden. Der Bezugspunkt des Willens zu seiner Erscheinung sei jedoch, wie bereits betont, am Handeln des Menschen festzumachen. In dieser Erörterung bleibt das obige Problem der Kausalität also stehen. Die Frage nach der Willenskonzeption als solcher, z. B. als Handlungsprinzip oder als ontologischer Grundbau, wird darin nicht weiter thematisch.

2.4 Matthias Koßler: Das Verhältnis von Wille als Ding an sich und Erscheinung – die Übergangskonstellation

Für die Schopenhauerforschung stellt sich die Frage, wie die zwei scheinbar divergenten ‚Seiten der Welt' oder ‚Welterfahrungen' von Ding an sich und Erscheinung zu vereinbaren sind. Wenn das Schopenhauersche Werk eine Erklärung des Wesens der Welt abgeben soll, wie Schopenhauer dessen Intention selbst formuliert,[165] so muss die Welt, die von Schopenhauer anspruchsgemäß weltimmanent erfasst werden soll und das Wesenhafte, das notwendig davon abhängt und abgeleitet wird, kohärent gefasst werden können. Dieses Paradigma von Schopenhauers Philosophie eines *Willens* als Ding an sich in seinem Zusammenhang mit dem *Willen* in der Erscheinung und die Problematik ihrer Vereinbarkeit wird in der Sekundärliteratur weitgehend als Übergangskonstellation behandelt.[166] Wie aus

---

164 Dass das Innere oder die Regung nicht ohne das Äußere verstanden werden kann, wurde in Kaiptel 1.7 dieses Buches erläutert. Die Materie zu einer Form macht auch die Form erst aus und umgekehrt.

165 Vgl. WI, S. 193.

166 Vgl. Matthias Koßler: *Schopenhauer als Philosoph des Übergangs*, in: Nietzsche und Schopenhauer, Leibzig 2006, S. 366-379; Margit Ruffing: *Wille zur Erkenntnis? Die Problematik des Übergangs in Schopenhauers Erkenntnistheorie*, in: Schopenhauer und die Schopenhauer-Schule. Beiträge zur Philosophie Schopenhauers, hrsg. Matthias Koßler u. a., Würzburg 2008, S. 101-107; Dieter Birnbacher: *Schopenhauer*, Stuttgart 2009, insb. die Einleitung. Zum Problem des Übergangs vom Transzendentalidealismus zur Willensmetaphysik siehe: J. Volkelt: *Arthur Schopenhauer. Seine Persönlichkeit. Seine Lehren. Sein Glaube*, Stuttgart 1923, S.147; Wolfgang Weimer: Schopenhauer, Darmstadt 1982, S. 54-80; Rudolf Malter: *Wesen und Grund. Schopenhauers Konzeption eines neuen Typus von Metaphysik*, Schopenhauer-Jahrbuch, Bd. 69, S. 29-40; Ders.: *Arthur Schopenhauer, Transzendentalphilosophie und Metaphysik des Willens*, Stuttgart-Bad-

dem Argumentationsgang des vorliegenden Buches ersichtlich wurde, ist dabei grundsätzlich zu fragen, inwieweit Schopenhauer zwei grundverschiedene Bestimmungen des ‚Willens' geltend machen kann und ob ihm dies auch schlussendlich gelingt. Sofern beide Konzeptionen *einen* Begriff und *ein* Bestimmungsmoment einschließen und daher nur miteinander verstanden werden können, ist der Wille einzig und allein anhand einer ‚inneren Intelligibilität' jedes materiellen Dinges zu begreifen,[167] denn das Nicht-Erscheinungshafte wird von der Erscheinung her gedacht, wie bereits erklärt.[168]

Matthias Koßler hebt hervor, dass Übergänge notwendig sind, wenn Schopenhauers Lehre Gültigkeit finden soll und sie daher für die Interpretation der Lehre Schopenhauers zentral sind.[169] Es gehe darum, alle Ebenen der Philosophie Schopenhauers nach dieser Abhängigkit der Zweiseitigkeit der Übergangsauffassung zu

---

Cannstatt 1991, S. 178-186; Martin Morgenstern: *Schopenhauers Grundlegung der Metaphysik*, Schopenhauer-Jahrbuch Bd. 69, S.57-68; Ders.: *Die metaphysischen Wurzeln der Moral bei Schopenhauer*, Schopenhauer-Symposium 2000, S. 71; Birgit Recki: *Zur physiologischen Voraussetzung eines Übergangs*: In Lore Hühn (hrsg.): *Die Ethik Arthur Schopenhauers im Ausgang vom transzendental Idealismus*, Würzburg 2006, S.36f.; Dieter Birnbacher: *Nahmoral und Fernmoral. Ein Dilemma für die Mitleidsethik*, In Lore Hühn (hrsg.): *Die Ethik Arthur Schopenhauers im Ausgang vom transzendental Idealismus*, Würzburg 2006, S.56ff.

167　Die Charakterlehre (die ‚Erkenntnis' des Willens im Selbstbewusstsein), die auf das unbekannte „X" des Gesetzes der Motivation zurückgeht, ist das erste Moment der von Schopenhauer postulierten Intelligibilität der Erscheinung. Diese Postulierung einer Nicht-Erscheingshaftigkeit der Erscheinung wird im Zusammenhang des Satzes vom zureichenden Grunde des Handelns genannt (G (1813), Kap. 7), wie bereits oft erwähnt. Der „Übergang" von dieser Instanz zu der Metaphysik des Willens, d. h. zu der „Ernennung" des Willens als Ding an sich, wird bei Koßler thematisch.

168　Es wird im folgenden Schopenhauers eigene Aussage zu der Abhängigkeit der Bestimmung des Dinges an sich von seiner Erscheinung an Schopenhauers Briefwechsel mit Frauenstädt, der von Koßler kommentiert wird, ausgelegt.

169　Koßler kommentiert zu seiner Verwendung des Begriffs des Übergangs: „Auf diese Weise, die mit den Worten Schopenhauers als ‚Standpunktwechsel', von mir hier als Übergang bezeichnet wurde, sind in der Philosophie Schopenhauers nicht nur die Teile seines „Systems" verknüpft, sondern auch Elemente innerhalb derselben". Koßler: *Schopenhauer als Philosoph des Übergangs*, S. 373. Beim Begriff des Standpunktwechsels bezieht sich Koßler hierbei auf PII, S. 35ff und PI, S. 140. Es geht in der „Übergangsforschung" um zwei unterschiedliche Aspekte der Philosophie Schopenhauers. Einerseits geht es um einen Übergang in ideenhistorischer oder ‚wissenschaftstechnischer' Hinsicht, z. B. vom Idealismus zur Metaphysik. Andererseits geht es rein um die Verbindung der Elemente der Schopenhauerschen Postulate. Der Begriff des „Übergangs" selbst findet sich auch bei Schopenhauer und wird von Schopenhauer als Verbindungsglied zwischen den zwei Seiten des Systems und seiner Elemente verwendet. Vgl. WI, S. 118; S. 209; S. 449.

entdecken: „Die Übergangsstellung der Philosophie Schopenhauers hält die Gedanken äußerlich zusammen und lässt sie nur in der geforderten Einheit gelten."[170] Koßler merkt an, dass der Schopenhauer-Interpret dazu neige, sich mit der einen Seite des Systems Schopenhauers auseinanderzusetzen, statt zu beachten, dass diese Übergänge wesentlich zum Verständnis seiner Philosophie seien. Die Forscher machen aus „Schopenhauer einen Transzendentalphilosophen, einen Materialisten und Naturwissenschaftler, einen ‚philosophus christianissimus'[171] oder einen pessimistischen Nihilisten."[172] Es gehe eigentlich darum, den „eine[n] Gedanke[n], im Mittelpunkt der sich kreuzenden, jedoch nicht ineinanderlaufenden Richtungen zu suchen".[173]

Koßler problematisiert die Übergangsproblematik zwischen dem Willen in der Erscheinung und als Ding an sich an dem für die Forschung wichtigen Briefwechsel zwischen Frauenstädt und Schopenhauer aus dem Jahre 1852.[174] Frauenstädt hinterfragt die Plausibilität der Beziehung zwischen dem Willen zum Leben und dem Willen als Ding an sich.[175] Frauenstädt fragt Schopenhauer pointiert, „wie in der Verneinung des Willens zum Leben der Wille als Ding an sich frei werden könne von seinem eigenen Wesen."[176] Schopenhauers Antwort auf die Einwände Frauenstädts bezeugt das paradoxale Problem der Verbindung von *Wille und Ding an sich*. Das Ding an sich sei auch Schopenhauer zufolge *eigentlich* gänzlich unbestimmbar, denn würde sich das Ding an sich vom Wollen als Wille zum Leben losreißen und versuchte man ihn auf diese Weise zu bestimmen, so wäre er *per definitionem* nicht mehr das Ding an sich.[177] Frauenstädt formuliert das Dilemma der Verbindung der Begriffe Wille und Ding an sich wie folgt: „[E]ntweder sei der Wille zum Leben das Ding an sich, dann könne er nicht vom Wollen des Lebens frei werden; oder er könne dies, dann sei er aber nicht das Ding an sich."[178] So schlägt Frauenstädt vor, dass man ausgehend von diesen beiden Alternativen besser, „das Ding an sich, wie

---

170 Matthias Koßler: *Schopenhauer als Philosoph des Übergangs*, S. 374. Vgl. „[...] erst in den letzten 15 Jahren [ist] die Rede vom „einen Gedanken" zum Gegenstand der Untersuchung gemacht [worden]." Ebd., S. 371.

171 Hier weist Koßler auf Paul Deussen hin: Paul Deussen: *Schopenhauer und die Religion*, in: SJb 1915, S. 8-15, hier S. 8.

172 Koßler: *Schopenhauer als Philosoph des Übergangs*, S. 375.

173 Ebd., S. 375

174 Matthis Koßler: *Empirische Ethik*, S. 176ff.

175 Arthur Schopenhauer: Gesammelte Briefe, hrsg. von Karsten Worm, infosoftware, Berlin 2003, hiernach GBr, Nr. 277, S. 283ff.

176 GBr. Nr. 277, S. 283ff.

177 Vgl. GBr. Nr. 280.

178 Ebd., S. 568f. Siehe hierzu auch: Koßler, *Empirische Ethik*, S. 176.

Kant, ganz unbestimmt, als X, stehen lassen soll[te], statt es als Willen zum Leben zu bestimmen."[179] Dieser Vorschlag Frauenstädts ist jedoch logisch nicht plausibel, denn das Ding an sich ist an den Begriff des Willens zum Leben negativ gehaftet; das Ding an sich kann kein X sein, denn es ist seiner inhaltlichen *Bestimmung* nach von dem Willen zum Leben abhängig. Das Postulat des Dinges an sich kann von dieser Perspektive aus jedoch weder positiv bestimmt noch erkannt werden.

Der „Wille zum Leben" ist in seiner Bestimmung mit der Erscheinung verbunden, d. h. muss unbedingt im Zusammenhang des Satzes vom zureichenden Grunde erkannt werden. Der Wille bezeichnet in diesem Kontext das Phänomen eines rastlosen, nie zu besättigenden Triebes zum Leben gemäß dem Individuationsprinzip.[180] Das Problem, das in diesem Dialog von Frauenstädt angesprochen wird, ist, dass der Wille keine nähere Definition eines Dinges an sich, das ein ‚X' unabhängig der Erscheinungsbestimmung sein soll, kundgibt. Der Begriff des Willens selbst wird jedoch von Frauenstädt nicht weiter thematisiert, sondern wie bereits ersichtlich der Begriff des Dinges an sich selbst als vorgestellte Unabhängigkeit von der Vorstellungsbestimmung eines Willens, sofern das Ding an sich im Verhältnis zum Willen als die Idee einer Negation desselben für definitorisch unplausibel gehalten wird. Die Problematik der Bestimmung des Dinges an sich angesichts einer Willenskonzeption als Grundlage der Postulierung des Dinges an sich greift Frauenstädt also nicht weiter auf.

Das Ding an sich kann, wie auch Schopenhauer sagt, unabhängig von der Erkenntnis der Erscheinung nicht weiter postuliert werden, weil es keinen affirmativen Inhalt gibt. Schopenhauer selbst schreibt, dass das Ding an sich: „bloß relativ [sei], d. h. in seinem Verhältnis zur Erscheinung [...] Was aber das Ding an sich außerhalb jener Relation sei, habe ich nie gesagt, weil ich's nicht weiß: in derselben aber ist's Wille zum Leben".[181]

Matthias Koßler macht seinerseits in einer eindringenden Interpretation der Aussagen Schopenhauers zu diesem genannten Verhältnis zwischen dem Willen

---

179 GBr., Nr. 558, S. 569.
180 Vgl. WII, S. 406f.
181 GBr. Nr. 280, S. 291. Dieses Zitat geht aus dem genannten Briefwechsel Schopenhauers mit Frauenstädt hervor. Birnbacher konstatiert, sich auf dieses Zitat beziehend, dass das Ding an sich, als das Symbol eines metaphysischen Inhaltes, schlichtweg ein Geheimnis bleiben *muss* und dass das Ding an sich von Schopenhauer konsequenterweise nur im Verhältnis zur Erscheinung postuliert werden kann (Birnbacher: *Induktion oder Expression*, SJb 1988, S. 10). Dieses metaphysische Etwas als Ding an sich wird zwar ‚konsequenterweise' in diesem Zitat von Schopenhauer inhaltsleer gelassen, die Frage stellt sich jedoch, was dieses Metaphysische ist, d. h. auch methodisch bedeutet, wie Birnbacher im vorigen Kapitel problematisiert.

und dem Ding an sich auf das Problem Schopenhauers zur inhaltlichen Bestimmung *des Dinges an sich* aufmerksam.[182] Es wird im Folgenden die Passage von Koßler inklusive des langen Zitats zu Schopenhauer *in extenso* angeführt, da sie das Problem der unbestimmt gebliebenen Auffassung eines nicht-intellektuellen und nicht näher zu bestimmenden Begriffs *des Willens als Ding an sich* expliziert. Es handelt sich um den Verlauf von Koßlers Kritik zur Reziprozität der Begriffe des Willens und des Dinges an sich:

> „Nun ist eine wesentliche Relativität des Dinges an sich ein Widerspruch in sich, zumal die Kategorie der Relation bei Schopenhauer Kennzeichen des Erkennens nach dem Satz vom Grunde ist (WI 230; vgl. a. G 41), also selbst zur Welt der Erscheinung gehört. Schopenhauer kann aber auch verständlicherweise nicht auf den Vorschlag Frauenstädts eingehen, das Ding an sich unbestimmt zu lassen: ‚Da könnte ich ja gleich meine ganze Philosophie zum Fenster hinauswerfen. Das ist ja eben meine große Entdeckung, dass Kants Ding an sich Das ist, was wir im Selbstbewusstsein als den Willen finden, und dass dieser vom Intellekt ganz verschieden und unabhängig ist, daher auch ohne diesen vorhanden, in allen Wesen. Aber dieser Wille ist Ding an sich bloß in Bezug auf die Erscheinung: er ist das was diese ist, unabhängig von unserer Wahrnehmung und Vorstellung: das eben heißt an sich: daher ist er das Erscheinende in jeder Erscheinung, der Kern jedes Wesens. Dass er vom Wollen loskommen kann, bezeugt, im Menschen, die Askese in Asien und Europa, durch Jahrtausende... Dies Loskommen, oder vielmehr dessen Resultat, ist für uns ein Übergang in Nichts (Nirwana = Nichts); aber alles Nichts ist relativ... – Das über diese Erkenntnisse Hinausgehende ist absolut transcendent; daher die Philosophie hier aufhört, und die Mystik eintritt‘[183]. Diese Kurzfassung des Schopenhauerschen Grundgedankens stellt dessen Probleme klar heraus, aber auch die Schwächen beim Versuch ihrer Lösung".[184]

Es sind zwei wichtige Punkte in diesem Zitat benannt worden. Erstens erklärt Matthias Koßler, dass alle *Relation dem Satz vom zureichenden Grunde unterworfen* sei und man daher nicht von einem Verständnis des Willens als Ding an sich in Relation zur Erscheinung sprechen könne. Zweitens wird im Zitat explizit, dass das Ding an sich im Selbstbewusstsein als *Wille* vorfindlich ist, sofern der *Wille* als Ding an sich „unabhängig von unserer Wahrnehmung und Vorstellung" erfasst wird. Was diese Entdeckung im Selbst dann wäre, wird von Schopenhauer nicht weiter ausgeführt. Koßler erklärt, dass das zentrale Problem „in der Bestimmung des Dinges an sich durch den Willen im Sinne einer ‚denominatio a potiori' [besteht]. Denken, uns

---

182 Koßler: *Empirische Ethik*, S. 176f.

183 GBr. Nr. 279, S. 288.

184 Koßler: *Empirische Ethik*, S. 177.

vorstellen und wahrnehmen können wir den Willen nur als (menschlichen) Willen zum Leben: da aber ist er Erscheinung und nicht Ding an sich."[185]

Es handelt sich bei der Zweideutigkeit des Willens als Wille als Ding an sich und als Wille zum Leben also grundsätzlich um einen Fehler in der logischen Prämisse: Das, was als unabhängig von der Erscheinung behauptet wird, ist durch nichts bestimmt, als das, was es an der Erscheinung ist, ist jedoch auf das, was es in der Erscheinung ist, bezogen. Sofern kann man dann logisch schließen: einmal wird ‚der Wille' als Streben und Strebevermögen festgehalten,[186] das andere Mal als das Nicht-strebende, sofern es das nicht auf die Erscheinung Bezogene ist und aus diesem Grunde nicht zu Bestimmende. Im letzteren Fall: eine nicht-mitteilbare ‚Erfahrung',[187] welche zwar noch denselben Begriff und somit Bezug beibehält, aber nichts an ihm, was sonst charakteristisch genannt werden könnte, zum Ausdruck bringt.

Koßler sieht in diesen genannten Schemen der Beziehung auf den Willen als metaphysische Entität, d. h. als Ding an sich, zwei Instanzen eines Versuches das Ding an sich von Schopenhauer zu fassen; einerseits die im Selbstbewusstsein anwesende Äußerung des menschlichen Willens und andererseits dessen Negation. Beide Instanzen des „Willens" als Ding an sich seien jedoch inadäquate Erkenntnisse des Willens als Ding an sich.[188] Koßler bringt das Dilemma zwischen einem epistemisch unzugänglichen Willen als Ding an und einem Willen, der sich lebend äußert oder der sich als die Negation desselben ‚verstehen' lässt, im folgenden Zitat zur Sprache:

> „Der Wille als Ding an sich ist letztlich das, was jenseits aller Erkennbarkeit beiden zugrundeliegt, also weder Wille zum Leben noch dessen abstrakte Negation ist: ‚Wir können es nur bezeichnen als Dasjenige, welches die Freiheit hat, Wille zum Leben zu sein, oder nicht' (W II 656)."[189]

In dieser Konstellation wird der Wille als Ding an sich weder als Wille zum Leben noch als Negation desselben von Schopenhauer verstanden. Durch die Möglichkeit, bzw. die Freiheit, dass der Wille als Ding an sich Wille zum Leben sein kann

---

185 Koßler: *Empirische Ethik*, S. 177.

186 Schopenhauer sagt zum Strebensbegriff: „Sahen wir schon in der erkenntnißlosen Natur das innere Wesen derselben als ein beständiges Streben, ohne Ziel und ohne Rast; so tritt uns bei der Betrachtung des Thieres und des Menschen dieses noch viel deutlicher entgegen. Wollen und Streben ist sein ganzes Wesen, einem unlöschbaren Durst gänzlich zu vergleichen." WI, S. 367.

187 WI, S. 460; S 485.

188 Koßler, *Empirische Ethik*, S. 378.

189 Koßler: *Empirische Ethik*, S. 178.

oder nicht, wird eine logische Idee eines Verhältnisses zwischen dem Streben und dem Nicht-Streben (Wille zum Leben) ausgesprochen, die von Schopenhauer als Lösungsvorschlag für das Nebeneinander zweier Welten eingeführt wird. Dies spricht allerdings die Bestimmungsfrage des Dinges an sich durch die Konzeption des Willens zum Leben in seiner Nicht-Individualitätsbestimmung, d. h. als das, was der Wille zum Leben der Erkenntnis der Erscheinung nach nicht ist, auch nur als dessen Negation an, sofern die Konstellation dieses Mal als die Möglichkeit beider Instanzen gefasst ist – die Affirmation und die Negation des Willens zum Leben.

Koßler erläutert, dass dieses Nicht-Wille-zum-Leben-Sein als Quietiv des Willens von Schopenhauer gedacht wird, jedoch nicht von der Erkenntnis des Willens selbst ausgehen kann, sondern von einer veränderten Erkenntnisweise.[190] Koßler zitiert eine Stelle auf der Seite WI, S. 498, an der Schopenhauer erklärt, dass der Widerspruch, dass der Wille sich auf einmal der Macht der Motive entzieht, obwohl er in der Erscheinungswelt als Wille zum Leben immer noch besteht, schlichtweg in dieser veränderten Erkenntnisweise liegen muss. Jedoch werde der Wille als Ding an sich als Quietiv *des Willens zum Leben* erfasst und bleibe darauf bezogen. Schopenhauer ist in Buch 4 seines Hauptwerks dadurch gezwungen, dieses Dilemma als eine Erkenntnis, die nicht weiter zu erklären ist, zu bestimmen.[191] Koßler fasst trotzdem und im schopenhauerschen Sinne, indem er sich auf Malter zurückbezieht,[192] die veränderte Erkenntnisweise als die Erkenntnis eines „allen Erscheinungen einheitlich Zugrundeliegende[n]" zusammen.[193]

Trotz der also auch von Koßler genannten inadäquat-erkannten Bestimmung des Willens als Ding an sich hält er aufgrund einer weltimmanenten Deutung des Willens als Ding an sich an der Notwenigkeit und Möglichkeit Schopenhauer in einer Einheit zu fassen fest. Koßler versucht die inadäquate Bestimmung des Willens als Ding an sich durch eine Übergangsschematik zu überkommen. Der Übergang ist eine theoretische Konstellation, die in Schopenhauers Philosophie unterschiedlich gefasst werden kann, wie Matthias Koßler erläutert, indem er sich

---

190 Koßler: *Empirische Ethik*, S. 91f.
191 WI, S. 437.
192 Malter: *Arthur Schopenhauer*, S. 294.
193 Koßler: *Empirische Ethik*, S. 92. Vgl. WI, S. 439-447. Das Quietiv besteht nach Schopenhauer darin, dass man „eine unmittelbare Erkenntnis von der Identität des Willens in allen seinen Erscheinungen [hat]" WI, S. 447. Der Wille als Ding an sich *sei* auch die Erscheinung, da er manifest und eins sein solle.

auf Walter Schulz zurückbezieht.[194] In seinem Aufsatz *Schopenhauer als Philosoph des Übergangs* beruft sich Koßler seinerseits auf Hegel zur Definition des Übergangs:

> „Dabei lehne ich mich an Überlegungen Hegels zum Übergang an. Nach Hegel ist, grob gesagt, der Übergang die äußerliche Weise der Vermittlung zweier Bestimmungen, die nicht als logische Entwicklung begriffen ist. Der Übergang in diesem systematischen Sinne findet zwischen zwei sonst voneinander unabhängigen Gegebenheiten statt."[195]

Koßler weist darauf hin, dass Schopenhauer den Willen als Ding an sich als metaphysische Instanz nicht als Tranzendentes oder Göttliches verstanden hat, sondern als weltimmanente Erklärung der Erscheinung – und von diesem Punkt aus müsse der Übergang gemacht werden.[196] Diese Abhängigkeit der Bestimmung des Dinges an sich von der Erscheinung wird aus dem folgenden Zitat Schopenhauers klar. Die Metaphysik sei

> „immanent und wird nicht transcendent. Denn sie reißt sich von der Erfahrung nie ganz los, sondern bleibt die bloße Deutung und Auslegung derselben, da sie vom Dinge an sich nie anders, als in seiner Beziehung zur Erscheinung redet."[197]

Erscheinung und Wille als Ding an sich müssen folglich als *ein* „Gedanke" gefasst werden. Die Notwendigkeit der weltimmanenten Erfassung des strukturellen Aufbaus von Schopenhauers Philosophie wird Matthias Koßler zufolge deutlich

---

194 Koßler kommentiert: „Dabei kann der Übergang einmal *systematisch* als Übergang von der Empirie zur spekulativen Metaphysik (vom empirisch festgestellten Mitleid zu seiner metaphysischen Bedeutung), andererseits aber auch gerade umgekehrt *philosophiehistorisch* als Übergang vom spekulativen Denken des Deutschen Idealismus zur empirisch-naturwissenschaftlichen Weltsicht ‚gelesen' werden." Matthias Koßler: *Schopenhauer als Philosoph des Übergangs*, S. 366. An dieser Stelle verweist Matthias Koßler auf Seite 30 bei Walter Schulz hin: *Philosophie des Übergangs*, in: Wolfgang Schirmacher (Hg.), Zeit der Ernte, Stuttgart–Bad Cannstatt 1982, S. 30-40; wie auch auf Margit Ruffings Dissertation: *Wille zur Erkenntnis – Die Selbsterkenntnis des Willens und die Idee des Menschen in der ästhetischen Theorie Arthur Schopenhauers*, veröffentlicht online: http://archimed.uni-mainz.de/pub/2002/0060/.

195 Koßler: *Schopenhauer als Philosoph des Übergangs*, S. 366. Diese Definition ist jedoch mit folgender Einschränkung versehen: „Die Frage, ob die Form des Übergangs bei Schopenhauer in die des Begriffs übergeführt werden kann, wie es Hegel im Fortgang von der Seinslogik zur Begriffslogik vorträgt, bleibt in den folgenden Ausführungen ausgespart." Ebd., S. 366.

196 Vgl. Koßler: *Schopenhauer als Philosoph des Übergangs*, S. 377.

197 WII, S. 214.

an dem von Kant abzugrenzenden Begriff des Dinges an sich, der von Koßler wie folgt aufgefasst wird:

> „Der Begriff des Dinges an sich ist trotz der Berufung auf Kant bei Schopenhauer ein anderer, der Wille als Ding an sich ist, das Erscheinende in jeder Erscheinung, der Kern jedes Wesens'; er kann ,nie von der Erscheinung ganz losgerissen und, als ein ens extramundanum, für sich betrachtet werden', und deshalb bleibt die Metaphysik Schopenhauers, auch wenn sie das Ding an sich als Wille bestimmt, ,immanent und wird nicht transcendent'."[198]

John Atwell, wie Koßler an selbiger Seite bemerkt, interpretiert die Metaphysik des Willens ebenfalls als weltimmanent begründet und sich in der Erscheinungswelt gründend.[199] Koßler gibt auf die Erscheinungsimmanenz bezogen in der Folge seine quintessentielle Aussage zu diesem Problem kund: „Diese Beziehung [des Dinges an sich] zur Erscheinung, die die Reflexion leisten soll, stellt das zentrale Problem der Metaphysik Schopenhauers dar."[200] Dieser Übergang in dem Verhältnis des Dinges an sich und der Erscheinung ist also das zentrale Übergangsmoment für Koßler.

Koßler befasst sich organisch und der Chronologie Schopenhauers eigener Gedanken zum Willen als metaphysisches Prinzip nach in erster Linie mit dem von Schopenhauer postulierten Verhältnis zwischen dem Willen im Menschen als Intelligibilität (später Ding an sich) und seiner Beziehung zur Erscheinung. Es handelt sich hierbei um die Frage nach dem Gesetz der Motivation und dabei wiederum um das Verhältnis zwischen der "Willensfreiheit" und der Naturkausalität. Es ist die Reflexion, die die „naturgesetzliche Determination und Willensfreiheit beim menschlichen Handeln verbindet […] nämlich, dass der Wille die Kausalität von innen gesehen ist, und zwar in allen Erscheinungen."[201] In Folge der Verein-

---

198   Koßler: *Empirische Ethik*, S. 432. Die Schopenhauer Zitate: GBr, Nr. 279, WII, S. 203, WII, S. 214.

199   Vgl. John Atwell: *Schopenhauer on the Character of the World – The Metaphysics of Will*, Berkeley and L.A. 1995, S. 74 und S. 113f. Koßler gibt in diesem Kontext auch den Hinweis auf: Alfred Schmidt: *Die Wahrheit im Gewande der Lüge. Schopenhauers Religionsphilosophie*, München und Zürich 1986, S.103.

200   Koßler: *Empirische Ethik*, S. 432. Siehe hierzu auch Koßler: *Substantielles Wissen*, S. 112f, jene Stelle an der Koßler den zentralen Punkt des Übergangs an der „unmittelbaren Erkenntnis des Selbstbewusstseins zur durch Analogie vermittelten Erkenntnis vom Ding an sich, als dem Zugrundeliegenden aller Erscheinungen" festmacht. Bei Schopenhauer heisst es: „Die zwei urverschiedenen Quellen unserer Erkenntnis, die äußere und die innere, müssen an diesem Punkte [des Selbsbewußtseins] durch Reflexion in Verbindung gesetzt werden." N, S. 91.

201   Koßler: *Schopenhauer als Philosoph des Übergangs*, S. 372.

heitlichung der zwei Elemente der Willensfreiheit und Naturkausalität entsteht Koßler zufolge die Sichtweise der Willensmetaphysik: „Die durch die Reflexion neu gewonnene Sichtweise, die Willensmetaphysik, wird dann von Schopenhauer wieder zu dem Punkt getrieben, an dem ihr Unerklärliches entgegentritt, nämlich die Phänomene der Ästhetik, der Moralität und der Askese."[202] Schopenhauer sagt genau in dem von Koßler genannten Sinne zum Reflexionsbegriff:

> „Nicht allein in denjenigen Erscheinungen, welche seiner eigenen ganz ähnlich sind, in Menschen und Thieren, wird er als ihr innerstes Wesen jenen nämlichen Willen anerkennen; sondern die fortgesetzte Reflexion wird ihn dahin leiten, auch die Kraft, welche in der Pflanze treibt und vegetirt, ja, die Kraft durch welche der Krystall anschießt […] als das Selbe zu erkennen, als jenes ihm unmittelbar so intim und besser als alles Andere Bekannte, was da, wo es am deutlichsten hervortritt, Wille heißt. Diese Anwendung der Reflexion ist es allein, welche uns nicht mehr bei der Erscheinung stehen bleiben läßt, sondern hinüberführt zum Ding an sich."[203]

Das Problem der Metaphysik des Willens, d. h. des Einbezugs eines unbekannten „X",[204] das für die Handlung des Menschen, sowie der Naturkräfte, verantwortlich ist, besteht in der Konstellation eines Dinges an sich und eines naturalistischen Prinzips der Erscheinung, die in der ‚Motivationslehre' ihre „gedachte" Einheit hat. Koßler erklärt nun zu diesem Übergangsmoment:

> „Das Metaphysische ist für Schopenhauer nichts als die Einheit des Gedankens, die im Übergang von der empirischen Vorstellung zum Willen und dessen Verneinung dargestellt wird. Diese Einheit, die am kürzesten in der Formel: ‚die Motivation ist die Kausalität von Innen gesehen' ausgedrückt ist".[205]

Koßler sieht also den Punkt der Vereinheitlichung der schopenhauerschen Lehre in dem Verhältnis von Metaphysik (Wille als Ding an sich) und Erscheinung, das sich in erster Instanz durch das Verständnis von innerer und äußerer Kausalität ausdrückt. Koßler bezieht sich dabei auf Schopenhauers Dissertationsschrift von 1813, in der Schopenhauer das Gesetz der Motivation mit dem Gesetz der Kausalität parallelisiert und auf ein Intelligibles, d. h. ein nicht der Erscheinung zugehöriges, beim Satz vom zureichenden Grunde des Handelns zurückschließt. Die Motivation sei, so Schopenhauer, im Gegensatz zur immer nur äußerlich erkannten Kausalität, als eine innere Kausalität des Willens ‚erfassbar'. Bei der Motivation würde die ‚Ursache'

---

202 Koßler: *Schopenhauer als Philosoph des Übergangs*, S. 372.

203 WI, S. 131.

204 N, S. 25; S. 92.

205 Matthias Koßler: *Schopenhauer als Philosoph des Übergangs*, S. 377.

(als grundlose), die sonst immer äußerlich materiell bleibe, im Selbstbewusstsein als innerliche erkannt werden können, sofern wir diese als Wille selbst sind. Schopenhauer erklärt diesen Ort als den des eigentlichen Schlüssels, wie an mehreren Stellen bereits erwähnt, zum Willen als Ding an sich oder zur Erkenntnis des innersten Wesens der gesamten Natur.[206] Die „Kausalität von innen betrachtet"[207] wird von Koßler also als Vereinheitlichungspunkt des Inneren und Äußeren, des Ansichseins und der Erscheinung betrachtet. (Es sollte allerdings dabei bemerkt werden, dass der intelligible Charakter des Menschen keinen weiteren Aufschluss über den inneren Charakter der Erscheinung der Natur geben kann, wie z. B. das Fallen eines Steines gemäß der Schwerkraft, sofern dieser etwas im Menschen Festgestelltes ist.[208])

Die Kausalität, die auf eine unerklärliche Ursache im Selbstbewusstsein stoße und dort betrachtet werden könne, wird durch Koßlers Interpretation des „Unerklärlichen" als die Möglichkeit des Nichtseins der Handlung inhaltlich untersucht. Der Übergang zwischen dem Unerklärlichen im Selbstbewusstsein und der inneren Kraft der Dinge soll durch diese Ausführung zum Unerklärlichen, die Koßler auf der Möglichkeit des Nichtseins der Handlung gründet, geleistet werden. Koßler schreibt: „Die Metaphysik fügt der empirischen Sicht, der Physik, nur eine Negation hinzu, nämlich die Möglichkeit des Nichtseins."[209] Bei diesem Bezug auf das Nichtsein, zitiert Koßler Schopenhauer in der Fußnote: „In der That ist die Unruhe, welche die nie ablaufende Uhr der Metaphysik in Bewegung erhält, das Bewußtseyn, daß das Nichtseyn dieser Welt eben so möglich sei, wie ihr Daseyn."[210] Koßler fährt fort:

> „Weil die Kraft, die der Kausalität der empirischen Erscheinungen als das in ihr Wirkende immer vorausgesetzt ist, auch nicht sein kann, ist sie in den empirischen Erklärungen etwas prinzipiell Unerklärliches, das nach einer Deutung aus einem anderen Blickwinkel heraus, nämlich aus dem Selbstbewusstsein verlangt."[211]

Koßler behauptet in diesem Zitat die Möglichkeit des Nichtseins der empirischen Erscheinung, die im Zusammenhang des Wirkenden in der äußeren Erscheinung allerdings nicht weiter erklärt wird. Koßler geht weiter auf die Möglichkeit des Nichtseins ein, jedoch entscheidenderweise nicht in der Erscheinung, sondern

---

206 Vgl. WI, S. 130; 149f.
207 Koßler: *Schopenhauer als Philosoph des Übergangs*, S. 372.
208 Es sei denn man redet in Metaphern, die nur der logischen Form nach konsistent sind. Auch Koßler erklärt diesen Unterschied zwischen der Moralität und dem Grundprinzip der Natur. Koßler: *Empirische Ethik*, S. 279.
209 Koßler: *Schopenhauer als Philosoph des Übergangs*, S. 377.
210 WII, S. 189.
211 Koßler: *Schopenhauer als Philosoph des Übergangs*, S. 377.

im Selbstbewusstsein. Im Selbstbewusstsein würde, so Koßler, an der Handlung erkannt, dass sie auch nicht hätte sein können: „Im Gefühl der Verantwortlichkeit, das im Selbstbewußtsein enthalten ist und das für Schopenhauer eine Selbstverständlichkeit ist, wird bewusst, dass eine Handlung des Subjekts auch nicht hätte stattfinden können."[212] Diese Realisation im Selbstbewusstsein widerspricht Koßler zufolge nicht der Determination der Handlung durch Kausalität, da es nur um die Möglichkeit des Nichtseins der Handlung ginge. Diese Möglichkeit des Nichtseins einer Handlung, obwohl die Handlung gleichzeitig kausal notwendig ist, sei das Metaphysische, das Schopenhauer für alle anderen Kausalzusammenhänge als Innerlichkeit derselben gültig mache:

> „Aber sobald die Möglichkeit des Nichtseins in den Blick kommt, ist die Kausalität nicht mehr etwas, das sich von selbst versteht, sondern was einen unerklärlichen inneren Grund hat. Und nur wenn für das menschliche Handeln die Kausalität in der *gleichen* Weise Gültigkeit hat wie für alle anderen empirischen Vorgänge, kann auch für diese Vorgänge das Unerklärliche festgestellt und zum Gegenstand einer Metaphysik gemacht werden, die dann von Schopenhauer unter Rückgriff auf den Willen entwickelt wird."[213]

Koßler sieht also in der Verbindung der inneren Kausalität, die *als Kausalität* mit der äußeren Kausalität gleichsetzbar ist bzw. ihre ‚Innenseite' ausmacht, mit der Erkenntnis einer Möglichkeit des Nichtseins der Handlung, die auf das Unerklärliche als ‚Grund' der Handlung hindeute, eine mögliche Lösung für das Verhältnis von Ding an sich und Erscheinung begründet. Doch 1) worauf gründet die Erkenntnis der Möglichkeit des Nichtseins der eingetretenen Handlung im Selbstbewusstsein? Und 2) lässt sich die Möglichkeit des Nichtseins und die letztlich darauf begründete Unerklärlichkeit mit der die innere Kausalität zur Handlung führt auf die äußere Kausalität übertragen? Nur so wäre die Identifikation des als innerer Kausalität Erkannten mit einer Innerlichkeit der äußeren Kausalität in dieser Konstellation gerechtfertigt und damit eine Konstellation gegeben, in der das Verhältnis von Erscheinung und Wille als Ding an sich aufgelöst ist.

Die Behauptung des Bewusstseins davon, dass eine Möglichkeit des Nichtseins der Handlung im Menschen gegeben ist, ist von tragender Bedeutung, weil dies das einzige Moment in der Argumentation ausmacht, das eine Innerlichkeit behauptet, die grundsätzlich von der Determination äußerer Kausalität verschieden ist. Die Charaktertendenzen oder Naturanlagen mögen auch eine Rolle für die *spezifische* Motivation des Individuums spielen und somit für die ‚Erkenntnis' derselben im

---

212 Koßler: *Schopenhauer als Philosoph des Übergangs*, S. 377.
213 Koßler: *Schopenhauer als Philosoph des Übergangs*, S. 378.

Selbstbewusstsein, sind aber beim Menschen für die Bestimmung der Motivation sowieso nicht hinreichend, d.h. für das, was die Handlung ausmacht, und können nur an der Erscheinung erkannt werden.[214] Nur indem behauptet wird, dass die Motivation keine rein äußerliche Kausalität ist, könnte überhaupt eine Innerlichkeit, hier ein Wille, nach diesem Schema behauptet werden. Die Unerklärlichkeit, die das Metaphysische begründe, sei durch diesen Willen gegeben, so Koßler, weil trotz der Kausalität mit der die Handlung eintritt, ein ‚Bewusstsein‘ davon gegeben ist, dass die Handlung nicht hätte eintreten müssen. Worauf die tatsächliche Handlung beruht, sei damit unerklärlich, weil es also ein Element gibt, das der äußeren Kausalität nach nicht erklärlich ist. Die Erkenntnis der Möglichkeit des Nichtseins der Handlung im Selbstbewusstsein ergibt sich jedoch nur durch die tatsächliche Möglichkeit durch Erkenntnis nicht zu handeln, denn würde die Handlung nicht aufgrund der Erkenntnis sondern aufgrund eines vorbestimmten „Willens" zustandekommen, könnte man nie ein Bewusstsein von der Möglichkeit des Nichtseins der Handlung haben, weil es diese Möglichkeit nicht gäbe. Dieses Moment, das den Willen Koßler zufolge als metaphysisches Ding an sich in Zusammenhang der Erscheinung erklären sollte, ist folglich keine Erklärung desselben, da die Möglichkeit des Nichtseins der Handlung und das Bewusstsein dieser Möglichkeit nicht unerklärlich ist, sondern in einem spezifischen Element des menschlichen Bewusstseins wurzelt. Diese Unerklärlichkeit sollte es auch möglich machen, den Willen als Metaphysisches auf alle Kausalitätsverhältnisse zu übertragen. Wenn die Möglichkeit des Nichtseins der Handlung rein menschlich ist, so gilt diese „Innerlichkeit" auch nur für den Menschen und alle anderen Kausalverhältnisse bleiben äußerlich. In der äußeren Kausalität ist die Möglichkeit des Nichteintretens der Wirkung nicht gegeben.

Koßler geht dem Übergang zwischen Erscheinung und Metaphysik oder Ding an sich in seiner Interpretation der Schopenhauerschen Charakterlehre weiter nach. Koßler betont, dass die Charakterlehre Schopenhauers Ausdruck einer früher entstanden Idee sei, nämlich der Idee einer Interaktion zwischen einem unendlichen Wesen (dem Willen als Ding an sich) und dem endlichen Willen im einzelnen Leben:

> "Even before Schopenhauer had become acquainted with the Kantian distinction between the empirical and intelligible character, he had put forward a fundamental idea of learning through life as an interactive relationship between infinite essence

---

214 Die Charaktertendenzen, die in ihrer Qualität als Naturbestimmungen gegeben sind, bleiben ohne das Moment der Erkenntnis rein äußerlich kausal, weil das Motiv der Vorstellung notwendig die Handlung gemäß der individuellen Beschaffenheit des Lebewesens bestimmt – und somit ist auch die Charaktertendenz nicht metaphysisch. Im Menschen sind die Charaktertendenzen auch nie ohne Erkenntnis gegeben. Nur durch das Moment der Erkenntnis kann die Innerlichkeit behauptet werden.

and the finite phenomenon of will, ideas which were later linked to the Kantian distinction."[215]

Das Verhältnis zwischen einem unendlichen Wesen, d. h. in der Folge dem Willen als Ding an sich, und dem endlichen Willen im einzelnen Wesen wird parallelisiert mit dem empirischen Charakter, der sich in der Handlung zeigt und der auf einen intelligiblen Charakter zurückweist, der hier mit dem unendlichen Wesen identifiziert wird. In Bezug auf das Verhältnis zwischen Handlung und Wille schreibt Koßler dementsprechend, dass die Handlung in der Erscheinung auf einen Willen zurückspiegle: „The change from a causal relationship between will and action to a relationship which can only be expressed metaphorically by ‚visibility' and ‚mirroring' can be termed as a ‚Copernican revolution' in moral philosophy."[216] Koßler versucht dieses Verhältnis zwischen Wille und Erscheinung am menschlichen Leben und der Aufweisung, bzw. dem Kennenlernen, des eigenen Willens an den eigenen Handlungen nachzuvollziehen. Koßler zufolge weist die Handlung auf etwas Innerliches hin, das selbst nicht vollkommen erkannt werden kann, am nahekommensten aber der eigene Wille sei. Er schreibt:

"The internal experience of the act of will within time thus merely points to something which is interpreted as that which makes its appearance by way of the act of will. The being in itself thus indicated remains inaccessible to any kind of immediate understanding owing to presentational thinking. Therefore when Schopenhauer is precise, he does not directly identify the thing in itself with will but actually with 'what in ourselves we call will'."[217]

Nach Koßler wird die Willensmetaphysik letztlich also durch eine Deutung des Lebens gekennzeichnet: die Erfahrung mache erst sichtbar, was das Nicht-Erfahrungshafte der Erfahrung sei, d. h. das Leben weist auf etwas hin, worauf die Erfahrung deutet, das aber der Erfahrung als Prädikat dieser Bestimmung nicht angehört.[218] Koßler spricht in dieser Hinsicht von einer „spekulativen Ethik", die

---

215 Matthias Koßler: *Life is but a Mirror: On the Connection between Ethics, Metaphysics and Charachter in Schopenhauer.* In: European Journal of Philosophy 16/2 2008, S. 230-250, S. 235.

216 Ebd. S. 235.

217 Koßler: *Life is but a Mirror*, S. 237. Koßlers Fußnote zum angegebenen Zitat lautet: „For example W I 125/WWR I 105, in connection with the so-called ‚statement of analogy'. The term ‚will', as that which is realised ‚indirectly' by the act of will, is ‚only a denominatio a potiori' (W I 132/WWR I 111)".

218 Koßler schreibt: „The experience of life points to something that does not belong to experience, but that is made visible by it". Matthias Koßler: *Life is but a Mirror: On the*

sich im Gegensatz zu einer „wissenschaftlichen Ethik" als eine *Spiegelung*[219] des Wesens der Welt ausdrückt, d. h. durch eine Deutung aus dem Leben wird auf den Kern des Lebens als Wille – und somit auf das Ding an sich – hingewiesen. Diese Deutung selbst sei jedoch nur metaphorisch zu äußern und könne durch Begriffe nur ansatzweise wiedergegeben werden. Koßler zufolge weise das eigene Leben und die eigenen Handlungen auf etwas Bestimmtes hin, das als Wille die Person schon ist, aber das erst durch das Leben und die Handlungen kennengelernt wird.[220] Man wisse also nichts von der „Ursache" der Handlung vor der Handlung, sondern lerne diese „Ursache" durch die Handlung selbst kennen, wie Schopenhauer selbst in Beziehung zur Tat sagt, sofern sie erst den Entschluss abstempelt.[221] In diesem Sinne ließe sich sagen, dass die Handlung der Ausdruck eines inneren Etwas ist, das sich nicht als solches erkennen lässt, weil es eben nicht die Handlung selbst ist und vor der Handlung nicht vorhergesagt werden kann.[222] In diesem Kontext zitiert Koßler auch Schopenhauers Fazit zum Inhalt dieses außerzeitlichen Charakters: „Life is the intelligible character's becoming visible; in life this [character] does not change, but it does outside life and outside time in consequence of the self-knowledge that is given through life".[223]

Connection between Ethics, Metaphysics and Charachter in Schopenhauer. In: European Journal of Philosophy 16/2 2008, S. 230-250, S. 235.

219 Schopenhauer verwendet die Metapher des Spiegels sehr häufig. Vgl. Z. B. WI, S. 196; S. 323f.

220 Die Auffassung der Vorbestimmtheit eines Teilaspekts des individuellen Charakters (in der Bestimmung dessen, was man von Natur aus ist), d. h. als eine *Instanzbestimmung* des menschlichen Wesens gemäß dem Leib, wird von Schopenhauer durch die Erfahrung erschlossen – und diesem ist, sofern durch Erfahrung erschlossen, nicht zu entgegnen – sowie der Körper bereits eine Faktizität ist, die man durch Erkenntnis erkennt. Die Deutung des ethischen Charakters ist jedoch nicht nach Art der Beobachtung möglich, denn der Charakter des Menschen und die Art der Auffassung desselben ist intellektuell bedingt, so wie auch Schopenhauer gezwungen ist den Intellekt als Bestandteil der menschlichen Motivation zu berücksichtigen, aber diesen Bestandteil dem Wesen des Willens nicht zuschreibt.

221 WI, S. 120.

222 Das Wesen des Charakters liegt wird nicht durch die Handlung als solche erkannt: „Life is nothing but a mirror of the essence outside of time; which outside of this mirror can only be defined as a negation." Koßler: *Life is but a Mirror,* S. 235.

223 Koßler zitiert zu diesem Schema (*Life is but a Mirror,* S. 236) aus dem handschriftlichen Nachlass Schopenhauers: „Das Leben ist das Sichtbarwerden des intelligiblen Karakters: im Leben ändert sich dieser nicht, sondern außer dem Leben, und außer der Zeit, in Folge der durch das Leben gegebenen Selbsterkenntniß." HN I, 91.

Es wird jedoch auf diesen Kern durch die Manifestation desselben zurückgeschlossen und somit ist dieses etwas, worauf man schließt auch erst das, was es ist, durch den Rückschluss. Koßler schreibt: „Schopenhauer's will is not the cause of actions, in fact character as the visibility of will is a result of action."[224] Lässt sich durch diese Interpretation des Verhältnisses zwischen der eigenen Handlung und der Erkenntnis des eigenen Willens der für eine Legitimität von Schopenhauers Lehre notwendige Übergang zwischen dem metaphysischen Willen als Ding an sich und der Erscheinung schließen?

Das Moment der Innerlichkeit, das Koßler zufolge an der Handlung erkannt wird, kann nicht als etwas gedacht werden, das in sich, unabhängig der Erkenntnis der Handlung, schon bestimmt ist. Die Handlung bleibt das einzige, das auf einen „Willen" als ihre Ursache schließen lässt. Wenn die Handlung die Ursache der Handlung erst erkennen lässt, aber damit zugleich festlegt, was diese Ursache war, so wird das der Handlung Zugrundeliegende, der intelligible Charakter, durch die Handlung mitbestimmt. Dieser Charakter ist dann a) ein Charakter der nicht mehr als ein vorbestimmter behauptet werden kann, da er durch die Erfahrung bedingt ist. Das, was man durch die Erfahrung erkennt, gehört auch der Erfahrung an und kann nicht ohne die Erscheinung und ohne die Vorstellung gedacht werden, d. h. als eine Vorbestimmung behauptet werden. Dieses Paradox ist Schopenhauer bereits inhärent und ist nicht durch Koßlers Interpretation zustande gekommen. Schopenhauer selbst behauptet, dass sich der außerzeitliche intelligible Charakter, der durch sich selbst bestimmt sei, sich durch das Leben ändere, wie oben zitiert. Dieser Charakter und Wille ist dann b) nicht mehr der nicht-intellektuelle Wille Schopenhauers, weil das, was wir an unseren Handlungen erkennen auch durch Intellekt bedingt ist und von unseren Handlungen aus daher kein „unintellektueller Wille" ausgemacht werden kann. Die Behauptung, dass der Intellekt an dem, was zum Entschluss führt nicht beteiligt sei, versuchte Schopenhauer mit einer Identifikation des Willens mit der inneren Regung zu stützen. Wenn das, was der individuelle Wille ist, aber nur durch die Handlung und nicht mehr durch die Regung, ‚widergespiegelt' wird, dann muss der Wille auch mit intellektueller Erkenntnis, durch die wir uns der Handlung bewusst sind, identifiziert werden. Dieser individuelle Wille war aber auch in dieser Konzeption das einzige, das auf den Willen als Ding an sich hinwies. Für eine Erklärung der Verbindung von Wille als Ding an sich und Erscheinung fällt dieser Moment also ebenfalls weg.

Auch in Koßlers Interpretation bleibt also Schopenhauers Problem bestehen, dass die Handlung nur durch die Vorstellung erkannt werden kann, die Vorstellung also das einzige ist, das den Willen näher bestimmen kann und daher gar keine

---

224 Koßler: *Life is but a Mirror*, S. 235.

prinzipielle Unabhängigkeit des Willens als Ding an sich von der Handlung und damit der Vorstellung behauptet werden kann.

2.5 Moira Nicholls zu Julian Young: Der Wille ist Ding an sich versus der Wille ist nicht Ding an sich

Die Frage, ob der Wille das Ding an sich sei, wird in einer Diskussion von Moira Nicholls zu Julian Youngs Verständnis des Willens thematisiert.[225] Bei dieser Diskussion wird auch auf andere Interpreten zurückverwiesen, die sich mit diesem Verhältnis des Willens zum Ding an sich in der englischsprachigen Forschung explizit auseinandergesetzt haben.[226] Der Kern der Aussagen Nicholls' ist in den Schlussfolgerungen des fünften Kapitels enthalten.[227] Nicholls schreibt dort zu Anfang:

> "Both the traditional view, which posits that the will is the thing in itself, and Young's view, which posits that the will is not the thing in itself, can claim support from different aspects of Schopenhauer's thought."[228]

Sie sieht die Nichtübereinstimmung dieser zwei Positionen, wie sie in der Forschung angesprochen werden, im schopenhauerschen System selbst enthalten. Sie spricht im folgenden Zitat an, dass Schopenhauer an einigen Stellen das Ding an sich *in Beziehung zur Erscheinung und Erscheinungsverhältnissen* anstatt als reine Negationsbestimmung der Erscheinung anspricht:

> "On at least three occasions in WR2 Schopenhauer speaks of the thing in itself being manifested under the lightest of veils, the veil of time, when we have knowledge of it in introspection. But if such an intuition really does give knowledge of the thing

---

225 Moira Nicholls: *Schopenhauer, Young, and the Will*, SJb 72, 1991, S. 143-157. Erst später kamen die Studien von Atwell und Janaway ins Forschungsfeld, die in den nächsten zwei Abschnitten behandelt werden.

226 In Moira Nicholls Aufsatz: *Schopenhauer, Young, and the Will*, S. 156, werden in Fussnote 4 hierzu folgende Texthinweise genannt: Patrick Gardiner: *Schopenhauer*, Harmondsworth 1963, S. 172; D.W. Hamlyn: *Schopenhauer: The Arguments of the Philosopher*, London 1980, S. 92-94, Frederick Copleston: *Arthur Schopenhauer, Philosopher of Pessimism*, London 1946, S. 65-66.

227 Nicholls: *Schopenhauer, Young, and the Will*, S. 152ff.

228 Ebd., S. 152.

in itself, then Schopenhauer can no longer assert, as did Kant, that the thing in itself lies beyond all phenomenal forms."[229]

Wenn also das Ding an sich mittels der Form der Zeit und daher unter dem Satz vom zureichenden Grunde ‚erscheinen' kann, so ist es folgerichtig auch nicht unabhängig der Erscheinungswelt und müsste doch mittels der Erkenntnis innerlich im Subjekt erfassbar sein. Wenn man an seine Dissertation zurückdenkt, ist Schopenhauer genötigt, diesen Versuch, das Ding an sich zu erkennen, scheitern zu lassen, denn wäre es begreifbar, in dem Fall als Wille selbst, so wäre der Wille nicht mehr grundlos, bzw. der Wille als Ding an sich wäre kein an sich Seiendes, da es mittels der Vorstellung, d. h. in einem Subjekt-Objekt Verhältnis, erkannt werden könnte.

Nicholls erklärt nun aus der Perspektive des Dinges an sich wiederum: „He [Schopenhauer] claims that the thing in itself is both will and the domain of mystical awareness. Therefore, it cannot be will ‚absolutely'."[230] Nicholls erläutert demzufolge zum Thema des Dinges an sich ‚jenseits' der Welt des Willens und der Vorstellung:

"One might interpret these passages as referring to a reality beyond both the world as will and the world as representation. However, this seems implausible since, in the Kantian terminology which Schopenhauer adopted, the thing in itself refers to all the reality there is."[231]

Dieser Satz spricht in seinem inneren Sinn *expressis verbis* die Notwendigkeit des reziproken Verhältnisses des Dinges an sich und der Erscheinung aus. Ein Thema, das bereits die in diesem Buch vorliegende Auseinandersetzung mit der Sekundärliteratur durchzieht. Nicholls schreibt auch in der Konsequenz: „Schopenhauer's doctrine that the will is the thing in itself cannot be made consistent with the metaphysical implications of his doctrines on mysticism and salvation."[232]

Nicholls schließt an ihre bisherigen Gedanken an und schreibt weiter:

"Further evidence for this assessment [auch dass er sich zu sehr an Kants Begrifflichkeit des Ding an sich orientierte] is found in Schopenhauer's epistemology. Although he speaks of the 'entirely different path' that allows him to justify his claim to know that the thing in itself is will, there is evidence both in WR 1[233] and more so in WR

---

229 Ebd., S. 153.
230 Ebd., S. 153.
231 Ebd., S. 153f.
232 Ebd., S. 154.
233 Ebd., S. 154. Fußnote von Nicholls: „WR I [WI] p. 110, 113, 278 (footnote 5)."

2,[234] that he is aware of the inadequacy of this justification, given his endorsement of Kantian transcendental idealism."[235]

Nicholls sieht demzufolge eine absolute Inkonsistenz in Schopenhauers Darstellung bezüglich des Willens als Ding an sich, die nicht aufgehoben werden kann. Diese Inkonsistenz drücke sich durch die Zusammenkunft des transzendentalidealistischen Gehalts von Schopenhauers Erkenntnistheorie mit der Idee eines Willens als Ding an sich *unabhängig* von dem Satz vom zureichenden Grunde aus.[236] Nicholls erkennt dennoch Schopenhauers Lösungsversuch für diese Inkonsistenz an, der darin besteht, dass der Wille als das Ding an sich erkenntnistheoretisch im Selbstbewusstsein durch die Korrelation der beiden Momente von Schopenhauer als Erkenntnis ausgesprochen wird. Wie diese Korrelation gemäß der Behauptung Schopenhauers genauer zu denken ist, erklärt Nicholls jedoch nicht und endet in diesem Kontext mit einer Kritik an Julian Young:

"Young's argument from Schopenhauer's idealism fails because it does not take account of a key feature of the latter's epistemology, namely, that awareness of the will as thing in itself is a direct intuition in self-consciousness."[237]

2.6 John Atwell: Der menschliche Charakter und die Metaphysik des Willens

John Atwell fokussiert seine Untersuchungen zum Schopenhauerschen Willen auf das willentliche Subjekt im Selbstbewusstsein und der damit einhergehenden Charakterlehre Schopenhauers. Atwell leitet seine Untersuchung zum menschlichen Charakter bei Schopenhauer mit einer Frage zum Unterschied zwischen (a) praktischer Kausalität und (b) praktischem Reduktionismus ein. Das Handeln wird nach diesem Modell aus zwei verschiedenen Perspektiven aus beurteilt: einmal aus der Perspektive des Handelnden, „the doer" (a), ein anderes Mal aus der Perspektive der

---

234 Ebd., S. 154. Fußnote von Nicholls: „WR 2 [WII] p. 185, pp. 194-198, p. 275, 288, 612, 640, 642."

235 Ebd., S. 154.

236 Nicholls kommentiert: „More speculatively, I suggest that his faith in the explanatory power of the dictum ‚the will is the thing in itself', dissuaded him from ever explicitly abandoning the idea, despite its incompatibility with his doctrines on mysticism and salvation, to which he seemed increasingly committed in his later years." Ebd., S. 155.

237 Ebd., S. 155.

Tat, „the deed" (b).[238] Im Falle der „Deed" (*Tat*) erfolgt die Beurteilung der Handlung nur vonseiten der *Handlungen* des Subjekts. Das Subjekt ist nur diese *Handlung*. Im Falle des „Doer" ist das *Subjekt* der *Täter* und daher *verantwortlich* für sein Handeln. Hierbei stellt Atwell Schopenhauers Theorie mit Recht als Zusammenkunft beider Perspektiven dar. Das Subjekt sei in sich als Täter frei und verantwortlich, im Handeln aber der Kausalität des Objekts als Motiv nach bestimmt und empirisch danach beurteilbar, da die Tat als ein äußeres Kausalverhältnis erfasst werde. Die Frage sei Atwell zufolge nur, inwieweit auch die *Tat-sache* der Freiheit *empirisch* postuliert werden könne.[239] Diese Problematik wird dabei mit Recht belassen. Im folgenden Zitat wird offensichtlich, dass auch Atwell diesen Zusammenhang der beiden Perspektiven in der Leibtheorie als Schlüssel zum Verständnis des Willens im Zusammenhang der Erkenntnistheorie verankert sieht. Der „Sinn" der Vorstellungswelt erschließe sich erst über den Leib:

"It is only because one is body that access to the 'meaning' of the world as perceptual representation can be gained. On this very note, Schopenhauer commences the most important section of the World as Will and Representation, section 18 of Book 2."[240]

Das Wissen um die gesamte Natur werde dadurch ermöglicht, dass die Facette der menschlichen Natur – Körper und Wille zu sein – in der Natur durchgängig gegeben sei.[241] Das Wesen dieses Willens, wenn es auf die Natur übertragen werden soll, muss nach Atwell allerdings überall und durchgängig gleich sein:

"the will that I allegedly know my own body as, must be the same sort of will that is subsequently attributed to outer bodies: will in me cannot be of, say, kind A and will in outer bodies of kind B – not at least if the argument is to conform to strict rigor."[242]

---

238 John Atwell: *Schopenhauer: The Human Character*, Philadelphia 1990, S. 19.

239 Ebd. S. 19. Siehe auch Koßler: *Empirische Ethik*, S. 434.

240 John Atwell: *Schopenhauer on the Character of the World – The Metaphysics of Will*, Berkeley and L.A. 1995, S. 81. Zur Übersetzung von „Vorstellung" als „Presentation" im Englischen siehe die Einleitung zu „The World as Will and Presentation", übers. von Aquila/Carus, New York 2007.

241 An dieser Stelle spricht Atwell auch die Idee eines fälschlichen Dualismus an, zumindest der menschlichen Natur. Atwell erklärt: „The chief point here is that the knowing subject is not a mind wholly separated from body, as Descartes seems to have held, but (let us say for the moment) an embodied mind; this amounts to a flat rejection of mind-body dualism." Atwell: *Metaphysics of Will*, S. 82.

242 Ebd., S. 83.

Es wäre Atwell zufolge ungereimt den Willen auf die Naturerscheinung zu übertragen, wenn die Motivation zu handeln beim Menschen und z. B. der Reiz im Pflanzenreich andere Formen annehmen würde.

Um dieses Wesen als Wille zu bestimmen, so Atwell, bedarf es des Menschen und es gehe dabei darum die äußere Leibesaktion als Zeichen des Willensentschlusses zu fassen, einen Willensentschluss, worauf der Mensch bei der Leibesaktion zu achten habe. So erkenne der Mensch sich in seinem Willensentschluss zu dieser oder jener Handlungsart – z. B. anderen Menschen zu helfen oder nicht, gutmütig zu sein oder nicht usw. – geneigt. Die positiven und negativen Neigungsarten des Willens geben sich aber nicht an der eigentlichen Äußerung *am Leib* kund. Atwell gibt sich daher mit dem Analogieschluss Schopenhauers nicht zufrieden und hinterfragt die Inhaltlichkeit der verallgemeinerten Naturprämisse als Wille:

"It may be said that the knowing subject has a twofold knowledge of the body, vaguely put as knowledge of it both as representation (like every outer object) and as will (unlike any outer object). And from that, Schopenhauer claims, it is perfectly reasonable to transfer this knowledge to other bodies, that is, outer objects, and thereby to hold that they are not only representations but also will. I shall argue that his line of thought should not persuade the reader".[243]

Letzteres sagt Atwell mit Recht: Denn unter anderem wieso sollte der menschliche Charakter dem des Steines gleichen?[244] Der Neigungscharakter des Willens, wovon der Inhalt für die Willenskonzeption abgeleitet ist, wird *nur als 'Strebevermögen' oder als 'Urkraft' auf die restliche Natur übertragen*, aber *was* dieses Streben im Einzelnen ist, *was* die unterschiedlichen oder besser un-unterschiedenen Charakteristiken dieser strebenden oder bewegenden Dinge sind, wird nicht näher erläutert. Der Wille bleibt einer allgemeinen Idee der '*Handlung*' im Sinne der *äußeren Bewegung als Gemeinschaftsmerkmal* ausgesetzt.

Hinzu kommt, wie schon oft erläutert, dass selbst der Leib mittelbares Objekt bleibt, sofern man ihn vorstellt. Demzufolge schreibt Atwell:

"But then, this body (conceived as truly a representation like any other, an object among objects) cannot be known any more intimately than any other mediate object; it remains for its knowing subject (which is, as noted, the purely knowing subject)

---

243 Ebd., S. 85.
244 Natürlich fällt der Stein auch nach Schopenhauer wegen der Naturkraft der Gravitation. Aber der Stein selbst hat das Gewicht, welches das Fallen ermöglicht. Er ist auch Ding an sich und Wille. (Schopenhauer: WI, S. 149f.)

just as mysterious and alien as any mediate object. Hence knowledge of it can give no clue to the meaning (essence, content) of the world of nature."[245]

Das Problem, dass der Mensch seinen Leib nur als Vorstellung erkennt, auch wenn er ihn gleichzeitig als Wille innerlich wahrnimmt, verfolgt Atwell scharfsinnig weiter:

> "Is it really the case that the individual, as the subject of knowledge, knows the same thing, namely, it is said, this body, as representation and as will? If it is for him a representation, hence a mediate or indirect object, then apparently that it is not also for him will.. Something it seems has gone badly wrong."[246]

Atwell erklärt allerdings Schopenhauer zustimmend, dass obwohl der Wille im Selbstbewusstsein Objekt sein müsste und der Wille einen bestimmten Charakter beim Menschen habe, welchen wir auf anderes übertragen, wir doch sagen können, dass der Wille ‚intuitiv' in uns wahrgenommen und nicht objektiv angeschaut wird. Was ist aber diese Intuition, die auch Schopenhauer anklingen lässt? Die Pathologie, die auch als das allen gemeinsame *Strebende* ‚auf die Natur dann übertragen wird', ist nur eine weitere Zuflucht aus dem Dilemma Schopenhauers, dass der Motivationsreiz einerseits von außen bestimmt und andererseits innerlich einzeln bestimmt wird.[247]

---

245 Ebd., S. 84.

246 Atwell, *The Metaphysics of Will*, p. 86.

247 Natürlich kann man desweiteren selbst bei einem Strebevermögen fragen, ob es unabhängig eines Motivs und einer Motivkraft überhaupt gedacht werden kann. Der Stein im Zusammenhang des Gravitationsgesetztes kann zudem nicht mit einem „Strebevermögen" ausgerüstet gedacht werden; Der Stein ernährt sich nicht, strebt nicht zur Sonne hin usw. wie es die geschichtliche Definition der Seele und des Strebevermögens in *Über die Seele* bei Aristoteles verlangt. Der Stein fällt schlichtweg zum Boden als eine physikalische Bestimmung des Gravitationsgesetztes. Nach Analogie einer inneren Kraft der Menschen ist nämlich die Idee des „Strebevermögens" für den Willen als Ding an sich bei Schopenhauer am nächsten. Nimmt man die Sache genauer und gemäß der Übertragung dieser Idee auf die Dinge, so ist es insgesamt nur faktisch gesehen Bewegung, die den Willen nach seiner ausgebreiteten Anwendung bei Schopenhauer charakterisieren kann. Wegen der rein physischen Bestimmung der Bewegung wäre aber die Idee Schopenhauers, dass etwas *nicht* Erkenntnishaftes im Kern der Natur als ‚Lokomotivkraft' existiert, unmöglich. Schopenhauer wäre daher am besten bei der Idee einer *Bewegkraft in den Dingen* für seine ausgebreitete Nutzung des Willensbegriffs geblieben und hätte er die Frage nach der Bewegung nicht nur in der Äthiologie und Morphologie untersucht, sondern im Verhältnis zur Frage nach dem Was der Bewegung selbst, so wäre er tiefer in die Physik eingestiegen. Die Grenze der Frage nach den Bewegungen ergibt sich aus der „Erkenntnisweise" der Bewegung insgesamt, denn die Kraft ist ein empirisches Phänomen. Dieses Phänomen kann nicht weiter hinterfragt

Nun kommt Atwell zu der Thematisierung des Übergangs vom Charakter im Menschen als Wille zu der Eigenschaft des Willens als Ding an sich:

> "[W]hen Schopenhauer goes on to maintain that will is the thing in itself [...] then (at least according to many critics) important difficulties arise. First, if will as thing in itself is totally different from representation – the former being free from every aspect of the principle of sufficient reason and the latter being subject to every aspect – then how can will as thing in itself be manifested in representation? How are we to understand this notion of manifestation? If something R (representation) has qualities t, s, and c (time, space and causality) and something W (will as thing in itself) has none of these qualities, then what sense can we assign to the assertion that R is the manifestation (or objectity) of W? Is manifestation a relation?"[248]

Die letzte Frage ist äußerst wichtig und wurde bereits oben (2.4) von Matthias Koßler analysiert. Dem was Atwell zuvor ausspricht, ist auch beizustimmen: wie soll man von einem Willen als Ding an sich sprechen, wenn der Wille etwas ist, welches sich manifestiert, und zwar so, dass er in seiner Manifestation genau so bestimmt wird, wie er *nicht* nach seiner *inneren* Definition als Ding an sich näher bestimmt werden soll? Schopenhauer sieht den Willen als Ding an sich als eine Bestimmung, welche ‚hinter' und ‚neben' dem Willen als solches steckt. Der Wille ist *Ausdruck* des Dinges an sich, aber nicht *durch die Erkenntnis* des Willens als das, was der Wille als Ding an sich ist, näher zu bestimmen.

Inwieweit diese Relation zwischen der Vorstellungswelt und dem Willen als Ding an sich aufrecht erhalten werden kann und inwiefern man von einem Begriff des Willens auf eine Idee des Willens als Ding an sich schließen kann, dazu sagt Atwell:

> "For Schopenhauer, it cannot be; for relations obtain only between representations, and not between representation and nonrepresentation such as will as thing in itself. (To suppose otherwise, we recall, was the great error Kant made, according to Schopenhauer, in holding that the thing in itself is the 'ground' or even the 'cause' of the phenomenon.)"[249]

Ein solcher Einwand war Schopenhauer selbst bereits bekannt. So schreibt er, wenngleich kryptisch, sofern man Mystisches nicht als hinreichende Erklärung gelten lassen kann:

---

werden, denn diese Frage ist nicht mehr wissenschaftlich, da sie nicht gewusst werden kann. Es ist jedoch diese Grenze, die Schopenhauer eigentlich bekümmert hat: die Grenze dieser Wissenschaft, welche Problematik selbst jedoch nicht wissenschaftlich ist.

248 Atwell: *The Metaphysics of Will*, S. 106.
249 Atwell: *The Metaphysics of Will*, S. 106.

„Das Verhältniß des Willens zur Vorstellung aber ist *toto genere* verschieden von allen Verhältnissen der Vorstellungen zu einander, d. h. ist nicht gemäß dem Satz vom Grunde. Es kann daher auch nur metaphorisch ein Verhältniß genannt werden. Hier liegt das eine große Mysterium der Objektität des Willens."[250]

Atwell geht weiter auf die Frage der Erkennbarkeit des Willens ein:

"Second, if will is the thing in itself, hence not representation (appearance, object), and if everything knowable is representation, then how can it be said that we human beings know (are aware or conscious of) will?"[251]

Wie soll man Etwas erkennen, wenn es nicht Objekt und somit Vorstellung werden soll? Die einzige Antwort, die Schopenhauer hierauf zu geben weiß, ist, dass es anderweitig ‚erkannt' wird, aber nicht als Objekt, sondern als eine Erkenntnisweise, welche Objekt und Subjekt in Eins auf *wunderliche* Weise vereinheitlicht. Atwell beruft sich nun auf Christopher Janaway, der dieselbe Frage eines nicht-objektiven Objekts oder des Wissens, das nicht Vorstellung ist, prägnant formuliert hatte:

"How can there be a way of knowing about oneself which is not a matter of representation? If there cannot be such a way, then Schopenhauer's grand strategy is fatally impeded – but has he himself not made the vehement assertion that there could be no knowledge (or cognition…) which was not the being present of some representation for the subject? It seems that he can only advance to knowledge of the thing in itself by denying this central part of the representation theory. Schopenhauer never really provides a satisfactory answer to this worry."[252]

Atwell führt das Zitat fort und beantwortet damit seine eigene Frage:

"In other words, if all knowledge is necessarily knowledge of representation, then knowledge of one's own will is also knowledge of a representation, hence one's own will is a representation – yet Schopenhauer constantly denies this conclusion. Furthermore, and equally significant, knowledge of one's own will as a representation opens no door to 'knowledge of the thing in itself'."[253]

In der Tat ist auch gemäß dem letzten zitierten Satz interessant, dass der Wille als Wesen des Seins, welches Wesen man in sich selbst ‚unabhängig' der Vorstellung

---

250 HN, *Die Genesis des Systems (1816)*, Bogen eeee-3, §501 [521], NI348.

251 Atwell: *The Metaphysics of Will*, S. 107.

252 Christopher Janaway: *Self and World in Schopenhauer's Philosophy*, Oxford 1989, S. 192f.

253 Atwell: *The Metaphysics of Will*, S. 109.

im Selbstbewusstsein erfassen können soll, nicht direkt mit dem Ding an sich, d. h. unabhängig des Satzes vom Grunde, methodisch vereinbar sein dürfte.

Zu der Postulierung und der Erkenntnis des Dinges an sich sagt John Atwell letztlich ironisch:

"Perhaps the chief point of these criticisms – that Schopenhauer should remain an agnostic about knowing the nature of the thing in itself – will prove in the end to be correct"[254].

2.7   Christopher Janaway: Das Selbst und die Welt in Schopenhauers Philosophie

Christopher Janaway sieht letzten Endes auch die unmittelbare Verbindung von Leib und Wille als den einzigen Konzeptionshorizont eines Willens als Ding an sich.[255] Das Problem eines Objekts, welches das Subjekt im Selbstbewusstsein vorstellig macht, erläutert Janaway genau wie Atwell, wie oben bereits zitiert.[256] Es ist diese der Sache nach scheinbar notwendige Mittelbarkeit des im Selbstbewusstsein vorzustellenden willentlichen Subjekts, die beide Kritiker, Atwell und Janaway, untersuchen. Es müsste nämlich nach Schopenhauers These erfolgen, dass die innere ‚Wahrnehmung‘ (‚Erkenntnis‘) des Willens unmittelbar sei und dass er kein Objekt für ein Subjekt sei. Dieses *Wunder par excellence* ist es, wovon Schopenhauer spricht: Subjekt und Objekt, Wille und Erkenntnis, werden eins. Es bleibt jedoch, wie Schopenhauer selbst sagt, die Zeit als eine Form der ‚Wahrnehmung‘ im Selbst-

---

254 Atwell: *The Metaphysics of Will*, S. 109.

255 „His conception of the link between body and will is in fact extremely radical: for him, there is no such thing as an act of will which is not directly manifested in bodily movement. Willing and acting are one, and acting is a physical moving... In Schopenhauer's grand strategy it is this link between willing and embodiment that will provide the key to the mysterious thing in itself." Christopher Janaway: *Self and World in Schopenhauer's Philosophy*, Oxford 1989, S. 192.

256 Zu dem Problem schreibt Janaway auch: „There is an initial view that awareness of one's own will is a special instance of an object coming before the subject of representation. Then there is the strong claim exemplified above, that in being aware of one's will, one has cognition in some manner totally devoid of mediation through the representing intellect." Ebd., S. 193.

bewusstsein[257] über, weil man nur sukzessive und einzelne ‚Wahrnehmungen' des menschlichen Willens habe.

In der Dissertationsschrift, wo der Wille Objekt des Subjekts und dem Satz vom Grunde des Handelns unterworfen ist, wodurch er in seinen einzelnen Akten nach Motiven erkannt wird, wird der *Wille als Ding an sich* noch nicht angesprochen.[258] Der Wille, welcher hier Gegenstand des Selbstbewusstseins ist, stellt sich in einem Verhältnis zum *äußeren Objekt* dar. Es wird bei Schopenhauer erst einmal die Beziehung zwischen dem äußeren Objekt und dem Subjekt des Handelns nach dem Gesetz der Motivation untersucht; aber der Wille, der sich hier unter dem Satz des zureichenden Grundes kundgibt, ist in sich auch grundlos. Der Wille, sofern er sich als ein Element des zum Handeln benötigten herausstellt, sei in sich schon bestimmt, schon *vorbestimmt*. Es ist dieser Wille, welcher gar nicht weiter erklärt werden kann, d. h. wo keine *Kausalitätserklärung* für sein Wesen zureicht, den Schopenhauer eine Intelligibilität und später das Ding an sich nennt, welches dennoch dazu dienen soll, etwas in sich Bestimmtes zu sein und einen grundlosen Grund der Erscheinung abzugeben. Er sei nicht nur grundloser Grund allen Handelns und aller Erscheinung, er wird nach der Dissertationsschrift auch zum ontologischen Grund insgesamt, denn der Wille als Ding an sich habe sich in der Erscheinung manifestiert.

Janaway spricht über diesen Gegenstand des vierten Grundes, das willentliche Subjekt, und sagt es beinhalte „an awareness ‚from within' of one's own states, such as wishing, emotions, and various ‚inner movements' that can be called ‚feelings'".[259] Janaway drückt also die nächstliegende Behauptung Schopenhauers zum Willen gemäß dem willentlichen Subjekt aus, dass das Wesen des Willens irrational, also nur fühlbar sein kann. Wie die vorliegende Arbeit bereits angegeben hat,[260] müssten auch die Regungen, die Akte des Willens, unterschieden werden, um ein Ganzes dessen, was man Wille nennt, in seinen irrationalen Elementen – beispielsweise seitens einer pathologischen oder psychologischen Gefühlslehre – zu bestimmen. Diese Gefühle sind nur Regungen und Andeutungen eines menschlichen Willens. Auch dienen sie nicht dazu das Problem der diversen attributiven und designativen Anwendungen der Willensvorstellung in unterschiedlichen Erscheinungen aufzu-

---

257 Schopenhauer erklärt: „daß das Ding an sich, welches jeder, also auch unserer eigenen Erscheinung zum Grunde liegen muß, im Selbstbewußtseyn die eine seiner Erscheinungsformen, den Raum, abstreift, und allein die andere, die Zeit, beibehält; weshalb es hier sich unmittelbarer als irgendwo kund giebt". WII, S. 279.

258 Siehe hierzu auch Malters Kommentare Kap. 2.1 dieses Hauptteils.

259 Janaway: *Self and World*, S. 194.

260 Vgl. Kap. 1.7 dieses Hauptteils.

lösen. Desweiteren dient auch die Gefühlslehre des Willens nicht dazu, das Wesen der Welt als Ding an sich in seiner Korrelation zur Erscheinung wie auch in seiner Bestimmung als Aufhebung desselben Weltverhältnisses zu erklären; geschweige denn dazu das Problem der ungelösten Kluft in dem Verhältnis zwischen dem Motiv und dem Willensakt zu lösen.

Auch Janaway sieht dieses Problem des zu Definierenden als ein Wissensgegenstand und erläutert an seine bisherigen Untersuchungen anschließend:

> "The most serious problem, however, is with Schopenhauer's central concern of the inner self-knowledge of oneself as willing subject. How can it be self-knowledge, if for any instance of the schema x knows y, the subject x and the object y must be distinct? Schopenhauer is at least aware of this problem, but his attempt to deal with it appears disingenuous".[261]

Janaway zitiert desweiteren zur Bestimmung des Willens im Selbstbewusstsein die von Schopenhauer selbst ungeklärte Aussage:

> „Die Identität nun aber des Subjekts des Wollens mit dem erkennenden Subjekt, vermöge welcher (und zwar nothwendig) das Wort »Ich« beide einschließt und bezeichnet, ist der Weltknoten und daher unerklärlich. Denn nur die Verhältnisse der Objekte sind uns begreiflich: unter diesen aber können zwei nur insofern Eins seyn, als sie Theile eines Ganzen sind. Hier hingegen, wo vom Subjekt die Rede ist, gelten die Regeln für das Erkennen der Objekte nicht mehr, und eine wirkliche Identität des Erkennenden mit dem als wollend Erkannten, also des Subjekts mit dem Objekte, ist unmittelbar gegeben. Wer aber das Unerklärliche dieser Identität sich recht vergegenwärtigt, wird sie mit mir das Wunder kat'exochein nennen."[262]

Janaway fährt mit seiner analytischen Kritik Schopenhauers fort, indem er aufzeigt, dass Subjekt und Objekt an einem Ort oder auf eine Weise zusammenfallen müssen, die eigentlich nur haltbar ist, wenn diese Identität in der Tat auch ein „Wunder" genannt wird.[263] Janaway sieht dabei eine bekannte Parallele zu Fichte und Schelling:

> "The above attempt at a a miraculous solution – a somewhat ironic choice of word – is Schopenhauer's own work (though we may wonder how much of an echo there is here of the 'identity of subject and object' which Schopenhauer had heard about from Schelling and Fichte)."[264]

---

261 Janaway: *Self and World*, S. 194.

262 G (1847), S. 143.

263 Janaway konstatiert: „He suggests in effect that logic can be suspended". Janaway: *Self and World*, S. 194.

264 Ebd., S. 195.

Die Schlüsselpassage zur Verdeutlichung der Problematik dieses ‚Wunders' ist in Kapitel 18 des zweiten Bandes des Hauptwerks zu finden. Das Ding an sich wird im Selbstbewusstsein in der Tat nicht erkannt und das Selbstbewusstsein gibt nur *am meisten* Aufschluss über den Inhalt des Willens als Ding an sich. Der Verfasser wird die Passage hier *in extenso* zitieren, da sie zusätzlich bestätigt, was auf den letzten Seiten diskutiert wurde:

> „Inzwischen ist wohl zu beachten, und ich habe es immer festgehalten, daß auch *die innere Wahrnehmung, welche wir von unserm eigenen Willen haben, noch keineswegs eine erschöpfende und adäquate Erkenntniß des Dinges an sich liefert.* Dies würde der Fall seyn, wenn sie eine ganz unmittelbare wäre: weil sie nun aber dadurch vermittelt ist, daß der Wille, mit und mittelst der Korporisation, sich auch einen Intellekt (zum Behuf seiner Beziehungen zur Außenwelt) schafft und durch diesen nunmehr im Selbstbewußtseyn (dem nothwendigen Widerspiel der Außenwelt) *sich als Willen erkennt; so ist diese Erkenntniß des Dinges an sich nicht vollkommen adäquat.* Zunächst ist sie an der Form der Vorstellung gebunden, ist Wahrnehmung und zerfällt, als solche, in Subjekt und Objekt."[265]

Die ausbleibende Erkenntnis des Dinges an sich gemäß der innenwohnenden und der Vorstellungsform der Zeit unterworfenen Erkenntnis des willentlichen Subjekts bringt auch Janaway zum Ausdruck:

> "Even if a clear account can be given of that inner experience of the will which is supposedly mediated only by time, there can in principle be no guarantee that a smaller number of subjective forms of the understanding takes us 'nearer' the thing in itself than a larger number does."[266]

Der problematische Begriff „Wille", welcher mit dem Ding an sich verknüpft wird, wird dadurch zu einer Doppelproblematik: zum Einen ist er mit etwas transzendentem verbunden; zum Anderen wird er selbst nicht vollständig erkannt werden können, da er nicht erkenntnisreif im Sinne einer Definition ist, weil sein Inhalt irrational als eine Erfahrung mit sich selbst gedeutet wird. Diese Erfahrung mit sich selbst ist, wie mehrmals gesagt, unzureichend konzipiert, denn der Willensakt steht eigentlich außer der Zeit und drückt sich dennoch und unbedingt als Leibesaktion im Zusammenhang des Motivs aus. Der Versuch den ‚Begriff' des Willens an den ‚Begriff' des Dinges an sich anzuschließen, ja dafür tauglich zu machen und dadurch 1) für die Natur insgesamt gültig zu machen, ihm 2) sowohl eine naturalistische Stellung als auch 3) eine theoretisch-kantische Position als Ding

---

265 WII, S. 229. Hervorhebungen hinzugefügt.
266 Janaway: *Self and World*, S. 197.

an sich zu verschaffen als das Intelligible der Erscheinung, hat zu unauflöslichen Schwierigkeiten geführt. Janaway drückt pointiert aus: „If we doubt the legitimacy of the claim to immediate knowledge of the thing in itself in the case of our own actions, Schopenhauer has in fact no further argument for this conclusion".[267] Auch stellt Janaway sich und der Geschichte der Philosophie die richtige kritische Frage, ob ‚Wille' das richtige Wort für das der Natur unterliegende Prinzip sei: „It is the simplest possible kind of explanation, because it attempts to explain all the data as an expression of one underlying entity (if this is the right word) – will."[268]

---

267 Ebd., S. 197.
268 Ebd., S. 199.

Die Auswirkung der Kluft zwischen Wille und Vorstellung auf Schopenhauers Morallehre 3

In den folgenden Kapiteln wird das Handlungskorrelat von Schopenhauers unintellektueller Willensvorstellung erläutert, indem gezeigt wird, dass seine Morallehre auf einer Affektologie basiert und als solche nicht bestehen kann. Es wird gezeigt, dass Schopenhauers Moralprinzip des *Mitleids* keine Moralvorstellung abgeben kann, denn jegliche ,Moralvorstellung' muss mit einem rationalen Gesetz einhergehen. Aufgrund dieser Problematik ist Schopenhauer selbst gezwungen rationale Gesetze aufzustellen, die im Widerspruch zu seiner Affektologie stehen.

Aus Schopenhauers problematischer Konzeption der Motivation, die in den vorigen zwei Hauptabschnitten auseinandergesetzt wurde, folgt, dass er einseitig den „Affekt" oder das „Gefühl" für die gute Handlung verantwortlich macht anstelle der Vernunft. Die Gerechtigkeit und die Menschenliebe werden von Schopenhauer als *Tugenden* verstanden, die ohne rationale Erkenntnis unmittelbar gefasst werden. In diesem Sinne erklärt Schopenhauer:

> „Denn der Begriff, den wir schon für die Kunst unfruchtbar fanden ist es auch für das eigentliche und innere Wesen der Tugend: er kann auch hier nur untergeordnet als Werkzeug Dienste leisten, indem er nämlich das schon anderweitig Erkannte und Beschlossene aufbewahrt für die Zeit der Ausführung, oder die bleibende Abstrakte Erkenntniß den wechselnden Launen und Affekten entgegenhält."[269]

In einem ersten Schritt wird die Konsequenz der Erkenntnistheorie Schopenhauers für seine Moralvorstellung dargestellt. Im zweiten Schritt wird anhand von Schopenhauers Kritik an Kants allgemein gebliebener Ethik Schopenhauers eigene Stellungnahme zur Moralität verdeutlicht. Daraufhin wird ausgeführt, wie Schopenhauer seine eigenen Prinzipien der Moralität vorstellt. Diese Schritte

---

269 Arthur Schopenhauer: *Vorlesung über die gesamte Philosophie (1820)*, hrsg. von Karsten Worm, infosoftware, Berlin 2003, X517f. Vgl. auch X521-528.

werden dazu dienen in der Konstitution der Motivationslehre Schopenhauers die Problematik des Verhältnisses zwischen Vernunft und Natur, zwischen innerem Gefühl und der konkreten Objektivität desselben, zwischen der Allgemeinheit des Gefühls und der Einzelheit der kausalen Erkenntnis zu verdeutlichen.

3.1 Die Problematik von Schopenhauers Willenskonzeption für seine Moralvorstellung

Die Problematik des fehlenden Einbezugs des Intellekts in die Willenskonzeption und die gleichzeitige Behauptung des vorbestimmten Willens trägt Konsequenzen für Schopenhauers Vorstellung des Lebenszwecks und seine Moralkonzeption. Der Wille zum Leben ist der Vorstellungsform des *principii individuationis* unterworfen und somit ein sinnloses Streben gemäß dem nie zu erreichenden einheitlichen Weltprinzip des Willens als Ding an sich. Schopenhauer gibt trotz der Sinnlosigkeit des individuellen Lebens moralische Bewertungen der Handlung ab. Wie das Individuum sich selbst moralisch zu bewerten habe, gebe sich Schopenhauer zufolge durch dessen Willensakte im Selbstbewusstsein kund, die auf die Triebfedern der Handlung hinweisen. Die Triebfedern lassen sich in die drei moralischen Triebfedern des Egoismus, der Bosheit und des Mitleids aufgliedern.[270] Die Triebfedern des Egoismus und der Bosheit sollen Schopenhauer zufolge zugunsten des Mitleids überkommen werden.

Da der Wille jedoch von der Erkenntnis losgelöst sei, könne das Individuum seine zwei letztlich egoistischen Triebfedern nicht aufgrund einer Entwicklung seiner Erkenntnis überwinden, sondern nur durch eine Erkenntnisweise, die den *Willen zum Leben in seiner Individualitätsbestimmung negiere*. Man tendiere dabei zum Mitleid oder man gelange zur willentlichen Resignation.[271] Die moralische Konzeption des Mitleids geht jedoch aus dem Postulat einer *Identität aller Lebewesen* hervor und muss sich daher im Zusammenhang eines Willens in der Welt und

---

270 „Es giebt überhaupt nur drei Grund-Triebfedern der menschlichen Handlungen: und allein durch Erregung derselben wirken alle irgend möglichen Motive. Sie sind: *a)* Egoismus; der das eigene Wohl will (ist gränzenlos). *b)* Bosheit; die das fremde Wehe will (geht bis zur äußersten Grausamkeit). *c)* Mitleid; welches das fremde Wohl will (geht bis zum Edelmuth und zur Großmuth)." E, S. 209f.

271 Vgl. WI, §65-68. Schopenhauer zufolge gehen alle drei Triebfedern aus einem ‚präreflexiven' Charakter des Individuums hervor und somit sei das Mitleid eine unerklärliche Tendenz des Charakters (vgl. WI, S. 348), das aber durch die Durchschauung des *principii individuationis* in jedem Individuum aufgehen könne. Vgl. WI., S. 442ff.

somit im Zusammenhang einer *vorgestellten* Identität bewegen. Diese vorgestellte Identität ist das Leiden. Schopenhauer schreibt:

> „Nunmehr aber habe ich [...] daran zu erinnern, daß wir früher dem Leben im Ganzen das Leiden wesentlich und von ihm unzertrennlich gefunden haben [...]. Was daher auch Güte, Liebe und Edelmuth für Andere thun, ist immer nur Linderung ihrer Leiden, und folglich ist, was sie bewegen kann zu guten Thaten und Werken der Liebe, immer nur die Erkenntniß des fremden Leidens, aus dem eigenen unmittelbar verständlich und diesem gleichgesetzt. Hieraus aber ergiebt sich, daß die reine Liebe (agapē, caritas) ihrer Natur nach Mitleid ist."[272]

Die Frage wird daher aufgeworfen, wie die Idee des Mitleids im Zusammenhang der Vielheit und Unterschiedlichkeit der Individuen, welche dem Satz vom Grunde unterworfen sind, praktisch werden kann,[273] wenn alle Individuen aus unterschiedlichen Ursachen heraus, z. T. auch wegen egoistischen Triebfedern, leiden. Die Formel des Mitleids bei Schopenhauer „*tat twam asi*"[274] kann nicht praktisch werden, wenn es ein bestimmtes Individuum ist, das mitleidet und bemitleidet werden soll. Das Mitleid kann in diesem Sinne keine abstrakte Vorstellung der Identität sein; der Umstand des Mitleidens muss bedacht werden, denn das individuelle Leiden, worauf das konkrete Mitleiden angewandt wird, ist reell, hat also Ursachen und muss erkannt werden, wie in Kapitel 3.6 gezeigt wird.

Es stellt sich systeminhärent durch die Überlegung zum Individuum als Handelndem und als Gegenstand der Handlung auch für Schopenhauer heraus, dass sich die Vorstellung eines einheitlichen Wesens der Welt nicht im Mitleid und nicht gemäß der Praxis realisieren lässt, sondern nur in einer *Verneinung des Willens* selbst vorgestellt werden kann.[275] Das Mitleid kann nicht ohne erkenntnistheoreti-

---

272 WI, S. 443f. Vgl. auch WI, S. 440f.

273 Diese Frage wird im dritten Hauptteil bezüglich der schopenhauerschen Tugendlehre beantwortet, indem gezeigt wird, dass auch Schopenhauer das Mitleid ohne wesentliche Beteiligung der intellektuellen Erkenntnis nicht einmal denken kann.

274 WI, S. 442f.

275 Das Mitleid, das im Leiden gründet, ist nur eine Stufe zum Überkommen des *principii individuationis*. Dies stellt sich in den späteren Paragraphen der Welt als Wille und Vorstellung heraus. Vgl. §68-71, insb. 463f. Die Verneinung des Willens zum Leben wird *vom Willensbegriff her* gedacht. Die Aufhebung des Willens zum Leben muss also als Untätigkeit vorgestellt werden, d.h. *als im Widerspruch zum Willensbegriff*. Die Verneinung steht also im Widerspruch zum *Willensentschluss*, der überhaupt erst die Konzeption des Willens als Ding an sich veranlasste und sich bei Schopenhauer auf den intelligiblen Charakter und auf den Willen als Ding an sich zurückbezieht.

schen Bezug zum Individuum und nicht ohne einen Zweck, der durch den Intellekt bestimmt wird, gedacht werden.[276]

3.2 Schopenhauers Kritik an Kants Ethik der Allgemeinheit zur Einleitung in Schopenhauers Morallehre des Gefühls

Schopenhauer bezieht sich in der *Grundlage der Moral* auf Kant zurück und verpönt die Tatsache, dass Kant die Affektiertheit des Menschen abgewertet und zu einem vernünftigen Gesetz überführt hat. Diese Abschneidung des menschlichen *Willens* sei nach Schopenhauer drastisch zu korrigieren und er entwickelt eine Moraltheorie, die der Kants „diametral entgegengesetzt" sei.[277] Man solle nie nach Vernunft, welche Schopenhauer aufgrund ihrer Zugehörigkeit zu den Formen des Satzes vom Grunde als egoistisch behaucht betrachtet, handeln, sondern nach dem Prinzip des Mitleids, welches Mitleid aus der Überwindung oder Beseitigung des *principii individuationis* erfolge. Das Gefühl ist letztlich nach Schopenhauer ausschlaggebend für die menschliche Handlung nach moralischen Triebfedern.

Im zweiten Paragraphen der *Grundlage der Moral* proklamiert Schopenhauer, es gebe keinen kantischen kategorischen Imperativ und kein ethisches Gesetz, welches bedeuten würde der Vernunft gemäß zu handeln. In der *Grundlage der Moral* geht es Schopenhauer darum, auf der Grundlage von empirischen Tatsachen nachzuweisen, was die eigentliche Moral des Menschen ausmache. Er wirft Kant vor, er habe diesen offensichtlichsten Weg zur Grundlage der Moral nicht eingeschlagen. Kant, so Schopenhauer, ließ ihn „verächtlich liegen [...]; vielleicht weil er der natürlichste war".[278] Das Prinzip der Ethik gründe sich nach Schopenhauer nicht in einer *Vernunftidee*, sondern schlichtweg auf der menschlichen *Natur*. Es sei Kant in der praktischen Philosophie, sagt Schopenhauer kritisierend, „nicht darum zu tun, Gründe anzugeben von dem was geschieht, sondern Gesetze von dem was geschehen soll, ob es gleich niemals geschieht."[279] Schopenhauer argumentiert in faktischer Hinsicht gegen die Vorstellung einer Pflicht, indem er sagt, dass die absolute Notwendigkeit eines Moralgesetzes gar nicht geltend gemacht werden

---

276 Der dritte Haupteil des vorliegenden Buches behandelt dieses Thema auf der Grundlage der Tugendlehre des Aristoteles und Thomas von Aquin.

277 E, S. 115.

278 E, S. 114.

279 E, S. 120.

könnte, denn es könne dem „Drange der Begierden, dem Sturm der Leidenschaft, der Riesengröße des Egoismus"[280] keinen Abbruch tun. Es wird aus diesem Kommentar klar, dass Schopenhauers Morallehre in der Tat nicht präskriptiv, sondern deskriptiv zu verstehen ist;[281] wie Schopenhauer auch hier explizit zum Ausdruck bringt:

> „man wird mir vielleicht entgegensetzen wollen, dass die Ethik es nicht damit zu tun habe, wie die Menschen wirklich handeln, sondern die Wissenschaft sei, welche angibt, wie sie handeln sollen: dies ist aber gerade der Grundsatz, den ich leugne, nachdem ich im kritischen Teile dieser Abhandlung genugsam dargetan habe, dass der Begriff des Sollens, die imperative Form der Ethik, allein in der theologischen Moral gilt, außerhalb der selben aber allen Sinn und Bedeutung verliert."[282]

Die Charakteristik der Form der Allgemeinheit des Moralgesetzes sei zudem nicht hinreichend, den Inhalt als ein Allgemeines zu postulieren.[283] Die mögliche Anwendung einer Idee der Vernunft sei zwar der Möglichkeit nach allgemein gültig, diese Fähigkeit zur Verallgemeinerung drücke jedoch nichts über den Inhalt unseres menschlichen Wesens als Individuelles aus. Schopenhauers Rhetorik gegen Kant verschärft sich, indem er ihm vorwirft, er habe das Gefühl des Menschen in seiner ethischen Theorie abgewertet:

> „Der Wert des Charakters hebe erst da an, wenn Jemand, ohne *Sympathie des Herzens*, kalt und gleichgültig gegen die Leiden anderer, und nicht eigentlich zum Menschenfreunde geboren, doch bloß der leidigen Pflicht halber Wohltaten erzeigte."[284]

Schopenhauer behauptet im folgenden Zitat zudem, dass Kants Prämisse dem echten moralischen Gefühl zuwider sei: der Mensch müsse ein „liebloser, gegen fremde Leiden gleichgültiger Wohltäter"[285] sein, der allein aufgrund des kategorischen Imperativs Wohltaten erweise. Diese Ethik könne also nur Deisidämonie – die Furcht vor einer Gottheit – sein, behauptet Schopenhauer.[286]

---

280 E, S. 130.
281 Vgl. Malter: *Schopenhauer*, S. 393 und Matthias Koßler: *Empirische Ethik*, S. 434.
282 E, S. 195.
283 Vgl. E, S. 131. Hierin würde Schopenhauer mit Aristoteles und Thomas von Aquin dem Wortlaut nach übereinstimmen, nur ist der Wortlaut nicht dasselbe wie der Inhalt! Die Allgemeinheit, die das Einzelne inkorporiert, ist bei Aristoteles und Thomas ein intellektuelles Prinzip, bei Schopenhauer ist sie affektologisch.
284 E, S. 133f.
285 E, S. 134.
286 Vgl. E, S. 134.

3.3   Die Gerechtigkeit und Menschenliebe bei Schopenhauer

Ohne bei diesen Ausführungen auf Kant selbst einzugehen, wurde deutlich, dass Schopenhauer den ‚Inhalt' der gegebenen Handlung beurteilt haben will. Die ‚Ethik' sollte nach Schopenhauer ausschließlich eine Erklärung des gegebenen Faktums des menschlichen Handelns abgeben. Man finde diese Erklärung an dem einzigen, leitenden Gesetz der Ethik, nämlich am Gesetz der Motivation, welches ein notwendiges Naturgesetz abgebe. Schopenhauer formuliert die deterministische Grundlage des menschlichen Handelns im Sinne eines Naturgesetzes: „da nämlich das, was ich tue, allemal das ist, was ich will; so geschieht mir von mir selbst auch stets nur was ich will, folglich nie Unrecht."[287] Schopenhauer sieht daher offensichtlich die ohnehin schon *gegebene Natur* des Menschen als Bestimmungsgrund der Handlung an. Schopenhauer erklärt im Sinne der Allgemeinheit des Naturgesetzes, es gebe Moralhandlungen, die von Natur aus und unmittelbar klar seien, z. B. wünscht sich jeder die Selbsterhaltung, welche keine Pflicht sei, oder dass man sich von Natur aus nicht wünscht bestialisch zu handeln oder Päderastie auszuüben. Das Individuum wird durch diese letztgenannten widernatürlichen Handlungen verdorben und verstößt somit gegen die Gerechtigkeit.[288]

Schopenhauer führt nun seinen allgemeinen Grundsatz der Moral auf den Satz „neminem laede; imo omnes quantum potes, juva [Verletze niemanden; vielmehr hilf allen, so viel du kannst]" zurück.[289] Dieser Satz wird als der eigentliche Ausdruck der moralischen Wertvorstellung verstanden. Er sei aus der Erfahrung und zwar aus dem jedem gegebenen Gefühl der Erfahrung erwachsen; jedoch wie später geklärt wird, erkenntnistheoretisch nicht weiter begründbar.[290] Schopenhauer behauptet, dass „nur das Empirische, oder doch als möglicherweise empirisch vorhanden Vorausgesetzte, Realität hat".[291] Die Triebfeder selbst wiederum, welche sich nicht empirisch zeigt, muss sich nach Schopenhauer von selbst auftun. Sie muss sich sogar mit solcher Gewalt ankündigen, dass sie die starke und negative Triebfeder der Neigung zum Egoismus hin überwinden kann. Sie soll,

---

287 E, S. 126.

288 Vgl. E, S. 128.

289 E, S. 137.

290 Der Zusammenhang zwischen dem Intellekt und dem Mitleid wird von Schopenhauer nicht weiter erläutert. So dürfe man z. B. die Frau eines anderen nicht verführen, Schopenhauer erklärt jedoch nicht, wieso diese bestimmte Vorstellung eine Wirkung des Mitleids sei. Vgl. E, 214.

291 E, S. 143.

> „als solche ungerufen sich ankündigen, an uns kommen, ohne auf unser Fragen danach
> zu warten, von selbst auf uns eindringen, und dies mit solcher Gewalt, dass sie die
> entgegenstehenden, riesenstarken, egoistischen Motive wenigstens möglicherweise
> überwinden kann."[292]

Desweiteren komme aber das Gefühl, wie erklärt, im Zusammenhang der Erfahrung zustande:

> „Denn die Moral hat es mit dem wirklichen Handeln des Menschen und nicht mit
> apriorischem Kartenhäuserbau zu tun [...] deren Wirkung daher, dem Sturm der
> Leidenschaften gegenüber, so viel sein würde, wie die einer Klystierspritze bei einer
> Feuersbrunst."[293]

3.4   Schopenhauers Morallehre des Gefühls

Die Ideen eines Vernunftgebäudes der Ethik ermöglichen in Schopenhauers Augen
also keine zuträgliche und auf eigentliche und natürliche Gefühle basierende Moral. Denn ein solches Handeln, welches sich „durch Gedanken und Begriffe leiten
lässt [...] heißt überall ein vernünftiges Handeln. Keineswegs aber impliziert dieses
Rechtschaffenheit und Menschenliebe."[294] Die Gerechtigkeit und Menschenliebe
waren nach Schopenhauer bei Kant ohne Interesse und auf Gefühl basierende
Gerechtigkeit und Menschenliebe zustande gekommen.[295] Schopenhauer plädiert
für eine intuitive Erkenntnis als Ansporn zur Gerechtigkeit:

> „Künstliche Begriffskombinationen... können also, wenn wir die Sache ernstlich
> nehmen, nimmermehr den wahren Antrieb zu Gerechtigkeit und Menschenliebe
> enthalten. Dieser muss vielmehr etwas sein, das [...] auch den rohesten Menschen
> anspreche, bloß auf anschaulicher Auffassung beruhe und unmittelbar aus der Realität
> der Dinge sich aufdringe".[296]

In der positiven Darstellung seiner Moraltheorie lässt Schopenhauer die Gerechtigkeit und Menschenliebe aus dem Gefühl des Menschen erwachsen. Die Tugend der

---

292 E, S. 143.
293 E, S. 143.
294 E, S. 150.
295 Vgl. E, S. 165.
296 E, S. 186.

Menschenliebe wird aus dem Prinzip des Mitleids abgeleitet.[297] Sie charakterisiert sich durch „den positiven Charakter der daraus hervorgehenden Handlungen; indem alsdann das Mitleid nicht bloß mich abhält, den anderen zu verletzen, sondern sogar mich antreibt, ihm zu helfen.“[298] Schopenhauer bezeichnet die Tugenden der Gerechtigkeit und Menschenliebe als Kardinaltugenden und beide wurzeln im natürlichen Mitleid, welches nicht bewiesen werden muss: „Dieses Mitleid selbst aber ist eine unleugbare Tatsache des menschlichen Bewusstseins“.[299]

3.5   Der Charakter als Grund der Moralität bei Schopenhauer

Zur Erklärung dessen, was Schopenhauer mit „natürlichem“ Mitleid meint, ist Schopenhauers Abgrenzung desselben von der „falschen“ Moralität, z. B. der Gesellschaft, dienlich. Schopenhauer vergleicht die falsche Gerechtigkeit mit der echten Redlichkeit des Herzens, analog zu der Höflichkeit und der echten Liebe zum Nächsten.[300] Es sei nach Schopenhauer die Unveränderlichkeit des Charakters, welche dazu geführt habe, gesellschaftliche Sitten, wie Höflichkeit und gesetzliche Gerechtigkeit, entwickeln zu müssen. Somit könne man den Menschen nicht so leicht nach seiner schlechten Natur beurteilen, welche jedoch ohnehin gegeben und unveränderbar sei.[301] Schopenhauer sieht die bürgerliche Absicht als eine Vertuschung der eigentlichen Motive, sagt jedoch andererseits, dass es auch genauso Positives in der menschlichen Natur geben kann: „Allein ebenso gewiß ist es, dass es Handlungen uneigennütziger Menschenliebe und ganz freiwilliger Gerechtigkeit gibt“.[302] Es gebe Beweise dieser Handlungsart, erklärt Schopenhauer, z. B. indem ein Armer einem anderen trotz seiner Armut das Depositum zurückgibt oder trotz des schon eingetroffenen Todes einer Person, ihr Gutes gezollt wird, d. h. obwohl nichts für das Subjekt zurückkommt. Schopenhauer gelangt somit zu dem Schluss: „Es gibt in der Tat wahrhaft ehrliche Leute.“[303] Schopenhauer macht demzufolge

---

297 Schopenhauer sagt hierzu: „Mir liegt jetzt die philosophische Ableitung dieser Tugend aus meinem Prinzip ob.“ E, S. 226.
298 E, S. 227.
299 E, S. 213.
300 Vgl. E, S. 187.
301 Vgl. E, S. 188.
302 E, S. 191.
303 E, S. 191.

vorstellig, dass die Ehrlichkeit etwas sei, das nicht mit dem Verstandes- oder Vernunftvermögen zusammenhängt, sondern mit dem Gefühl. Man wird hierdurch dem Egoismus, basiert auf Vernunft, als zu den Formen des Satzes vom zureichenden Grunde gehörig, ausweichen. Echte moralische Handlungen sind die von:

> „freiwilliger Gerechtigkeit, reiner Menschenliebe und wirklichen Edelmuts [...] Diese Triebfeder, nebst der Empfänglichkeit für sie, wird der letzte Grund der Moralität und die Kenntnis derselben das Fundament der Moral sein.“[304]

Die antimoralischen Triebfedern seien: Egoismus, Übelwollen und Gehässigkeit;[305] sie bezeichnen die theoretischen Laster des Neides und der Schadenfreude und „[g]anz ohne etwas von allen dreien ist kein Mensch“.[306] Handlungen, die ohne Eigennutz anderen zu Gute kommen sollen, seien die, die gut bewertet werden. Durch die Aufhebung des Rationalen (die Vernunft als Erkenntnisvermögen) ‚erkennt‘ man, dass man gleich allen anderen, ja allen Lebewesen ist, oder anders ausgedrückt: „Die Abwesenheit aller egoistischen Motivation ist also das Kriterium einer Handlung von moralischem Wert.“[307] Und: „Wir erfahren eine gewisse Zufriedenheit mit uns selbst bei solchen Handlungen, welche man den Beifall des Gewissens nennt.“[308] Diese Idee des Gewissens basiert bei Schopenhauer konsequenterweise auf dem aufrichtigen Gefühl, welches für ihn im Mitleid gründet und somit in der eigentlichen Identität aller Lebewesen.[309]

Allerdings bleibt die Begründung, wieso durch Gefühl erweckt anderen zu helfen gut sei aus, trotz der Tatsache, dass nicht jeder in gleicher Hinsicht oder aus gleichen Gründen leidet. Es gehe darum dem anderen zu helfen, weil man sich mit seinem Leid identifizieren könne.[310] Schopenhauer fasst in diesem Sinne und im

---

304 E, S. 195.
305 E, S. 199.
306 E, S. 201.
307 E, S. 204.
308 E, S. 204.
309 E, S. 271f.
310 Siehe hierzu: Lore Hühn: *Das Mit-Leid. Zur Grundlegung der Moralphilosophie bei J.J. Rousseau und Arthur Schopenhauer.* In: Ethik und Ästhetik des Mitleids. Hg. v. N. Gülcher / I. von der Lühe. Freiburg 2007, S. 113-133. Dieter Birnbacher: *Nahmoral und Fernmoral. Ein Dilemma für die Mitleidsethik,* in: Die Ethik Arthur Schopenhauer im Ausgang vom deutschen Idealismus, Würzburg 2006, S. 44-56. Wie Dieter Birnbacher und auch Lore Hühn schildern, empfindet man Mit-Leid mit anderen im Gefühl der Gegenwart und zwar über die Identifikation.

folgenden Zitat die Bedingung einer Handlung von moralischem Wert gegenüber einer anderen Person zusammen. Sie setze:

> „notwendig voraus, dass ich bei seinem Wehe als solchem geradezu mit leide, sein Wehe fühle, wie sonst nur meines, und deshalb sein Wohl unmittelbar will, wie sonst nur meines. Dies erfordert aber, dass ich auf irgend eine Weise mit ihm identifiziert sei, d. h. dass jener gänzliche Unterschied zwischen mir und jedem anderen, auf welchem gerade mein Egoismus beruht, wenigstens in einem gewissen Grade aufgehoben sei"[311].

Ohne die Identifikation mit dem anderen im Leid könne es keine moralische Tat geben, da es kein *moralisches Motiv* für die moralische Tat gebe – tat twam asi [„dies bist du" oder übersetzt „alle sind gleich"] sei die metaphysische Formel der Moralität, erklärt Schopenhauer.[312]

3.6   Eine Kritik an Schopenhauers Mitleidsvorstellung

3.6.1   Fragen an Schopenhauer

Hierauf wird kritisch hinterfragt: Ist die Identifikation unseres selbst mit dem anderen nicht durch (1) eine Erkenntnis seines Umstandes bedingt und (2) nur durch das Subjekt zu beurteilen? Müsste man nicht auch die Ursache seines Mitleids wissen?

Es kann in Antwort auf (1) und (2) gesagt werden, dass das Mitleid als Affekt auf Täuschung beruhen kann und daher auf einer Begebenheit, die auch nach Schopenhauer nicht an sich gut wäre. Was sind die inhaltlichen Probleme von der Vorstellung des Mitleids als unmittelbarem Affekt?

1. Es könnte sein, dass das Leiden, auf das das Mitleid folgt, verdient ist, z. B. nach Schopenhauers eigener Morallehre wegen einer egoistischen Handlung, wie Mord, erfolgt ist. Insofern hat Cassina, den Schopenhauer in diesem Kontext erwähnt, recht,[313] dass das Mitleid die Phantasie eines Leidens sein könnte, das man selbst erfährt, da man es auf sich selbst zurückprojiziert und das Mitleid selbst jedoch keinen ‚objektiven Grund' hat. In diesem Fall wäre das Mitleid aufgrund eines egoistischen Prinzips zustande gekommen.

---

311   E, S. 208.
312   E, S. 271f.
313   Vgl. E, S. 211.

2. Das *Gefühl* des Mitleids kann keine adäquate objektive Grundlage zur gerechten oder guten Handlung abgeben, sofern gemäß dem Gefühl nur das Produkt eines Erlebnisses im anderen erkannt oder erlebt werden kann. Die Ursache der Situation kann nur durch den Intellekt verfolgt und nachvollzogen werden.
3. Nicht nur der Umstand ist intellektuell zu beurteilen, sondern auch jeglicher Zweck der Handlung muss intellektuell erkannt werden und somit muss der Mitleidende wie auch der zu Bemitleidende dem Grund seiner Situation nach beurteilt werden.

Schopenhauers Äußerung zu der Idee eines äußeren Mitempfindens, nämlich, dass man sich in den anderen hinein versetzen sollte und „vermittelst der äußern Anschauung […] mitempfinde, es als meines fühle […] und doch nicht in mir, sondern in einem anderen"[314] kann Schopenhauer auch nur auf der Grundlage seines mystischen Fundaments versuchen argumentativ fruchtbar zu machen:

> „dann erblicke ich ihn nicht mehr, wie ihn doch die empirische Anschauung gibt, als ein mir Fremdes, mir Gleichgültiges, von mir gänzlich Verschiedenes; sondern in ihm leide ich mit, trotz dem, dass seine Haut meine Nerven nicht einschließt […] Dieser Vorgang ist, ich wiederhole es, mysteriös".[315]

Gefühle sind in dieser Hinsicht nicht weiter begründbar, bis man sie auf Ursachen zurückführt. Schopenhauer verkennt dieses Faktum. Ein Gefühl kann in erster Instanz für sich stehen, ein Gedanke geht auf den Grund, d. h. geht dem Gefühl auf seinen Grund, das auch wiederum im Grund gründet. Schopenhauer will mit seiner Moralitätsvorstellung das Gute auffinden. Die Frage ist, ob Gefühle, die in ihren Ursachen ungewiss sind, überhaupt als gut bezeichnet werden können? Schopenhauer geht hierbei ausdrücklich von einer ihm wichtigen Vorstellung aus – „ich weiß mir kein schöneres Gebet als […] mögen alle lebende Wesen von Schmerzen frei sein"[316] – und geht nicht weiter auf das ein, was die Grundlage hierfür im menschlichen Wesen als intellektuelles- und sinnliches Wesen ist – noch auf die Frage, ob die Schmerzlosigkeit für die Ethik wesentlich ist. Es kann diesbezüglich insgesamt gefragt werden: liegt der Zweck des menschlichen Daseins z. B. tatsächlich im Wohlsein des Individuums? Und worin besteht dies?

---

314 E, S. 229.
315 E, S. 229.
316 E, S. 236.

3.6.2 Die Notwendigkeit der Rationalität für jegliche Moralvorstellung

Schopenhauer erkennt das Problem, dass das Mitleid und eine Gefühlsthese der Moralität durch „intellektuelle Erkenntnis" gestützt werden muss. Es kann nach Schopenhauers eigener Aussage nicht erwartet werden, dass man Mitleid bei jeder Handlung nachempfinde; deswegen müsse die Erkenntnis die Gesinnung aufbewahren:

> „Denn obwohl Grundsätze und abstrakte Erkenntnis überhaupt keineswegs die Urquelle, oder erste Grundlage der Moralität sind; so sind sie doch zu einem moralischen Lebenswandel unentbehrlich, als das Behältnis, das Reservoir, in welchem die aus der Quelle aller Moralität, als welche nicht in jedem Augenblicke fließt, entsprungene Gesinnung aufbewahrt wird."[317]

Es ist jedoch und entgegen Schopenhauers Behauptung nicht nur nötig durch die ‚Vernunft' 1) Gesetze für die Handlung „aufzubewahren", die in uns selbst liegen (Schopenhauer zufolge rein irrational); es ist in jedem Fall, wie erwähnt, auch nötig 2) den Umstand einzuschätzen und 3) das Motiv des Leidens anderer einzuschätzen, denn sonst könnte man glauben, aus Mitleid zu handeln, wobei der andere einem oder sich selbst gegenüber nicht ehrlich ist, d.h. z.B. das Wissen um eine nicht-erreichte Zielsetzung hat, die jedoch erreicht werden könnte. Das Mittel der Täuschung wird in menschlichen Beziehungen in der Tat umgesetzt, z.B. um andere zu erpressen.[318] Daher spielt die ‚Vernunft' entgegen Schopenhauers Äußerungen sehr wohl eine wesentliche Rolle in der *Erkenntnis der Umstände und des Grundes der Handlung* – und das Mitleid kann kein Kriterium der Moralität *unabhängig* des Intellekts sein, da es auch Schlechtes (in Schopenhauers eigenem Sinne, d.h. Egoismus) zum Leitfaden machen würde.

Schopenhauer betont, es solle die fremde Not sein, die zur guten Tat bewegt.[319] Dasselbe Problem gilt jedoch wieder, nämlich, dass die Not interpretiert werden muss. Selbst der Nachvollzug des Leidens ist verursacht durch eine Erkenntnis des Objekts, welches aber sofort auf die Frage verweist – was ist passiert? Die Emotionen sind mit Begriffen verbunden. Diese Zurückführung auf Begriffe ist insofern nicht sekundär, als dass es wiederum die Emotion ändert, wenn eine andere Ursache aufgefunden wird als die, die man glaubte zu wissen.

---

317 E, S. 214f.
318 Vgl. E, S. 233.
319 Vgl. E, S. 228.

Schopenhauer überlegt zum Ende seiner Exkurse zum Mitleid in eigener Sache, dass das Mitleiden bedacht werden müsse und eine verheerende Komplikation gelangt dabei in seine Vorstellung: nämlich, dass in jeder einzelnen Handlung auch bedacht werden muss, inwieweit die Handlung gut ist.[320] Schopenhauer erklärt, dass das Kriterium hierbei sei, dass kein weiteres Leiden verursacht werde. Die Frage nach dem Leiden selbst, d. h. ob der andere nur scheinbar leidet, d. h. ob das Leiden dem Grund angemessen sei oder aber etwas vortäuscht oder, ob das Leiden durch ‚schlechte Taten' selbstverschuldet ist, wird dabei aber nicht beantwortet. Der Mensch wird zudem bei gleicher Einstellung früher oder später erneut leiden, das heißt ohne ein Bedenken der Ursache ist ein Vermeiden des Leidens gar nicht vorstellbar. Schopenhauer sagt widersprüchlicherweise auch, dass die Schonung eines Verbrechers Folgen habe und er müsse daher selbst leiden, um nicht zu wollen, was er wollte.[321] Was zur Verminderung des Leidens dient, müsste also unweigerlich durch den Intellekt bestimmt werden und kann durch das Mitleid nicht erschlossen werden.

Ein nachfolgendes Problem besteht darin, dass man nun den Grund angeben müsste, warum überhaupt das Klauen oder sonstige Verbrechen ein Problem sind, unabhängig des Leidens, denn nur dadurch könnte ja das Leiden der Vorstellung nach minimiert werden. Schopenhauer selbst gibt objektive Gesetze an, die allgemein gelten sollen, wie er z. B. zum Güterbesitz erklärt, dass derjenige, der dafür gearbeitet hat, ein Recht darauf hat.[322] Schopenhauer gibt auch Beispiele für das moralisch Schlechte an, wie z. B. die romantische Verführung der Frau des Nachbarn. Schopenhauer schreibt:

> „Dasselbe Mitleid wird mich abhalten, die Befriedigung meiner Lüste auf Kosten des Lebensglückes weiblicher Individuen zu suchen, oder das Weib eines Anderen zu verführen, oder auch Jünglinge moralisch und physisch zu verderben, durch Verleitung zur Päderastie. Jedoch ist keineswegs erforderlich, dass in jedem einzelnen Fall das Mitleid wirklich erregt werde; wo es auch oft zu spät käme: sondern aus der Ein für alle Mal erlangten Kenntnis von dem Leiden, welches jede ungerechte Handlung notwendig über andere bringt, und welches durch das Gefühl des Unrechterduldens, d. h. der fremden Übermacht, geschärft wird, geht in edeln Gemütern die Maxime neminem laede hervor".[323]

---

320 Vgl. E, S. 255.
321 Vgl. E, S. 99ff.
322 Vgl. WI, S. 396.
323 E, S. 214.

Diese Behauptungen haben jedoch keinen Maßstab als wiederum das Leiden selbst, das aber, wie erklärt wurde, nur anhand dieser Maßstäbe überhaupt als Fundament des Mitleids dienen kann. Einerseits legt Schopenhauer also allgemeine Vorstellungen des Mitleids dar, andererseits soll es keinen rationalen Grundsatz für die ‚Ethik' des Mitleids geben. Mitleid sei dem Satz vom zureichenden Grunde entledigt, es gründe im Gefühl. Mitleid ist jedoch zugleich Schopenhauers Versuch einen objektiven Grund für die Handlung anzugeben,[324] indem er annimmt, dass man das Objektive, den Menschen, in seinem Leid nachempfindet. Das Problem ist jedoch offensichtlich, dass das Objektive durch das Gefühl nicht vollständig eingeschätzt und bestimmt werden kann. Es stellt sich die Frage an den Leser, ob das Wohlsein des Individuums als Naturwesen überhaupt das Prinzip guten Handelns abgeben kann?

3.7   Der unumgängliche Einfluss des Intellekts auf die Handlung

Schopenhauer muss den Intellekt auch im Sinne der Darreichung oder Auffassung des Motivs berücksichtigen, es stellt sich also die Frage, wie Schopenhauer den Einfluss des Intellekts auf die Handlung versteht? In seinem Werk *Über die Freiheit des menschlichen Willens* subsumiert Schopenhauer bestimmte „moralische" Fälle unter dem intellektuellen Vermögen, wie z. B. die Torheiten der Jugend.[325] Diebstahl dagegen sei dem Willen zuzurechnen, da hier das Begehrungsobjekt im Spiel sei.[326] Ist Diebstahl jedoch nicht ebenso mit dem Erkennen verbunden?[327] Bei den Torheiten der Jugend liegt Schopenhauer zufolge kein sinnliches Begehren vor. Deshalb seien sie kein Ausdruck des Willensentschlusses.[328] Der Intellekt hält dem

---

324 Vgl. E, S. 256.
325 Vgl. E, S. 51.
326 Vgl. E, S. 51.
327 Vgl. E, S. 49. Warum bestimmte Handlungen ‚gut' seien, d. h. tugendhaft, wird an dieser Stelle von Schopenhauer nicht näher erläutert. Schopenhauer nennt als Beispiele Redlichkeit, Gewissenhaftigkeit, Mut, Verschwiegenheit, Feinheit usw. Sie müssten nach der Morallehre Schopenhauers alle aus einem unegoistischen Verhalten hervorgehen.
328 Nota bene: Die Verwendung dieses Wortes „Willensentschluss" ist kein Gedankenfehler. Schopenhauer redet *de facto* von „Willensbeschlüße[n]" und „-entschlüsse[n]". Vgl. WI, S. 120; WII, S. 235. Zum „Willensentschluss" siehe insb. HN, *Die Genesis des Systems (1815)*, DDD-dddd, 41.

Willen nur die Motive vor; der individuelle Wille selbst entschließt nach seinem Hang zum Guten und Bösen, d. h. zum Eigennützigen oder zum Altruistischen. Damit wird auch Schopenhauers Antwort auf die Frage des Zweckes der Bildung vorweggenommen. Denn was die Moralität angeht, ist auch die ‚Bildung' zur Änderung des Willensentschlusses unnütz.[329] Nur die rationale Erkenntnis kann durch ‚Bildung' korrigiert werden, aber dies ändere nichts an der Moralität bzw. am Charakter:

> „Bloß seine [des Menschen] Erkenntnis lässt sich berichtigen; daher er [der Mensch] zu der Einsicht gelangen kann, dass diese oder jene Mittel, die er früher anwandte, nicht zu seinem Zwecke führen, oder mehr Nachteil als Gewinn bringen: dann ändert er die Mittel, nicht die Zwecke."[330]

Schopenhauer spricht in der sich dem Zitat anschließenden Passage allerdings von der Erkenntnis als Bestimmungsgrund *der Besserung*:

> „Überhaupt liegt allein in der Erkenntnis die Sphäre und der Bereich aller Besserung und Veredelung. Der Charakter ist unveränderlich, die Motive wirken mit Notwendigkeit: aber sie haben durch die Erkenntnis hindurchzugehen, als *welche das Medium der Motive* ist."[331]

Durch eine Änderung der Motive ändert sich also das, *was gewollt wird*, nicht aber der *Wille* selbst. Wo aber befindet sich die vorausgesetzte Stetigkeit des *Willens*? Nach dem obigen Zitat ist eine Verbindung zwischen den Motiven und dem Willensbeschluss zu beachten. Hier liegt dann die Möglichkeit zur Änderung des Entschlusses vor, denn wenn es eine Verbindung zwischen den *intellektuellen Erwägungen* und dem *Willensakt* gibt, muss man davon sprechen, dass der Intellekt auf den Willen wirkt, selbst wenn Schopenhauer dies mit der Behauptung zurückweist, dass der aus Erfahrung postulierte Charakter gleich bleibe und daher nur eine größere Menge an Motiven dem ‚Willen' vorgelegt werden.

Im Kontext der menschlichen Motivation wurde Schopenhauers Paradox eines Willens, der auf das Motiv mittels der Erkenntnis bezogen ist, jedoch in sich selbst nicht darin begründet liegt, obwohl er nur durch diesen Bezug als dieser nicht-erkenntnishafte Wille bestimmt werden konnte, mehrfach ausgelegt. Es wurde dabei deutlich, dass der Wille als rationales Strebevermögen verstanden werden muss. Es geht im nächsten Hauptteil darum, dem rationalen Strebevermögen, das

---

329 Vgl. zur Bildung, auch zur „moralischen Bildung", E, S. 253ff.

330 E, S. 52.

331 E, S. 52. Hervorhebung hinzugefügt.

Schopenhauer vernachlässigt, nachzugehen und zu bestimmen, ob es ein *grundsätzlich* anderes Strebevermögen ist als das der Sinne. Es stellt sich dabei die Frage, wie dieses rationale Strebevermögen bei Aristoteles, der dieses Strebevermögen als Handlungskomponente besprochen hat, konstituiert ist und worin es gründet. Im Zusammenhang der Klugheit als intellektuelle und eigentliche Tugend wird von Aristoteles ein intellektuelles Prinzip des Strebevermögens angesprochen, das für die gute Zwecksetzung verantwortlich gemacht wird. Worin dieses intellektuelle Prinzip für die Praxis gründet, wurde jedoch von Aristoteles nicht ausgeführt, wie gezeigt wird. Dabei wird gezeigt werden können, dass der *Begriff des Willens* auf einem intellektuellen Prinzip der Praxis beruhen muss und dass dieses auf die theoretische Erkenntnis zurückgreift, etwas, das Aristoteles selbst nicht erkannt hat.

Zweiter Hauptteil –
Der Wille bei Aristoteles und
die intellektuelle Tugend der Klugheit

1   Einteilung der Strebevermögen

Aristoteles teilt die Seele in fünf Vermögen auf: „das nährende, das wahrnehmende, das vernünftige, das beratschlagende Vermögen, ferner das strebende.“[332] Das Nährvermögen ist ein rein unvernünftiges und passives Vermögen, welches bei Aristoteles für das Streben und Erkennen keinerlei Bedeutung hat. Die einzelnen Wahrnehmungsvermögen liefern die ihnen eigentümlichen Wahrnehmungsdata eines Objekts, wie z. B. das Gehör den Gesang des Vogels und die Sicht die Farben des Vogels.[333] Die Einbildungskraft (*phantasia*) bringt diese verschiedenen Bilder, Geräusche usw. gemäß der fünf Sinne im Inneren des Menschen und ohne Materie zustande,[334] „wodurch, wie wir sagen, in uns ein Vorstellungsbild (*phantasma*) entsteht“.[335] Der Inhalt der Wahrnehmung wird daher mittels der Einbildungskraft wieder aufgerufen werden können[336] und die Einbildungskraft ist gemäß der

---

332 Auf Altgriechisch: „*threptikon, aisthetikon, noetikon, bouleutikon, eti orektikon*“. Aristoteles: *Über die Seele*, übers. von Wilhelm Biehl und Otto Apelt, Hamburg 1995, hiernach De anima, 433b3-6.

333 Vgl. ebd., 418a10-16. Vgl. auch Aristoteles: *De Sensu et sensibilibus*, 439a6-7.

334 Vgl. De anima, 432a9-10.

335 Ebd., 428a1-2. Die Einbildungskraft findet bei Aristoteles breitere Verwendung als in der Moderne der Fall ist, denn sie ist nicht nur eine „innere Projektion“ des in verschiedenen Verhältnissen Wahrgenommenen und daraufhin neu Vermischten. David Ross erklärt, dass die Einbildungskraft bei Aristoteles verschiedene Funktionen erfüllt: „(a) the formation of after-images; (b) memory (μνήμη); (c) recollection (ἀνάμνησις); (d) dreams (ἐνύπνια); (e) in relation to desire (ἐπιθυμία); (f) in relation to thought (τὸ νοητικόν)“. W.D. Ross: *Aristotle*, New York 1995, 90f.

336 Vgl. De anima, 425b 24-25.

Wahrnehmung nie ohne Körper vorstellig.[337] Auf der Einbildungskraft gründet der Verstand (*nous*) sein Denken und Urteilen[338] und die Einbildungskraft ist der Sitz aller Wahrnehmungsarten.[339]

Das Streben (*orexis*), welches auf der Wahrnehmung oder auf der Reproduktion derselben durch Einbildungskraft basiert, heißt Begehren (*epithymia*).[340] Die Begierde geht *unmittelbar* auf das, was für den Körper gut oder schlecht ist, denn die Wahrnehmung ist, so wie die Einbildungskraft, nie ohne Körper. Das Streben aber, welches auf Affekten wie Furcht, Mitleid, Zorn u. d. g. m. basiert, wird nur *mittels* der sinnlichen Wahrnehmung möglich und heißt Gemütsregung (*thymos*).[341] Zum

---

337 Dass die Einbildungskraft (auch als Vorstellung übersetzt) nicht ohne Körper sein kann, geht aus dem folgenden Satz hervor: „Am ehesten scheint noch das Denken nur der Seele anzugehören. Wenn aber auch dieses eine Art Vorstellung oder zumindest nicht ohne Vorstellung ist, dann kann es nicht ohne Körper sein." De anima, 403a8-10.

338 Vgl. ebd., 427b18-20, 431b1-3 oder 432a13-14.

339 Alle Wahrnehmungen werden *einem Vermögen* gemäß vorstellig gemacht. Sofern dieses nach der Wahrnehmung allein bestimmt wird und nicht nach der Vorstellung, heißt es *sensus communis* oder *koiné aisthésis*, wie Aristoteles u. a. in De Sensu et Sensibilibus, 449a8-11 oder in De anima, 425a27-425b2 beschreibt.

340 Ebd., 413b20-25.

341 Aristoteles erklärt: „Das Streben ist nämlich Begierde, Erregung und Wunsch [*epithymia, thymos, boulēsis*]". De anima, 414b2. Jedoch unterscheidet Aristoteles die Begierde nicht so streng von der Gemütsregung und zählt sie schlichtweg zu den Affekten (EN, 1105b22-23). Thomas von Aquin unterscheidet die sinnliche Begierde (*concupiscentia*) von der Gemütsregung (*irascibilis*) dadurch, dass die Gemütsregung im Zusammenhang einer Gefahr oder Schwierigkeit entsteht: „[W]e have stated in the I, 81, 2, that the object of the concupiscible power is sensible good or evil, simply apprehended as such, which causes pleasure or pain. But, since the soul must, of necessity, experience difficulty or struggle at times, in acquiring some such good, or in avoiding some such evil, in so far as such good or evil is more than our animal nature can easily acquire or avoid; therefore this very good or evil, inasmuch as it is of an arduous or difficult nature, is the object of the irascible faculty. Therefore whatever passions regard good or evil absolutely, belong to the concupiscible power; for instance, joy, sorrow, love, hatred, and such like: whereas those passions which regard good or bad as arduous, through being difficult to obtain or avoid, belong to the irascible faculty; such are daring, fear, hope and the like." Thomas von Aquin: *Summa Theologica*, Prima secundae, Questio 23, Art. 1, Resp. (Die meisten Texte von Thomas von Aquin, inklusive die vollständige Summa Theologica, sind nur auf Englisch erhältlich. Der folgende Onlinetext ist seit Jahren zugänglich und ist gut übersetzt worden: Thomas von Aquin: *Summa Theologica*, http://www.newadvent.org/summa/. Aus dem Zitat geht hervor, dass die Begierde „sinnliches Gut oder Böse" ist, denn in diesem Kontext wird auch die Liebe und der Haß genommen. Vgl. dazu Prima Secundae, Questio 26, Resp. Dem zitierten Unterschied zwischen der Begierde und der Gemütsregung entsprechend könnte man vorwegnehmen, dass die Schwierigkeit des Erreichens eines sinnlichen Gut oder des Vermeidens eines sinnlichen Schlechten,

Beispiel ist die Furcht vor einem giftigen Pilz oder einem nie vorher gesehenen Tier bei einem Menschen nicht durch die Wahrnehmung, d. h. durch die Sinne selbst unmittelbar gegeben, sondern durch das *Verständnis* des Problems dessen, was das Objekt für das Subjekt verursachen könnte.

Das Verständnis bezieht sich natürlicherweise für den Menschen auf das Verhältnis zwischen dem Subjekt als Vorstellendes und dem Objekt als Vorgestelltes. Das Verständnis oder das Urteilen, d. h. das auf Verstand (*nous*) basierte Verstehen, greift immer auf die Vorstellung zurück: „Daher denkt die Seele nie ohne Vorstellungsbilder".[342] Die Wahrnehmung wird also als Vorstellung bedacht und dadurch entstehen Formen, die Einheitsvorstellungen von Wahrgenommenem sind. Diese Vorstellungsformen, worauf das Urteilen dann zurückgreift, z. B. auch als Begriffe, drücken die Bedeutung des Wahrgenommenen für den Vorstellenden oder Urteilenden aus. Im Fall einer gesehenen Fackel z. B., sagt Aristoteles, drückt diese Vorstellungsform eine Drohung aus, woraufhin wir Furcht oder Aufregung empfinden.[343] Die Vorstellungsform kann also eine Regung in uns Menschen auslösen und diese nennt Aristoteles Gemütsregung (*thymos*), die gemäß der Vorstellungskraft des Menschen und wie der Verstand auf die Vorstellungsform zurückgreift, bedacht werden kann, sofern weitere Vorstellungen mit dieser Vorstellung kombiniert werden können. Die Fähigkeit zum Bedenken dieser Vorstellungsform ist ein Hinweis darauf, dass bei der Gemütsregung das Bedenken eine Rolle für die Einschätzung des gegebenen Umstandes und die Bedeutung des Objekts für das Subjekt spielt. Der Verstand beurteilt nämlich den Gegenstand des Strebevermögens.

---

die die Gemütsregung ausmacht, mit einer Form der Erwägung zusammenhängt, die den Gegenstand der Handlung mittels der Vorstellung (*phantasia*) erst bestimmt. Die Vorstellung, die die Gemütsregung auslöst, muss eine Erkenntnis sein, die das Sinnliche nicht unmittelbar fasst. Die bestimmte Vorstellungsart (der Schwierigkeit/ Mühsal) macht, dass der Bezug zum Gegenstand ein anderer ist als bei der Begierde. Sie bestimmt aus der Frage nach dem, was aus dem Gegenstand in Beziehung zum Subjekt folgt, was der Gegenstand für eine Bedeutung für das Subjekt hat. Diese Bedeutung ist also nicht unmittelbar sinnlich, d. h. körperlich, sondern ist mit einer weiteren Stufe, der Vorstellung, behaftet.

342 De anima, 431a14-18. Vgl. auch De anima, 432a8-9 und Aristoteles: *De memoria et reminiscentia*, 450a1.

343 Vgl. De anima, 431b1-7. Die Furcht bleibt kein nur empfundenes Phänomen, sondern kann nach ihrer Ursache für das Subjekt verständlich gemacht werden. Das Objekt wird dadurch in seinem Verhältnis zum Subjekt untersucht, d. h. im Zusammenhang der Einbildungskraft vorgestellt und durch den Verstand seiner Qualität nach bestimmt. (Auch Schopenhauer weist darauf hin, dass die Vorstellung im Menschen begrifflich wird. WI, S. 49.)

Gemäß dem sinnlichen und vorstellenden Streben erfasst man das Objekt *mittels* des Verstandes als etwas, das gut oder schlecht für das vorstellende Subjekt ist.[344] Die Wahrnehmungen, welche als Begierde Lust und Unlust erzeugen, werden von dem Verstand (*nous*) als gut oder schlecht beurteilt. Das Schlechte flieht (*phyge*) man im Gegensatz zum Guten, welches man erstrebt.[345] Man kann jedoch nach dem scheinbar Guten, welches durch das sinnliche Streben angestrebt werden kann, handeln, oder aber nach dem eigentlich Guten, das Aristoteles zufolge durch den Verstand festgelegt wird.[346] Die Lust oder Unlust, welche entweder direkt durch unmittelbare Affekte oder aber durch die reproduktive Einbildungskraft (Vorstellung) ausgelöst wird, wird noch einmal durch den Verstand nach dem guten oder schlechten Zweck der Handlung bestimmt, denn das ‚Denken‘[347] entscheidet über das Gute oder Schlechte durch Bejahung oder Verneinung des Zweckes.[348] Dieser Zweck kann ein rein sinnlicher oder körperlicher Zweck sein, z. B. das Abnehmen, und daher ein Fliehen trotz der körperlichen Lust. Diese Beurteilung wirkt sich in ein Streben oder Fliehen nach Abschluss der Überlegung aus.

Der Verstand selbst vermag durch eine menschliche Zwecksetzung, z. B. auch einer technischen, nicht nur über den Zweck einer vorgegebenen Handlung gemäß einem sinnlichen Streben nachzudenken, sondern auch über die zukünftige Handlung gemäß dem sinnlichen aber durch Überlegung zustande gekommenen Streben, das durch das Nachdenken von Aristoteles nicht in gleicher Hinsicht als sinnlich gefasst wird (hier zeigt sich dem aufmerksamen Leser schon die Vorahnung und die Natur des doppelten Verhältnisses der Einbildungskraft (*phantasia*); einmal verhält sie sich zur Unmittelbarkeit der Sinnlichkeit und einmal zum ‚Denken‘ als Gegenstand des Subjekts im Inneren). Die unmittelbaren sinnlichen Affekte, die

---

344 Schopenhauer sieht diese Funktion des Verstandes als seine einzige an, nämlich zur Erkenntnis der Erscheinung und zur Erhaltung unserer Selbst.

345 De anima, 431a11.

346 Ebd., 433a28-29. Wie das eigentlich Gute sich zur Vernunft verhält und somit zum Willensbegriff wird später diskutiert.

347 Hier meint Aristoteles einfach die Überlegung, die mit demselben Mittel (dem Intellekt) arbeitet, wie das Denken. Es kann bei der Überlegung auf ein Denken zurückgegriffen werden, das den Zweck der Handlung und somit das wofür der Überlegung ändert, wie im Verhältnis der Klugheit als intellektuelle Tugend gezeigt wird. Aristoteles geht allerdings von einer Untersuchung der Handlungskonstitution aus und leitet auf diesem Wege zum Denken hin, was grundsätzlich den *Willensbegriff* nicht adäquat zum Ausdruck bringen kann, da das Denken ein anderes Prinzip ist als die Überlegung. Dieses Problem wird im weiteren Verlauf expliziert.

348 Das Vermögen der Bejahung und Verneinung gehört dem Denken (*noésis*) und nicht der Vorstellung selbst an. Vgl. ebd., 432a10-13.

ein Streben erzeugen, sind immer nur auf das Jetzt gerichtet und können von sich aus eine Handlung initiieren. Das Zusammenspiel des sinnlichen Strebens und des Verstandesvermögens mündet daher in einem Konflikt: „[Der Verstand] (*nous*) befiehlt wegen des Zukünftigen, nach der einen Richtung zu ziehen, die Begierde wegen des Gegenwärtigen (der anderen Richtung)."[349] Der Verstand vermag nach Maßgabe des rationalen Seelenteils der Handlung eine andere Zielsetzung zu geben, die der Begierde entgegengesetzt ist. Der Verstand (*nous*) ist also sowohl maßgebend zur Bestimmung der Handlung nach einem zukünftigen Ziel, das nicht nach einer direkt aus der Wahrnehmung genommenen Zwecksetzung bestimmt ist,[350] als auch verantwortlich für die Entscheidung im Einzelfall des Wahrgenommenen, d. h. für die Handlung nach Maßgabe des sinnlichen Strebens gemäß der Überlegung im Jetzt.

Die Vorstellung (*phantasia*) ist ein Mittelding zwischen dem Wahrnehmen und dem Verständigen (und somit auch im Streben), denn was vorgestellt wird ist sinnlich, jedoch nicht unbedingt gegenwärtig oder wirklich und richtet sich daher auch auf Dinge, die *nicht* möglich oder zukünftig sind.[351] Sodann ist die Vorstellung nicht immer richtig[352] und unterscheidet sich daher von dem Verstand selbst, der, für sich unabhängig der Vorstellung betrachtet, immer richtig ist.[353] Das Verstandesurteil, das auf die Vorstellung zurückgreift, entlarvt sich somit als eine falsche *Vorstellung*, wenn die Wunschvorstellung nicht möglich oder falsch ist. Man kann sich zum Beispiel vorstellig machen und daher wünschen auf dem Mars zu leben, wobei die tatsächliche Ausführung dieser Vorstellung unmöglich sein kann. Dieses Streben rührt also entweder von der Überlegung, die auf Gegenstände der Sinnlichkeit als Form in der Vorstellung[354] bezogen wird, her oder sie rührt von der Vorstellungsform selbst her und erweist sich als Unmöglichkeit, da die Form sich nicht mehr auf die Realität bezieht. Die Vorstellung kann damit als Strebevermögen auch Ursache einer Handlung sein. Sie bestimmt sich prinzipiell

---

349 Ebd., 433b10. An dieser Stelle wurde *nous* als Vernunft übersetzt.

350 Diese Zielbestimmung ist daher mit Vorstellungskraft (*phantasia*) verbunden, wie im nächsten Absatz, soweit nötig, erklärt wird.

351 Aristoteles erklärt, dass man auch das Zukünftige oder Unmögliche „wollen" (*boulontai*) kann und hier zeigt sich ein Streben gemäß der Überlegung, bzw. der Vorstellung. Das Streben des ‚Willens', das sich auf eine mögliche Handlung in Zukunft bezieht, wird natürlich anders als das auf das Unmögliche gehende Streben bestimmt werden müssen. Es handelt sich in beiden Fällen um das Verhältnis des rationalen Strebens zu den anderen sinnlichen Strebevermögen. Vgl. Aristoteles: *Eudemische Ethik*, 1225b30-1226a.

352 Die Vorstellung, die auf Meinung basiert, kann z. B. falsch sein.

353 De anima, 433a26-27.

354 Ebd., 431b2-10.

als eine Gemütsregung (*thymos*) (d. h. durch die Phantasie als vorstellendes Streben) und durch die Überlegung kann sie, wie erklärt, auch auf die Zukunft gerichtet sein. Dieses sinnlich-vorstellende Streben wird durch das rationale Vermögen mitbestimmt, da der Zweck durch das rationale Vermögen mitgeschaffen wird.

Nun erklärt Aristoteles, dass der Wille als Ursache der Handlung ein weiteres Strebevermögen ausmacht und im Intellekt des Menschen wurzelt. Der überlegende Teil der Seele setzt sich von dem irrationalen Teil ab und begründet den *Willen*: „denn im überlegenden Teil (*logistikon*) [der Seele] tritt der Wille (*boulēsis*) auf, und im irrationalen Teil (*alogon*) die Begierde (*epithymia*) und die Gemütsregung (*thymos*)."[355] Jenachdem, ob der Affekt die Überlegung zum Zweck der Handlung zustande bringt oder ob auf der Basis des ‚Überlegens' ein Wille zur Handlung entsteht, ist einmal der Affekt, ein anderes Mal das Nachdenken Grund der Handlung. Das Strebevermögen des rationalen Seelenteils verhält sich in gleicher Hinsicht zum Erkenntnisvermögen, wie das des sinnlichen Seelenteils. Die Begierde im Sinne des Begehrens und Fliehens geht von der sinnlichen Wahrnehmung des Kalten oder Bitteren aus, sofern der Gegenstand als kalt oder bitter erkannt wird. Der Verstand strebt gemäß seines (inneren) Vermögens der Beurteilung des von der Sinnlichkeit gegebenen Stoffes.

Der Intellekt wiederholt, bzw. produziert innerlich den Stoff erneut und bringt diesen Stoff in ein Verhältnis mit dem Subjekt. Das Subjekt kann sich somit zum Stoff im Sinne einer Frage nach dem Sinn des Stoffes für die Zwecke des Subjekts verhalten. Der Zweck des Subjekts ist in erster Linie ein Verhältnis des jeweiligen Subjekts zum vorliegenden Gegenstand und auf einer höheren Stufe zu einem Zweck, der die Zweckmäßigkeit bedenkt. Die Sinnlichkeit ist also nicht das einzige Vermögen zur Beurteilung des Handlungssinns. Der Verstand kann das Kalte, als sinnliche Wahrnehmung, hinnehmen und den Gegenstand nicht meiden, da er ein „Gutes", das nicht in der Wahrnehmung liegt, vorstellig machen kann. Diese Vorstellung, die, wie erklärt, auf die Zukunft gehen kann oder auf eine Vorstellung, die das Kalte zu einer Vorstellung des Guten oder Schlechten macht, geht auf den Verstand zurück.

Man *wünscht* sich etwas (strebt es an), da man sich dieses als gut vorgestellt hat, ob unmittelbar durch Affektion oder durch Nachdenken. Das Objekt bzw. das Gute und Schlechte an ihm (für das Subjekt) bestimmt das, was das Denken bejaht oder verneint bzw. anstrebt oder vermeidet.[356] Das Gute und das Schlechte, d. h. die Beurteilung des Zweckes der Handlung, wird letztlich durch den Intellekt entschieden. Das Gute und Schlechte kann sich jedoch sowohl nach dem, was für

---

355 De anima, 432b6-7.
356 Vgl. De anima, 431b3-6.

einen gut scheint als auch nach dem, was absolut gut ist, richten: „Deshalb bewegt
das erstrebbare Objekt immer, aber dies ist entweder das Gute oder das scheinbare
Gute."[357] *Das Gute als solches* wird an ebenjener Textstelle von Aristoteles durch
das intellektuelle Vermögen näher bestimmt, während das Streben und die Vorstellung auch das scheinbar Gute anstreben können. Das intellektuelle Vermögen
sei das höhere Vermögen und die anderen Vermögen werden durch den Intellekt
als Urteilsvermögen abgelöst: „Von Natur aber ist immer das höhere Vermögen das
gebietendere".[358] Dass Aristoteles implizit ein intellektuelles Vermögen für die gute
Handlung verantwortlich macht, zeigt sich daran, dass er den Klugen und wie dieser
entschließen würde als Bestimmung der richtigen Handlung setzt. Aristoteles versucht dieses intellektuelle Vermögen allerdings rein im Verhältnis zur Handlung zu
bestimmen und somit im Verhältnis zur Natur. Der rationale Zweck der Handlung
wird daher bei Aristoteles auf den Einzelgegenstand der Handlung hin betrachtet
und die Fähigkeit zum Setzen des guten Zweckes letztlich als Überlegung allein
gemäß des Einzelgegenstandes bestimmt. Aristoteles kann folglich nicht erklären,
wie die Überlegung, die auf die Einzelgegenstände geht, immer gut sein kann, d. h.
in einem intellektuellen Prinzip wurzeln muss. Worin gründet die Unterscheidung
zwischen der Klugheit und der Verschlagenheit, sind doch beide überlegend tätig
und erfassen den Einzelgegenstand rational? Das Einzelwesen der Handlung
muss im Menschen durch seinen Intellekt als ein Allgemeines gefasst werden, was
Aristoteles in seiner Zweckvorstellung vernachlässigt. Der prinzipiell gute Zweck
ist auf eine Hinterfragung der Zweckmäßigkeit angewiesen und auf das Denken
einer Intelligibilität, die das Zweckvolle für das Subjekt konstituiert. Erst hiervon
ausgehend kann der Gegenstand der Praxis in seiner relativen Zweckmäßigkeit
verfolgt werden. Durch die Vernachlässigung dessen, wie die Konstitution des
guten Zweckes, den der Kluge durch sein Vermögen bestimmt, zustandekommt,
hat Aristoteles die prinzipielle Gründung der Klugheit in ihrem intellektuellen
Prinzip nicht gedacht. Der Wille ist auch bei ihm dem Zwecke nach durch die
Vernunft bestimmt, was an der Bestimmung des Zweckes durch den Klugen er-
kenntlich ist, es wird jedoch nicht weitergefragt und erklärt, dass diese intellektuelle
Zwecksetzung nach dem Endzweck der Vernunft ausgerichtet sein muss, nämlich
zu erkennen Die Praxis steht somit für den Begriff des Willens in einer Isolation
von der theoretischen Erkenntnis. Dass Aristoteles Begriff des Willens aber nur
durch einen Bezug der Praxis zur Erkenntnis im vernünftig willentlichen Subjekt
gedacht und zu seiner Vollkommenheit gebracht werden kann, zeigt sich daran,
dass die praktische Vernunft ein Strebevermögen abgibt, d. h. dass die Praxis auch

---

357   Vgl. De anima, 431b3-6.
358   De anima, 433a30.

bei ihm in einer vernünftigen Bestimmung gründen muss, die sich nicht aus dem Einzelgegenstand als solchem, sondern aus der praktischen Vernunft ergibt. Die praktische Vernunft ist bei Aristoteles in der Lage aufgrund ihrer Fähigkeit zum ‚Nachdenken'[359] das Streben nicht nur zu hemmen sondern es auch zu bestimmen:[360]

> „auch das Streben entscheidet nicht über diese Bewegung [die konkrete praktische Handlung]; denn die Beherrschten tun trotz des Strebens und Begehrens nicht das, wonach sie streben, sondern folgen der Vernunft […] Diese beiden sind also dem Orte nach bewegende Vermögen, Vernunft und Streben, und zwar die zweckvoll denkende und praktische Vernunft. Sie unterscheidet sich von der theoretischen durch den Zweck. Auch jedes Streben ist um eines Zweckes willen. Worauf sich das Streben richtet, dies ist Prinzip der praktischen Vernunft (*praktikou vou*)."[361]

Wie kann denn die praktische Vernunft bei Aristoteles, Prinzip der Handlung sein? Das Prinzip der praktischen Vernunft wird durch den intellektuellen Seelenteil selbst begründet werden müssen, da Aristoteles im obigen Zitat äußert, dass es zwei Prinzipien der Handlung gibt: das Denken und das ‚Streben'. Er erklärt, dass das Denken das Streben bestimmen kann und somit praktisch ist. Das Problem des Verhältnisses beider wird durch die Frage nach dem Zweck eingeleitet. Der Zweck ist jedoch letztlich nur im Verhältnis der „theoretischen" Vernunft bestimmbar, wie im folgenden gezeigt wird.

In diesem zweiten Hauptteil wird also erklärt, dass es ein rationales Strebevermögen bei Aristoteles gibt, das in seiner Verbindung zur ‚theoretischen' Vernunft nicht erklärt worden ist. Dadurch ist eine Unklarheit in der Unterscheidung zwischen dem Streben gemäß der vernünftigen Zwecksetzung und dem Streben gemäß einer sinnlichen Zwecksetzung, die rational überlegt wird, entstanden. Die vernünftige Zwecksetzung nämlich beansprucht die Erkenntnis der Dinge. Nichtsdestotrotz ist bereits der Begriff des Willens bei Aristoteles so konstituiert, dass er nur als

---

359 De anima, 434a14-15.

360 Der gesamte zweite Hauptteil problematisiert diesen Begriff der Überlegung als Quelle der Willentlichkeit, da die Überlegung nur zum Zwecke der Einzeldinge angewandt wird. Sofern die Überlegung nach dem Prinzip des Denkens, d.h. eines intelligiblen Zweckes betrachtet wird, gewinnt sie eine „andere", d.h. ihre inhärente Bedeutung – nämlich die der Relativität und den Fokus auf das Leben als solches. Somit wird die Überlegung zu anderen Zwecken einsetzen.

361 Die Bestimmung wird hier nicht im Sinne der Beherrschung verstanden. Die Beherrschung betrifft nur das Verhältnis der Vernunft zum sinnlichen Streben und gibt nichts Näheres über die Vernunft als Strebevermögen kund. Es soll hier gezeigt werden, dass die Vernunft selbst praktisch werden kann.

intellektuelles Streben im Sinne eines Willensbegriffs[362] gedacht, d. h. wirklich
verstanden und erklärt werden kann.[363]

2   Der Wille ist bedingt durch die Zweckvorstellung und Überlegung des Intellekts, die richtige Zweckvorstellung des Intellekts ist bedingt durch die Klugheit

Das rationale Streben, das Aristoteles einführt, der Wille (*boulēsis*), basiert auf
dem Nachdenken (*logismon*) und richtet sich auf die Handlung.[364] Die *boulēsis*, der
Wille, das Nomen stammt von dem Verb „überlegen" (*bouleuometha*), bedeutet nach
Aristoteles *rationales Streben*, sofern die ‚Überlegung' den Zweck der Handlung
abgibt, d. h. motivierend ist. Die Bedeutung der *Klugheit*, die das rationale Vermögen
der Überlegung in Beziehung zur Handlung in ihrer Tugendhaftigkeit bedingt,
ist bei Aristoteles in verschiedenen Kontexten unterschiedlich zu verstehen, was
Verwirrung in das Verständnis der aristotelischen Lehre gebracht hat.

Im Kontext der *sittlichen Tugenden* kommt Aristoteles auf die Klugheit zu sprechen.
Er macht dabei die Klugheit für die Bestimmung der Mitte der Affekte verantwortlich[365]-
eine Mitte, die für sich, d. h. gemäß dem Affekt, als eine affektierte Mitte genommen
wird; eine Mitte, die jedoch wesentlich durch den Klugen selbst bestimmt wird:[366]

> „Die Tugend ist also eine Disposition, die sich in Vorsätzen äußert, wobei sie in
> einer Mitte liegt, und zwar der Mitte in Bezug auf uns, die bestimmt wird durch die
> Überlegung, das heißt so, wie der Kluge sie bestimmen würde.[367]

---

362 De anima, 433a5-8 und 433a13-17.

363 Der *gute* Wille muss auch bei Aristoteles der Wille in seiner intellektuellen Vollkommenheit sein, da der Wille durch einen guten Zweck bedingt ist, der nur durch den
Intellekt gedacht und bestimmt werden kann. Der Intellekt konstituiert also den Willen,
indem er zu seiner ihm selbst bestimmenden Funktion kommt, wie im vorliegenden
Buch erklärt wird. Dieser gute Zweck ist also in der Erkenntnis selbst schon enthalten
(eine Erkenntnis, die auf den Gegenstand geht).

364 Vgl. De anima, 433a10-25.

365 Inwieweit die sittliche Tugend als Tugend gelten kann, sofern es die Klugheit ist, die die
Mitte abgibt und damit die Tugend bestimmt, ist fraglich und wird im Zusammenhang
der Einteilung und Bestimmung der Tugenden in diesem und in nachfolgendem Kapitel
weiter besprochen.

366 Vgl. EN, 1106b-1107a2.

367 EN, 1106b37-1107a1.

Die Klugheit wird hier im Kontext der sittlichen Tugenden in der Bestimmung der
Mitte von Aristoteles durch die Überlegung näher bestimmt. Aristoteles kommt auf
die Klugheit selbst als Bedingung der richtigen Überlegung zu sprechen, weil er bei
der Bestimmung der ‚Mitte' auf den Intellekt des Klugen als Sitz der Überlegung
zurückgreift. Auch im folgenden Zitat drückt Aristoteles den Zusammenhang
des Mittleren zum Intellekt des Klugen aus, indem er auf das Wissen rekurriert.
Er erklärt: „In allem aber ist das auf uns bezogene Mittlere das Beste; denn dieses
ist so wie das Wissen [*epistēmē*] befiehlt und die planende Überlegung [*logos*]."[368]
Obwohl von Aristoteles behauptet wird, dass eine Tugend bei der sittlichen Charakterdisposition gegeben ist, ist die Bestimmung der Mitte, die diese Tugend
ausmachen soll, nur durch das Wissen und Überlegen gegeben, das den Intellekt
des Klugen ausmacht. Somit stellt die intellektuelle Tugend der Klugheit in Frage,
ob die sittliche Tugend für sich als Tugend verstanden werden kann.[369]

3   Die sittliche Tugend gegenüber der intellektuellen Tugend

Die ersten Kapitel der *Nikomachischen Ethik* zur sittlichen Tugend behandeln
letztlich die Vorstellung der Tugend, die zum Zwecke der gesellschaftlichen Praxis
gemäß der gegebenen unvernünftigen Natur des Menschen vorstellig gemacht
wird: diese Praxis handelt von der sogenannten goldenen Mitte.[370] Die Mitte der
Affektion ist Grund der richtigen Handlung nach *sittlicher* Tugend, sofern der
Entschluss (prohairesis),[371] der durch die Klugheit bestimmt wird, Grund der Tugendhaftigkeit ist und den richtigen *Zielpunkt* der Handlung in diesem Fall gemäß
des sinnlichen Strebens setzt.[372]

Die Klugheit (*phronēsis*) übt, *sofern sie mit den sittlichen Tugenden verbunden
vorgestellt wird*, eine rein regulative Funktion aus.[373] Dies wird in der Sekundärli-

---

368 EE, 1220b27.

369 Es wird zwar mehrmals von einer Gutheit des Charakters gesprochen, aber wie es sich
      immer wieder im aristotelischen Text zeigt, kann auch sie nicht ohne Klugheit gedacht
      werden – ergo die Klugheit bedingt auch die Gutheit des Charakters.

370 Diese Aussage zur Sittlichkeit wird im weiteren Verlauf durch die Auseinandersetzung
      gestützt und erwiesen und am Anfang des dritten Hauptteils erläutert.

371 *Prohairesis* wird oft auch als Vorsatz übersetzt.

372 Vgl. EN, 1144b12-13.

373 Vgl. EN, 1107a1.

teratur weitläufig besprochen und drückt die sekundäre Vorstellung der ‚Tugend'
der Klugheit gemäß des sinnlichen Strebens aus.

Aristoteles zufolge sollte der sittliche Teil der Seele dem intellektuellen Teil
jedoch gehorchen und die Affekte nicht nur in eine willkürliche Mitte gebracht
werden.[374] Aristoteles erklärt im ersten Kapitel des sechsten Buches der *Nikomachischen Ethik*[375] rückblickend auf die sittliche Tugend, dass es einen *Zielpunkt* jeder
Handlung gibt wie auch ein *Kriterium* zur Bestimmung der mittleren Disposition.[376]
Das *Kriterium* zur Bestimmung der richtigen Mitte liegt im klugen Menschen, wie
auch die richtige Bestimmung des *Zielpunktes*. Dies wird in der Sekundärliteratur
oft übersehen und die Lehre der sittlichen Tugend als die praktische Philosophie
des Aristoteles verstanden. Es ist in der Tat missverständlich, dass Aristoteles zuerst eine „Tugendlehre" darstellt, die er durch die späteren Aussagen zur Klugheit
subtil revidiert und dabei eine eigentliche praktische Philosophie, jedoch nur im
Ansatz, entwickelt, wie gezeigt wird. Die Absonderung des irrationalen Seelenteils
von dem rationalen Seelenteil und vice versa wird explizit in der *Eudemischen Ethik*
auseinandergesetzt.[377] Zunächst ist anzumerken, dass Aristoteles nur von der Gewohnheit (*ethos*) in Hinblick auf die sittlichen Tugenden spricht.[378] Die sittlichen
Tugenden gehen auf Handlungen, die nach einem sinnlichen Strebevermögen
bestimmt werden. Ist z.B. der Charakter (*ēthos*) zur Raschheit geneigt, so muss
der Intellekt ihn ziemen. Dies geschieht bei den sittlichen ‚Tugenden' als solche
durch Übung und Gewohnheit[379] und das Individuum ist *von Natur* aus nach
dem innewohnenden Strebevermögen prädisponiert ein Zuviel, eine Mitte, oder
ein Zuwenig an Affektualität in die Handlung hineinzubringen.[380] Gemäß dieser
einleitenden Erläuterung der sittlichen Tugend wird die Frage an den Leser gestellt:
Ist daher die sittliche Tugend für sich genommen wirklich Tugend?

Es ist der Zielpunkt des Strebens und mittelbar der der Überlegung, welchen
Aristoteles definieren muss, um näher zu bestimmen, was die ‚Mitte' nach dem

---

374   Vgl. EE, 1220a10-11.
375   Zur Funktion des sechsten Buches innerhalb der Argumentation der Nikomachischen
       Ethik siehe Ursula Wolf: *Aristoteles ‚Nikomachische Ethik'*, Darmstadt 2002, S. 140-163.
376   Vgl. EN, 1138b18-1139a.
377   Vgl. EE, 1246b20-24.
378   Vgl. EN, 1103a13-27.
379   Vgl. EN, 1103a18-27.
380   Zur Disposition von Natur aus vgl. EN, 1144b4-6. Zu den Affekten, Anlagen und
       Dispositionen vgl. EN, 1105b20-28.

richtigen Begriff (*orthos logos*) ist.[381] Was ist es, das den ‚Maßstab der Mitte' in sich hat? Ist die Überlegung selbst hinreichend, um die Mitte zu treffen? Oder ist die Mitte eigentlich durch die Erkenntnis des richtigen Zweckes bedingt und nicht durch die Überlegung selbst? Im Mittelpunkt der Fragen steht die Rolle des intellektuellen Vermögens im Bereich des Strebens und somit in dem der Handlung. Aristoteles bietet im sechsten Buch der Nikomachischen Ethik eine für das Verhältnis der sittlichen Tugend zur intellektuellen Tugend der Klugheit aufschlussreiche Antwort zur Rolle des Denkens für die Tugendhaftigkeit. Er erklärt, dass die natürliche, richtige, sittliche Disposition manchen Menschen eigen ist, dass aber diese Naturbegabung noch nicht Tugend im eigentlichen Sinne ist: „Wenn man aber das Denken [*nous*] erwirbt, bedeutet das einen Unterschied für das Handeln, und die Disposition, die bisher der Tugend nur ähnlich war, wird dann eine Tugend im eigentlichen Sinn sein".[382] Die Tugend ist demzufolge vom *Verstand* abhängig. Die Überlegung (*logidzesthai*) für sich genommen, wie Aristoteles erklärt, ist selbst nur ein Mittel zur näheren Bestimmung des auszuführenden Vorsatzes (*prohairesis*)[383] – dieses *Verständige (nous)*, das die Tugend in eigentlichem Sinne ausmacht, muss also etwas von der Überlegung verschiedenes sein.

4   Die Tugend der Klugheit

Um tugendhaft zu sein, muss man dem Gegenstand der jeweiligen Tugend gemäß handeln.[384] Dem Gegenstand der Handlung gemäß zu handeln, bedeutet den Gegenstand *zu verstehen*, denn die Mitte kann nur durch den Intellekt näher bestimmt werden, nämlich durch das Wissen und die Überlegung, wie oben bereits zitiert. Um die Mitte zu treffen und so die eigentliche Tugend zu besitzen, bedarf es also mehr als eine durch die Überlegung geleistete Lenkung der Affektion. Die Klugheit muss dem Charakter beikommen und die Handlung bestimmen.[385] Was

---

381 Die richtige Haltung der Tugend führt zu den besten und trefflichsten Handlungen. Diese richtige Haltung der Tugend ist nichts anderes als die Erkenntnis des rechten Raisonnements: „Bestes aber und Trefflichstes [ist] das der rechten Überlegung (*orthon logon*) Gemäße." EE, 1222a8.

382 EN, 1144b12-13.

383 Der Vorsatz (*prohairesis*) wird im weiteren Verlauf dieses zweiten Hauptteils auseinandergesetzt.

384 Vgl. EE, 1221a15-20.

385 Vgl. EN, 1178a17-18. Aristoteles spricht nur wenige Zeilen später von der Tugend des Intellekts, welche sich von den Affekten absolut absetzt, EN, 1178a23. Es ist daran zu

ist dann „der Gegenstand" oder „die Disposition" der Klugheit, die jeweils die gute Handlung bestimmen, denn man muss Aristoteles zufolge dem Gegenstand nach angemessen handeln, um tugendhaft zu sein? Zum Beispiel wird im Kontext der Gemütsregung gefragt, ob der Stolz, den man fühlt, dem Gegenstand und den subjektiven Mühen angemessen ist oder ob die Lust beim Essen dem Essen selbst und der subjektiven Bedürftigkeit angemessen ist und nicht z. B. als Gier beurteilt werden soll. Die Angemessenheit gegenüber dem Gegenstand kann aber nicht über die Beurteilung des Einzelgegenstandes allein bestimmt werden. Die Frage nach der Angemessenheit muss an dem Prinzip der Handlung als ein im Subjekt Gegebenes absolutes und gleichbleibendes Ich beurteilt werden. Die Erklärung der *Rolle des Begriffs oder daher des Denkens* für die Mitte und die Tugendhaftigkeit ist mit der Frage um die angemessene Handlung dem Gegenstand gegenüber behaftet und somit mit der Frage nach dem Zweck, der sich auch nach dem Subjekt gemäß der Klugheit konstituiert. Es ist deutlich, dass das Verständnis der Klugheit als rationale Überlegung im Zusammenhang der sittlichen Tugenden zu kurz kommt und die Klugheit vielmehr als intellektuelles Streben und Prinzip verstanden werden muss.

Wie muss also die Klugheit als Prinzip der Handlung verstanden werden?

Das sinnliche Streben (Begierde und Gemütsregung) und die Vorstellung (*phantasia*) als Quelle des Überlegens und Denkens sind zwar mit-wirkend und mit-konstituierend für die menschliche Handlung, es geht jedoch darum, die Handlungen verständig, *d. h. nach dem richtigen Begriff*, anzugehen, sagt auch Aristoteles. Die sinnliche Vorstellung kann nicht den richtigen Grund der Handlung abgeben und muss mit dem rechten Begriff übereinstimmen (der im Subjekt gemäß seiner Gegenstandeserkenntnis verankert liegt (Disposition) und die Objektivität sichert, d. h. über das sinnliche Verhältnis hinausgehend den Gegenstand in seiner verständigen Bestimmung erfasst). Die Vorstellung, die die äußeren Gegenstände durch das Subjekt sinnlich fasst (und teils neu produziert- als Einbildung oder Phantasie), kann durch den Verstand von dem Subjekt aus bestimmt werden und die Fähigkeit die Vorstellung zu bedenken, macht den Menschen zudem für seine Handlung verantwortlich:

> „Wenn nun jemand sagen würde, dass alle nach dem streben, was ihnen als das Gut erscheint, dass sie aber darüber, wie etwas ihrer Vorstellung (phantasia) erscheint, nicht die Kontrolle haben, vielmehr einem jeden das Ziel so erscheint, wie er beschaffen ist, [dann könnte man entgegnen:] Wenn jeder für sich selbst in gewisser Weise für seine

---

erinnern, dass die Klugheit als solche eine intellektuelle Tugend ist und einmal von Aristoteles im Zusammenhang der Politik im Kontext der sittlichen Tugend betrachtet wird und einmal an und für sich.

Disposition verantwortlich ist, wird er auch in gewisser Weise selbst verantwortlich dafür sein, wie die Dinge seiner Vorstellung erscheinen."[386]

Man muss seine Vorstellungen also mittels des Verstandes (*nous*) *bedenken*, und somit in der Konsequenz seine Vorstellungen reflektieren, um richtig zu handeln. Wie bereits erläutert worden ist, kann der Verstand die sinnliche Vorstellung bedenken und die Überlegung gemäß diesem Bedenken des Einzelgegenstandes kann Grund der Motivation sein, was Aristoteles als Wille fasst. Aristoteles unterscheidet bei der Bestimmung des Willens als das Bedenken des Gegenstandes als Grund der Handlung nicht zwischen der Beurteilung des Verstandes gemäß des Einzelgegenstandes allein, d. h. das Bedenken der Vorstellung, und der Beurteilung gemäß einer durch den Verstand initiierten Infragestellung des Gegenstandes. In ersterem Fall, wenn der Verstand nur den Einzelgegenstand bedenkt, muss der Zweck der Handlung für das Subjekt aus der Natur hergeleitet werden und der Gegenstand wird dieser Naturvorstellung gemäß überlegt. Diese Zweckbestimmung durch Überlegung ist aber für die Zwecksetzung der Handlung gemäß dem Intellekt selbst nicht hinreichend, denn die Naturvorstellung bildet für sich genommen keinen abgeschlossenen Maßstab für die Zweckbestimmung, sondern nur die Erkenntnis der Konstitution des Seienden, d.h. des Gegenstandes der Handlung für ein Subjekt, kann jeweilig die Zwecksetzung konstituieren.

Die Vernunft denkt und setzt den Zweck eines jeweiligen Vorhabens und gestaltet somit die Praxis gemäß der Vernunft. Die Vernunft ist in der alleinigen Naturbestimmung des Subjekts nicht gegeben, da der Zweck der Natur ein vorgestellter bzw. scheinbarer Zweck ist. Wenn man z. B. nach Emotionalität strebt und demgemäß handelt, so wird die Frage nach dem Zweck nicht gestellt, der Zweck ist schon in der Vorstellung gesetzt.[387] Der Wille des denkenden *homo sapiens* bedenkt das Wesen der Erscheinung und nimmt seinen Ausgang nicht von einer *für sich stehenden* „Realität" (der Vorstellung), die nicht reell im Sinne des Bewusstseins ist, d.h. einer sinnlichen Realität, die das inhaltliche Wissen dieser Realität nicht trägt.

Aristoteles problematisiert die Zweck- oder Zielvorstellung durch den Bezug des Subjekts zum Einzelgegenstand der Handlung. Die Exposition der Zweckbestimmung fällt daher zu kurz, denn der Zweck wird letztlich in der Frage nach dem Gegenstand der Vernunft beantwortet werden müssen (d. h. in einem Verhältnis des Subjekts der Erkenntnis zum Gegenstand der Erkenntnis, das durch die Reflexion geleistet

---

386 EN, 1114a32-1114b3.

387 Dies gilt auch für die Überlegung, wie erklärt worden ist, denn die Überlegung entwirft den Zweck für das Subjekt mittels des Verstandes letztlich gemäß einer Naturvorstellung, auch wenn sich dieser Zweck nicht auf die Person im Sinne eines Vorteils beziehen muss, sondern auf die Person gemäß ihrer Vorstellung der Natur.

werden muss) und nicht im Verhältnis einer Frage nach dem Naturgegenstand als ein solcher. Zur Erläuterung dieser Problematik wird die weitere Ausführung dienen. Aristoteles geht nämlich trotz seiner Behauptung zur intellektuellen Bedingung der Klugheit als Sitz des Willens gemäß der Bestimmung der Gutheit des Strebens auf die Vernunft als zweckbestimmend nicht ein. Wie ist also die ‚Klugheit' zur Bedingung des rationalen Strebens zu beurteilen?

5 Die intellektuelle Tugend zur Bestimmung des Willensbegriffs

Um die Klugheit als intellektuelle Tugend und dabei das Verständige, die Überlegung und die Konstitution des Entschlusses (*prohairesis*) für die *Zweckbestimmung* als die Erkenntnis selbst zu isolieren, ist ein kurzer Rekurs zur Erläuterung der Einteilung der ‚Tugenden' bei Aristoteles von Nöten. Die Tugend als die Vollkommenheit des Vermögens bezüglich unterschiedlicher Gegenstände wird eingeteilt in sittliche und intellektuelle Tugenden.[388] Die sittlichen Tugenden sind immer handlungsbezogen.[389] Aristoteles gibt mit seiner Definition der Tugend – „die Tugend einer Sache ist aber bezogen auf deren eigentümliche Funktion"[390] – den entscheidenden Hinweis darauf, wie die unterschiedlichen Tugenden gefasst und bestimmt werden. Bei den *sittlichen* Tugenden handelt es sich um richtige und falsche Verhaltensweisen,[391] die mit Begierde und Gemütsregung einhergehen. Es gibt zwei Formen der *intellektuellen* Tugenden; die einen gehen auf unabänderliche, die anderen auf abänderliche Dinge.[392] Aristoteles geht auf eine genauere Einteilung der Funktion beider Formen der intellektuellen Tugend ein. Dafür erklärt er, dass die Wahrheit (*aletheia*) und die Handlung (*praxews*) durch Wahrnehmung (*aisthesis*), Verstand (*nous*) und Streben (*orexis*) bestimmt werden.[393] Bei der intellektuellen Tugend der Klugheit geht es um die Tugend, die den Bereich der Handlung abdeckt und somit auf abänderliche Dinge geht. Sie ist aber im Gegensatz zu den sittlichen Tugenden intellektuell bestimmt, d.h. im Gegensatz zu den sittlichen Tugenden kann sie keine natürliche individuelle Disposition sein. Die Klugheit ist eine Tugend,

---

388 Vgl. EN, 1139a1-2.
389 Vgl. EN, 1139a21-27.
390 EN, 1139a17.
391 Wodurch sich das Richtige und Falsche entscheidet, wird im nächsten Kapitel erläutert.
392 Vgl. EN, 1139a9.
393 Vgl. EN, 1139a15-21.

die die anderen Tugenden erst zu eigentlichen Tugenden macht, den Charakter insgesamt bestimmt und den Maßstab der guten Handlung abgibt. Das Gute der Handlung bezieht sich hierbei auf den intellektuellen Seelenteil selbst, der letztlich den Zweck abgeben muss.

Die Frage, die sich hierbei bezüglich der praktischen Vernunft (Klugheit) stellt, ist, wie die Klugheit die *prinzipiell* gute Zwecksetzung abgeben kann? Deutlich wurde bereits, dass ihre Bestimmung als regulative Tugend für die sittlichen Tugenden, sowie ihre überlegene Funktion, diese Frage nicht beantworten können. Die Frage, die sich für die vorliegende Untersuchung zum Willensbegriff stellt, ist folglich, ob der Intellekt in seiner theoretischen Erkenntnis, d.h. in seinem Wesen insgesamt, und somit die *Wahrheit* die Zweckbestimmung der Handlung im Allgemeinen und im Einzelnen beeinflusst oder nicht.[394] Durch die Behauptung des Aristoteles, dass die Klugheit das Gute ausmacht, wie auch später wieder aufgegriffen und zitiert wird, dass sie den Zweck abgibt und erst die Tugend im eigentlichen Sinne ist und dass mit ihr gleichzeitig alle Tugenden vorhanden sind, ist bereits bei Aristoteles die Notwendigkeit eines intellektuellen Grundes für das praktische Prinzip ausgesprochen. Aristoteles vernachlässigt die theoretische Grundlage für das Denken des Zweckes in seiner Ausführung zum Willen als intellektuelles Strebevermögen und Praxisbestimmung jedoch. Damit der Einzelgegenstand der Handlung in seiner wahren Zweckmäßigkeit für das denkende Subjekt erfasst wird, muss er gewusst, d.i. in seinem wahren Wesen erkannt werden. Der gute Zweck hängt also vom Wissen ab. Zu diesem Problem wird in im weiteren Verlauf mehr gesagt.

Von den drei oben genannten Vermögen (Wahrnehmung, Verstand und Streben) kann die Wahrnehmung nach Aristoteles nie Ursprung eines Handelns sein.[395] Dabei sieht man, dass der Begriff des Handelns bei Aristoteles streng gefasst wird und unausweichlich mit dem Intellekt zusammenhängt; Tiere nehmen daher keinen Anteil an der Handlung.[396] So bleiben nur noch der *Verstand* (*Denken*) und das *Streben* übrig, die Ursache von Handlungen zu bilden.[397] Das Streben kann das Denken veranlassen und so kann aber auch das Denken selbst das Streben bestimmen. Aristoteles erklärt: „der Vorsatz [ist] entweder strebendes Denken oder denkendes Streben".[398] Das strebende Denken und das denkende Streben

---

394 Der Wille betrifft bei Aristoteles immer den einzelnen Handlungsgegenstand. Vgl. 433a13-15.

395 Vgl. EN, 1139a19.

396 Vgl. EN, 1139a20.

397 Vgl. De anima, 433a13.

398 EN, 1139b4. Diese wesentliche Stelle auf Altgriechisch lautet: „διὸ ἢ ὀρεκτικὸς νοῦς ἡ προαίρεσις ἢ ὄρεξις διανοητική".

unterscheiden sich also in ihrem Grund, d. h. ob das Streben oder das Denken den Anlass zur Handlung gibt. Die Auseinanderhaltung dieser zwei Prinzipien der Handlung oder des Handlungssinns wirft Licht auf den Unterschied und die Fähigkeit entweder nach dem einen Prinzip oder dem anderen zu handeln. Man kann also Streben und dabei das Streben bedenken, wobei das Streben letztlich sinnlich sein kann, oder man kann Denken und diesem gemäß Streben. Beim sinnlichen Streben als Veranlassung der Handlung ist man mit dem Gegenstand der Sinne gemäß diesem sinnlichen Vermögen, d. i. der Empfindung oder der Vorstellung, als zweckbildend, befasst; beim Denken als Veranlassung der Handlung ist man mit dem Gegenstand gemäß der Überlegung, die auf eine Zweckvorstellung des Intellekts zurückgreift,[399] befasst. Dieses Streben gemäß dem Denken ist der Wille. Das Streben gemäß dem ‚Denken‘ geht auch mit Überlegung bezüglich des Einzelfalls einher.[400] Nach dem Willen zu handeln, bedeutet bei Aristoteles nicht seinen Gefühlen entgegen zu handeln (oder wie manchmal thematisiert wird, in Abwesenheit von Zwang), sondern vielmehr nach Maßgabe des intellektuellen Vermögens zu streben und dadurch für seine Handlung aufzukommen. Man kann zwar *willentlich* seinem Genuss nachgehen, wie auch gegen seine sinnlichen Triebe handeln durch Verzicht, sofern man nur beherrscht ist,[401] aber der Kluge, der mit sich zu Rate geht,[402] ist nicht beherrscht, sondern folgt dem Verständigen und geht dem Genuss nicht nach, wo Genuss nicht das Gute, d. h. der Sache gemäße, ist.[403] Man kann zwar *willentlich, d. h. überlegt,* ungerecht handeln, denn

---

399   Die Vernunft ist ein intellektuelles Vermögen und kann somit ein Prinzip für das Verständige abgeben, worauf Aristoteles aufgrund seiner Auffassung des „praktischen Seelenteils" als spezielles intellektuelles Vermögen nicht weiter eingeht.

400   Vgl. zu einer einsichtigen Diskussion zu den Momenten des Entschlusses und seines Verhältnisses zum Strebevermögen: Sarah Broadie: *Ethics with Aristotle*, New York, 1991, Kap. VII, insb. S. 220.

401   Der Entschluss beruht auch auf der Überlegung und kann daher ohne den Einfluss des Affekts getroffen werden. Aristoteles erklärt: „Nun, Gemütsregung und Begierde haben auch die Tiere, Entschluss aber nicht. Ferner: aber auch (Handelnde) in denen dies beides ist [Gemütsregung und Begierde], entschließen sich vielfach ohne der Gemütsregung oder der Begierde Raum zu geben. Und andererseits: auch wenn sie sich in (diesen beiden) Zuständen befinden, treffen sie doch keinen Entschluss, sondern bleiben stark [and when they are under the influence of those passions they do not choose but remain unmoved by them.]." EE, 1225b28.

402   Die Überlegung bezüglich der Handlung als das „Mit-sich-zu-rate-gehen" wird in einem späteren Kapitel, 7, auseinandergesetzt.

403   Der Beherrschte weist ähnliche Eigenschaften wie der Kluge auf: „Der Beherrschte bleibt bei der Überlegung und läßt sich durch keines von beidem [zuviel Lust oder zuwenig] umstimmen." (EN, 1151b27-28; auch EN, 1145b13-14). Der Beherrschte muss

man kann willentlich nach der eigenen Begierde handeln, ohne dabei den Intellekt
zweckmäßig zu berücksichtigen, d. h. ohne dabei das eigentliche Ziel der Handlung
bedacht zu haben; der Kluge als ‚Vernünftiger' setzt aber das Ziel der Handlung
durch den Intellekt, was den Grund dafür abgibt, dass Aristoteles auf den Intellekt
des Klugen zurückgreift, um die gute Handlung zu bestimmen. Wenn der Vorsatz
(*prohairesis*) nicht *reflektiert* ist, so geht er aus einer ‚sittlichen Disposition' hervor
und die Wahl der Mittel wird durch dieses Streben bestimmt, d. h. zwar rational
gewählt aber durch den Zweck des sinnlichen Strebens bestimmt. Diese Willensvorstellung drückt den Willensbegriff nicht aus, welcher von Aristoteles mit der
intellektuellen Klugheit als *Bedingung* der Tugendhaftigkeit eingeleitet wird.[404]

6   Die Konstitution des Entschlusses – die Klugheit als Tugend der Praxis

Es muss nun gemäß dem Zusammenhang zwischen der Überlegung und dem
Streben der Vorsatz (*prohairesis*)[405] bestimmt werden, denn in den konstituierenden
Momenten des Vorsatzes erklärt sich die Rolle des Denkens für die Handlung. Damit
der Vorsatz der Handlung richtig ist, muss das Streben gut und die Überlegung wahr
sein. Demzufolge muss das, was das Denken bejaht und der strebende Teil verfolgt,
dasselbe sein.[406] Ursprung und Prinzip einer guten Handlung, sagt Aristoteles, ist
also der Vorsatz, denn in ihm äußern sich diese zwei Elemente. Der Ursprung des
Vorsatzes ist also „das Streben und die Überlegung, die auf einen Zweck gerichtet
ist. Deswegen kann es einen Vorsatz weder ohne Verstand (*nous*) und diskursives
Denken (*dianoia*) geben, noch ohne eine Charakterdisposition (*hexis ēthikē*).“[407] Es
ist bereits diskutiert worden, dass die Charakterdisposition der sittlichen Tugend
eine gewohnte Einstellung der Affekte betrifft. Es ist auch bereits erläutert worden,
dass eine intellektuelle Charakterdisposition mit der intellektuellen Tugend der
Klugheit gegeben ist, welche die sittliche Charakterdisposition als das Tugendhafte

---

sich aber aufgrund des sinnlichen Triebes zu seinem Grundsatz zwingen, wohingegen
die Disposition des Klugen davon grundverschieden ist. EN, 1152a1-7.

404 Vgl. EN, 1144b-1145a1.

405 Es wird hier noch einmal daran erinnert, dass *prohairesis* sowohl als Vorsatz als auch
als Entschluss übersetzt wird.

406 Vgl. EN, 1139a24-26.

407 EN, 1139a33-35.

bedingt bzw. aufhebt.[408] Das gute sittliche Streben ist bei Aristoteles durch eine Charakterdisposition (*hexis ēthikē*) bedingt, doch geht diese in der Bestimmung der Mitte mit dem *richtigen Begriff* einher. Die Klugheit, d. h. die Handlung gemäß der praktischen Vernunft als eine intellektuelle Tugend, *muss* also zur Bestimmung des richtigen Begriffs herangezogen werden. Die Disposition, die diesen Begriff abgibt, ist in diesem Sinne eine reine *dianoetikē* der Handlung, welche die sittliche Tugend als eine *hexis ēthikē* (sittliche charakterliche Disposition) ersetzen müsste. Aristoteles spricht aber trotzdem von der hexis ethike als konstitutiv für das gute Handeln, obwohl sie gar nicht bestehen kann, wenn die Klugheit für den Vorsatz bestimmend ist, denn entweder ist eine Gewohnheit für die gute Handlung verantwortlich *oder* ein intellektuelles Prinzip. Aristoteles erklärt widersprüchlicherweise:

> „Ursprung einer Handlung – im Sinn des Ursprungs der Bewegung, nicht des Zwecks – ist ein Vorsatz, und der Ursprung des Vorsatzes ist das Streben und die Überlegung, die auf einen Zweck gerichtet ist. Deswegen kann es einen Vorsatz weder ohne intuitives (*nous*) und diskursives Denken (*dianoia*) geben, noch ohne eine Charakterdisposition (*hexis ēthikē*). Denn gutes Handeln und das Gegenteil davon gibt es nicht ohne Denken und Charakter. Das Denken als solches bewegt jedoch nicht, sondern nur dasjenige Denken, das auf einen Zweck bezogen, das heißt praktisch ist."[409]

Gibt es bei Aristoteles also die intellektuelle ‚Disposition' der Klugheit, die die Charakterdisposition ersetzt oder nicht? Es muss problematisch bleiben, dass Aristoteles von einer Charakterdisposition spricht, die trotz der intellektuellen Tugend der Klugheit für die gute Handlung mitverantwortlich ist. Dass diese Konstellation aber seiner eigenen Ausführung und Bestimmung der Klugheit als intellektuelle Tugend widerspricht, könnte darauf hindeuten, dass Aristoteles absichtlich nicht ausgesprochen hat, dass die Charakterdisposition nicht tugendhaft ist, um eine Gesellschaftsmoral zu erhalten. Wie ist aber die intellektuelle Tugend der Klugheit selbst bei Aristoteles zu verstehen und inwiefern ist es sie allein, die die Tugend ausmacht?

Es ist die Mitte, die den Charakter (*ēthos*) tugendhaft macht und die *hexis ēthikē* ist nur durch die richtige Mitte zu bestimmen:

> „es gibt einen Zielpunkt (skopos), mit Blick auf den derjenige, der die richtige Überlegung besitzt, die Sehne seines Bogens anspannt und lockert, und es gibt ein Kriterium (horos) zur Bestimmung der mittleren Dispositionen, die, wie wir sagen – indem

---

408   Aristoteles schreibt: „Klug ist man nicht nur durch Wissen, sondern auch durch die Disposition, dem Wissen entsprechend zu handeln" (EN, 1152a8-9) und „Denn mit der Klugheit, die eine [Tugend] ist, werden sie alle zugleich vorhanden sein." EN, 1145a1.

409   EN, 1139a32-35.

sie der richtigen Überlegung entsprechen –, zwischen Übermaß und Mangel liegen. Nun ist diese letzte Aussage zwar zutreffend, doch überhaupt nicht erhellend. [A] uf mittlere Weise, das heißt so, wie die richtige Überlegung sagt. Wenn jemand nur dieses Kriterium hätte, wäre er so klug wie zuvor. […] Daher muss auch hier, wo es um die Dispositionen der Seele geht, nicht nur der angeführte [allgemeine] Satz wahr sein, sondern auch [konkret] bestimmt werden, was die richtige Überlegung ist und was die Kriterien [ihrer Richtigkeit] sind."[410]

Man muss nach Aristoteles genauer fassen, was den Charakter (ēthos) gut macht, indem man die Kriterien der richtigen Überlegung bestimmt. In diesem Sinne muss man von dem intellektuell-richtigen Zielpunkt (skopos) sprechen, der im obigen Zitat im ersten Satz erwähnt wird. Aristoteles erklärt mehrfach, dass der Zielpunkt des Willens in dem Guten selbst liegt. Aristoteles schreibt in diesem Zusammenhang, dass alle Seelenteile außer dem Ernährungsvermögen nach dem Guten streben, was er durch das Ausschlusskriterium hier erklärt: „Vom vierten Teil der Seele, dem Ernährungsvermögen, gibt es keine solche Gutheit. Denn es gibt nichts, was zu tun oder nicht zu tun bei ihm läge."[411] Das Gute, wonach jedesmal gestrebt wird, ist aber entweder das scheinbare Gute oder das Gute selbst.[412] Was ist dabei das Gute selbst? Die unterschiedlichen Strebevermögen sollen insgesamt zum Besten führen. Da das Beste aber das am meisten Abgesonderte ist und um keines äußeren Nutzens wegen erstrebt wird, so ist es im menschlichen Erkennen selbst zu finden. Aristoteles erklärt, dass es dem Guten eigen sei,

„das Gute zu verwirklichen –, und zwar um seiner selbst willen, nämlich zu Gunsten seines denkenden Teils, der ja das eigentliche Selbst des Menschen ist. Aber auch dass er lebe und erhalten bleibe, will er, und besonders wünscht er dies demjenigen Teile, mit dem er denkt: denn für den Tugendhaften ist sein Sein ein Gut."[413]

Das Gute ist also letztlich und abschließend das, was der denkende Seelenteil selbst ist oder bestimmt.[414]

---

410 EN, 1138b22-34.

411 EN, 1144a9-10.

412 De Anima, 433a28-29.

413 EN, 1166a.

414 Wie ist also das Gute der beiden anderen, sinnlichen Seelenteile zu fassen? Das scheinbar Gute ist das scheinbar *Gute*, weil derjenige der handelt, sich immer vorstellen muss, dass das, was er anstrebt, das Gute ist. Das Gute ist in diesem Sinne eine Positivität, die auch dem Denken als Inhalt geliefert wird. Das was nach dem sinnlichen Strebevermögen allein angestrebt wird, ist immer das *scheinbar* Gute, da die Gutheit des angestrebten Zweckes nicht hinterfragt wird und im Schein selbst liegt. Das scheinbare Gute ist also das Scheinbare, weil sich diese Gutheit nur nach dem sinnlichen Vermögen richtet, das

Die Klugheit (als intellektuelle Tugend der Praxis) ist für sich genommen Grundlage des *guten Willens*, d. h. ein intellektuelles Streben gemäß der Vernunft. Die Klugheit macht die Gutheit des Charakters letztlich aus, indem alle Tugenden vorhanden sind, wenn die Klugheit vorhanden ist: „Denn mit der Klugheit, die nur [eine Tugend] ist, werden sie alle zugleich vorhanden sein."[415] Aristoteles erklärt nun an einer späteren Stelle: „Denn wie gezeigt ist man gleichzeitig klug und gut im Charakter. Ferner: Klug ist man nicht nur durch Wissen, sondern auch durch die Disposition, dem Wissen entsprechend zu handeln."[416] Die Disposition des Klugen ist also eine *praktische Tugend*, die mit Wissen einhergeht, und die auch die Gutheit des Charakters bedingt, denn die Disposition dem Wissen entsprechend zu handeln ist mit der Gutheit des Charakters letztlich identisch. Wenn das rationale Streben keine Grundlegung in der Vernunft erfährt, kann nämlich, wie schon erwähnt, nach einem rationalen Zweck gehandelt werden, der schlecht ist.[417] Aristoteles hat diesen Gedanken in der Nikomachischen Ethik 1144a11-1145a1 näher ausgeführt. Die praktische Unterscheidung zwischen dem Klugen und dem Verschlagenen bei Aristoteles weist darauf hin, dass die Tugend in der intellektuellen Tugend als solche, d. h. in der Erkenntnis, grundgelegt werden *muss* und nicht in der Überlegung gemäß dem Einzelgegenstand allein liegen kann.[418] Beide Charaktere handeln rational nach der Geschicklichkeit, unterscheiden sich aber durch den guten Zweck. Aristoteles erklärt:

> „Es gibt ja ein Vermögen, das man Geschicklichkeit (deinotes) nennt. Dieses ist so geartet, dass es zu tun und zu erreichen vermag, was zum festgesetzten Zielpunkt führt. Wenn nun der Zielpunkt werthaft (kalos) ist, ist es lobenswert, wenn aber schlecht, handelt es sich um Verschlagenheit (panourgia). Deswegen nennen wir sowohl die Klugen als auch die Verschlagenen geschickt."[419]

Die Zielsetzung der Handlung hängt also von der *Tugend* selbst ab und nicht von der Geschicklichkeit. Damit muss die Zielsetzung in einem intellektuellen Prinzip

---

den Schein erkennt. Das eigentliche Gute ist das, was dem denkenden Teil der Seele zukommt, weil das Denken den Zweck in sich hat. Das, was es gemäß jeden Vermögens wirklich zu tun oder nicht zu tun gilt, und damit das Gute, bestimmt sich demnach aus dem intellektuellen Vermögen.

415 EN, 1145a1.

416 EN, 1152a7-9.

417 Vgl. EN, 1144a25-27.

418 Man kann den Gegensatz auch als Klugheit und Schlauheit benennen. So wie die Schlauen durch ihre Kognitionen Vorteile für sich zu erbringen wissen.

419 EN, 1144a24-28.

gründen, denn der Maßstab der richtigen Handlung ist das Denken und der Intellekt des Klugen selbst. Die Überlegung nach dem rationalen Streben kann ein solches Prinzip nicht abgeben, wie anhand der Verschlagenheit gezeigt wurde, denn sowohl der Kluge als auch der Verschlagene überlegen richtig, setzen aber das Ziel unterschiedlich. Das Problem bleibt jedoch bestehen, dass Aristoteles nicht grundlegend auf die Unterscheidung zwischen dem Entschluss gemäß der rationalen Überlegung im allgemeinen, d. h. gemäß jeglicher Zwecksetzung, und dem wonach das Streben sich richtet, wenn die Zweckvorstellung selbst intellektuell gebildet wird, eingeht und beide grundsätzlich verschiedenen Konstitutionen des Entschlusses miteinander vermischt, wenn er die Klugheit in Zusammenhang mit den sittlichen Tugenden bringt und die Vorstellung einer immer „richtigen Überlegung" aufbringt, obwohl die Richtigkeit nicht prinzipiell in der Überlegung liegen kann.[420]

Der Vorsatz muss sich also als gut durch die ‚Klugheit' bestimmen,[421] auch bei Aristoteles, d. h. durch das Denken und den Intellekt (*nous*). Diese Bestimmung des Intellekts geht nicht ausschließlich auf die Überlegung (*bouleuesthai*),[422] sondern muss das *Prinzipielle des Nous*, d. h. des reflektierenden Denkens (*dianoia epistēmē*), miteinbeziehen und zur maßgeblichen Bestimmung der Zwecksetzung machen.[423] Die Ausführung dieser Verbindung zwischen dem praktischen und theoretischen Intellekt fehlt bei Aristoteles. Die Vernunft in der Praxis setzt einen Maßstab für die Handlung in sich voraus, welcher nicht nur den jeweiligen Gegenstand einer bestimmten Handlung berücksichtigt, sondern sich im Intellekt begründet.

---

420 Aristoteles geht nicht tiefer oder explizit auf das Denken zur Begründung des Willens ein, sondern schließt nur die Verbindung zwischen einer rationalen Zwecksetzung und einem rationalen Strebevermögen. Der Wille selbst muss allerdings bei Aristoteles der gute Wille sein, denn die Vollkommenheit des Vermögens gibt erst die Bedeutung des Vermögens überhaupt her.

421 Vgl. EN, 1145a4-5.

422 Zum Beispiel erklärt Aristoteles, dass die Geschicklichkeit nur auf richtiger Überlegung basiert, teilt sie aber dennoch in das mit gutem Zweck Angegangene (*phronesis*, Klugheit) und das mit schlechtem Zweck Angegangene (*panourgia*, Verschlagenheit). EN, 1144a25-27.

423 Die *dianoia* betrifft auch das intellektuelle Vermögen, Wissenschaftliches oder Notwendiges zu erschließen. Vgl. EN, 1139a12-13.

7 Der Entschluss gemäß dem Guten – Die Rolle der allgemeinen Annahme

Die Unterscheidung zwischen der rationalen Überlegung und dem Willen als intellektuelles Prinzip lässt sich in Bezug auf den Vorsatz und die dafür notwendige allgemeine Annahme oder Ansicht weitergehend erläutern. Der Wille bei Aristoteles geht auf eine Ansicht, die man für richtig hält, zurück.[424] Man muss sich beim willentlichen Streben gedacht oder vorgestellt haben, dass die Annahme richtig ist, denn das Willentliche bestimmt sich durch die Ratio und nicht durch den Affekt. Im Entschluss spielt die Meinung (*doxa*) über das Ziel eine wesentliche Rolle. Die Meinung ist eine allgemeine Annahme und leitet den Willen ‚theoretisch' und beide Momente, der Wille und die Meinung, sind auf das Ziel gerichtet, sofern die Meinung eine Vorgabe zur Zielsetzung des Willens ist: „Es ist aber der Wille, der speziell auf das Ziel geht, und es ist die Meinung, man sollte gesund und glücklich sein."[425] Die Meinung ist eine allgemeine Annahme, die auf der Vorstellung gründet und überlegt wird. Kann die Meinung, die als allgemeine Annahme den Willen leitet, durch eine allgemeine Annahme, die sich in der Vernunft selbst gründet, verändert oder ersetzt werden? Und ist die Meinung ein ausreichendes Kriterium für die Richtigkeit der Zielsetzung des Willens?

Aristoteles unterscheidet zwischen zwei Überlegungsbegriffen, wobei einmal die Absicht überlegt wird (*bouleuesthai*) und einmal die allgemeine Annahme (*logidsesthai*). Die Überlegung im ersteren Sinne ist ein Mit-sich-zu-Rate-gehen, d. h. ein Überlegen, ob das Handeln oder das Auslassen desselben vorzuziehen ist. Man überlegt einerseits, ob das Vorhaben nicht bessere Alternativen habe, d. h. ob es besser oder schlechter (*keilon kai beltiov*) sei dies oder jenes zu tun, und anderseits, ob nicht die Umstände der Umsetzung des Vorhabens widersprechen. Man kann aber auch „Überlegungen" anstellen, aber keinen Entschluss darüber treffen, da keine Handlung beabsichtigt wird, z. B. ob Indien schön ist: dies ist der Anwendungsbereich des *logidsesthai*.[426] Deswegen sagt Aristoteles zu diesen zwei Überlegungsbegriffen: „Der Grund hierfür ist, dass es eine doppelte Irrtumsmöglichkeit gibt, nämlich entweder beim theoretischen Durchdenken (*logidsesthai*) oder im empirischen Überlegen [basierend auf *aisthesis: griechisch; kata tēn aisthēsin*], das heißt bei der praktischen Durchführung".[427] Die *logidsesthai*, die nichthandlungsbezogene Überlegung, betrifft also den Bereich der Bildung einer allgemeinen

---

424 Dies geht z. B. aus EE, 1226a5-8 hervor.
425 EE, 1226a13-14.
426 Vgl. EE, 1226a34-37.
427 EE, 1226a36-37.

Annahme. Der Entschluss entsteht nicht, ohne dass man sich eine allgemeine Annahme über den Sachverhalt gebildet hat, aber der Entschluss selbst betrifft nur die Abwägung als solches, denn die Bildung der allgemeinen Annahme ist nicht auf den Entschluss angewiesen, sondern umgekehrt.[428] Die allgemeine Annahme nimmt also offensichtlich einen Einfluss auf den Entschluss. Dies wird auch klar bei der Frage nach dem richtigen Begriff, der eine Annahme über den Sachverhalt der Handlung bedeutet und wie bei der Meinung einen vor der Handlung und als theoretische Frage gegebenen Gegenstand betrifft. Beim richtigen Begriff muss die allgemeine Annahme in einer intellektuellen Fragestellung gründen, während die Meinung eine allgemeine Annahme auf der Grundlage der Vorstellung ist. Wenn die allgemeine Annahme auf einer subjektiven Vorstellung beruht und nicht auf einem intellektuellen Grund, kann die Handlung auch nicht prinzipiell richtig oder falsch sein. Damit der Entschluss fundiert und die Handlung richtig ist, muss die allgemeine Annahme in Bezug auf die Wahrheit begründet sein. Für die Definition der Klugheit als Tugend der praktischen Vernunft ist es also unabdingbar, dass die allgemeine Annahme in der Erkenntnis der Vernunft (*nous*), wie oben ausgelegt, grundgelegt wird und die Meinung in ihrer Relativität als Meinung erkannt wird; eine Grundlegung, die bei Aristoteles nicht geleistet wird. Die Überlegung, die sich direkt auf Einzeldinge und die Handlung bezieht und die wiederum eine allgemeine Annahme bildet, muss also auf das Wissen und die intellektuelle Erkenntnis zurückgreifen, wenn der Kluge, besser Wissende, *prinzipiell* das Richtige treffen soll.

Die Grundlegung der allgemeinen Annahme im Wissen und die Erkenntnis der Relativität der Meinung wird im Zusammenhang des Entschlusses als solcher nicht thematisch. Der Entschluss kann nicht der alleinige Anlass zur Hinterfragung der Meinung, der Erkenntnis ihrer Relativität und ihres Bezuges im Einzelnen zu einem prinzipiell in der Erkenntnis gegründeten Wissen als letzte Zweckidee sein, denn die Meinung als solche ist für das Handeln selbst hinreichend. Der Entschluss entscheidet nur darüber, ob die gebildete Annahme *für das Subjekt, das sich entweder als Ich oder als Person versteht, bezogen auf die Handlung*, gut oder schlecht ist. Der Willensbegriff nimmt also nicht in der Frage nach der richtigen Handlung seinen Anfang, sondern in dem Streben nach Erkenntnis, das die Zweckvorstellung der allgemeinen Annahme nur zu einem *Anlass* nehmen kann, nach einem wahren Zweck zu fragen.

Die Rolle der theoretischen Vernunft und somit das Prinzip der Handlung gemäß der Vernunft wird näher erläutert werden können, indem die Parallelen zwischen der Klugheit und den anderen intellektuellen Tugenden aufgezeigt werden.

---

428 Vgl. EE, 1226b11.

8   Die intellektuelle Tugend der Kunst und ihre Ähnlichkeit mit der Form der Praxis

Eine deutliche strukturelle Parallele zur *Klugheit* ist bei der *Kunst* zu finden.[429] Die Kunst ist, wie auch die Klugheit oder der Wille, in einer uneigentlichen und einer eigentlichen Form gegeben; in Form der Herstellungskunst und in Form der freien Kunst auf der Grundlage einer Idee. Der Vorsatz gemäß der Zweckvorstellung bildet sich im Bereich der Kunst eigentich nicht durch einen äußeren Gegenstand, geht nicht aus der Erkenntnis der Umstände einer Handlung hervor und ist nicht auf eine durch Gewöhnung bedingte Charakterdisposition zurückzuführen, sondern entsteht primär durch das, was man in Hinblick auf die Kunst (*poēsis*) erdacht hat.[430] Die Überlegung wird nur eingesetzt, um den erdachten Zweck zu verwirklichen. Die Kunst betrifft somit eine Vorstellung, die sich durch den Verstand *bildet*. Es ist hierdurch offensichtlich, dass die Tätigkeit nicht auf der Grundlage eines äußeren Affekts, d. h. bezüglich eines bestimmten äußeren Gegenstandes der Sinne, vollzogen wird, sondern durch den Verstand innerlich initiiert wird.[431]

Die ,Handlung' als eine herstellende Tätigkeit erfolgt bei Aristoteles nach Maßgabe der rational[432] entworfenen Zielvorstellung, wobei die Überlegung der Umstände zur Ausführung der Handlung natürlich zum Vollzug des herzustellenden Begriffs mitbedacht werden muss. Der Begriff des Kunststücks im aristotelischen Sinne, der zur konkreten Herstellung dient, ist nicht Zweck an sich, denn das Hergestellte dient zum weiteren Zwecke; z. B. wird der Hammer zum Verankern der Nägel in einem Brett hergestellt und ähnlich die Arznei zum Zweck der Gesundheit. Hieran lässt sich erkennen, dass der Zweck, der in der herstellenden Kunsttätigkeit angestrebt wird, ein letztlich sinnlicher Zweck ist und die Verstandestätigkeit in ihrer Aktivität dem natürlichen Streben *dient*. Die Kunstfertigkeit ist daher bei Aristoteles von der Tugend der Klugheit verschieden, da die Kunst nach Aristoteles „nur mit Bezug auf ein anderes und für ein anderes"[433] angegangen wird, während die Bestimmung der Tugend der Klugheit ist, nach dem guten Zweck selbst zu handeln. Aristoteles erklärt: „Das Hervorbringen hat nämlich einen anderen Zweck als die Tätigkeit

---

429   Aristoteles selbst vergleicht die Klugheit und die Kunst: EN, 1140b1-10.

430   EN, 1140a11-13.

431   Dies weist darauf hin, dass die Kunst das Potential hat durch Vernunft bestimmt zu werden.

432   Bei Aristoteles ist nur die rationale Vorstellung Ursprung der Kunst – dies hat mit seiner unvollständigen Trennung des intellektuellen Willens von dem Willen der Natur zu tun.

433   EN, 1139b3-4.

selbst, das Handeln dagegen nicht, da hier das gute Handeln (*eupraxia*) selbst den Zweck ausmacht."[434]

Aber auch bei der Überlegung kann die initiativ überlegende Instanz dem natürlichen Streben unterworfen sein und das Handeln wäre demgemäß den Zwecken der Natur, die insgesamt nur vorgestellt sind, unterworfen. In diesem Sinne kann es, wie dargelegt worden ist, keine Unterscheidung zwischen guter und böser, richtiger und falscher Handlung geben, denn 1) jede Erkenntnis der *Natur* ist von der Vernunft abhängig und 2) die Zweckmäßigkeit der Natur selbst kommt nur durch die Relativität zum Zweck, den die Vernunft *denken* muss, zustande. Die Handlung kann also, ohne prinzipiell und zweckmäßig in der Vernunft grundgelegt zu sein, kein Zweck sein und die Klugheit muss, wenn von der eupraxia als Zweck gesprochen wird, als *intellektuelles Streben* und Überlegung diesem gemäß verstanden werden.

Der abänderliche Gegenstand, worauf die Kunst geht und welche in der Ausführung des Herzustellenden auch mit Überlegung einhergehen muss, jedoch nach einem allgemeinen Prinzip bestimmt werden kann, scheint eine Parallele zur Konstitution der *Klugheit als intellektuelle Tugend* zu haben. Die Kunst unterscheidet sich *bei Aristoteles* prinzipiell von der Klugheit durch den Zweck, der in ihr mittelbar ist; ihr Gegenstand und somit ihre Zweckvorstellung muss aber auch, wie bei der Handlung durch Klugheit, durch den Intellekt des Menschen entworfen werden. Auch die Kunst betrifft jedoch, wie die Klugheit, eine Vorstellung *oder* eine Idee, die sich durch den Verstand *oder* durch die Vernunft bildet. Es kann der Kunst ein prinzipiell anderes Streben als das der Natur zugrundeliegen. Bei der aristotelischen herstellenden Kunst geht es nur um Lebenszwecke und nicht um das Erfinden, um des Erfindens willen, d. h. den Ausdruck von Ideen. Wenn die Kunst etwas „außer" oder „neben" der Herstellung ist, nämlich Ausdruck von Erkenntnis, ist sie der prinzipiellen Gründung der Klugheit in der Vernunft ähnlich, nur dass sie sich mit einem anderen *mittelbaren* Gegenstand als mit dem Handeln beschäftigt. Sowohl die Kunst in diesem Sinne als auch die Klugheit bedarf einer initiierenden Verstandestätigkeit und einer aktiven Erkenntnis eines intelligiblen Gegenstandes. Die Kunst im Sinne der Herstellung zugunsten von Lebenszwecken gründet also

---

434 EN, 1140b7-8. Die gute Handlung (*eupraxia*) ist bei Aristoteles klärungs- und interpretationsbedürftig, denn die Handlung soll auch nach ‚sittlicher Tugend' gut sein; das Gute selbst wird jedoch durch den Verstand bei Aristoteles festgelegt (durch die Klugheit). Es geht bei der „guten Handlung", selbst bei den sittlichen Handlungen, um die Richtigkeit des Charakters und um die Handlung als die den Gegenstand entsprechende; beide Instanzen sind durch die Klugheit bedingt. Daher tut es wenig zur Sache, dass die sittliche Tugend auch eines guten Charakters bedarf, da das Gute immer noch, wie erklärt wurde, (auch) im Verstandesbegriff liegt und daher letztlich auf das Denken zurückgeführt werden muss.

auf dem Verstand im Sinne eines rationalen Entwerfens, während die Kunst im Sinne der Herstellung als Ausdruck der Erkenntnis einen intellektuellen Gegenstand hat. Diese Unterscheidung zwischen rationalem und intellektuellem Denken gilt auch für die Wissenschaft, die sich im Fall der Inklusion des Zweiteren, der aktiven Erkenntnis eines intelligiblen Gegenstandes, als Weisheit erweist, wie erklärt wird.

9   Die intellektuelle Tugend der Wissenschaft und ihre Verbindung mit der Praxis

Es soll nun gefragt werden, ob die Erkenntnis einer unabänderlichen Wahrheit, welche Gegenstand der theoretischen Wissenschaft ist, einen mittelbaren Einfluss auf das menschliche Handeln hat?

Es geht bei der Wissenschaft bei Aristoteles um das Notwendige und Unabänderliche im Gegensatz zum Gegenstand der Handlung.[435] Die Erkenntnisse der Wissenschaft sind ewig, unabhängig der Umstände sinnlicher Erfahrung zu gewinnen und können nur durch wissenschaftliches Denken gewonnen werden (*epistemonikos*).[436] Der Zweck dieses Denkens wird weder durch den Umstand verursacht noch bestimmt. Die Wissenschaft, erklärt Aristoteles, bewege sich in Beweisen und bleibe ihrem Gegenstande nach theoretisch.[437] Die Trefflichkeit im Schließen und Beweisen macht die wissenschaftliche Tugend aus. Die Anwendung dieser wissenschaftlichen Erkenntnisse habe nichts mehr mit theoretischer Wissenschaft zu tun. Allerdings muss die Person, die dieses Wissen besitzt, im Besitze des Prinzips seiner Wissensinhalte sein, d. h. den Ausgangspunkt desselben kennen, denn wenn man das Prinzip nicht kennt, besitzt man das Wissen nur zufällig.[438] In diesem Fall wäre man nicht in der Lage zu erkennen, dass das, was logisch aus der Prämisse folgt, im Einzelfall wahr ist. Das Wissen der Wissenschaft ist also nicht von dem Vermögen des Nous abgesondert und geht auf das Einzelne zurück, wie aus den Wissenschaften natürlich hervorgeht und im Folgenden erklärt wird.

---

435   Vgl. EN, 1139b22
436   Aristoteles erklärt diesbezüglich: „Denn wo die Dinge der Gattung nach verschieden sind, ist auch derjenige Bestandteil der Seele, der zu ihnen naturgemäß in einer Beziehung steht, der Gattung nach verschieden, da es ja in einer gewissen Ähnlichkeit und Verwandtschaft mit ihren Gegenständen begründet ist, dass die Seelenteile Erkenntnis haben. Der eine Teil heiße nun wissenschaftlich, der andere überlegend." EN, 1139a9-13.
437   Vgl. EN, 1139b25 und EN, 1141a.
438   Vgl. EN, 1139b34-35.

Die Notwendigkeit der Wissensinhalte bringt, wie erklärt, mit sich, dass die Wissenschaft auf das Einzelne zurückbezogen wird und selbst die Zufälligkeit der Wissensinhalte ist auf den Inhalt selbst angewiesen. Die Frage ist: kann die Bestimmung der allgemeinen Gesetze der Wissenschaft für die menschliche Handlung brauchbar gemacht werden, bzw. ist das Streben des Menschen wissenschaftlich bedingt? Oder kann die Erkenntnis des menschlichen Wesens als erkennendes und sinnliches Wesen des Handelns, welches auf das Einzelne geht, nicht theoretisch grundgelegt werden? Das Wesen des Handelns geht um die angemessene Haltung gegenüber den erzielten einzelnen Gegenständen der Erfahrung, wie mehrmals dargelegt. Es ist wesentlich für die Bestimmung eines *Willens* in der Praxis, dass das Ziel der Handlung von der Vernunft gesetzt werden kann und dass die Vernunft in der Praxis daher die angemessene Haltung bedingt. Die theoretische Wissenschaft selbst ist nach Aristoteles nicht mittelbarer ‚Gegenstand' der Praxis oder konstituierend für die Praxis. Die allgemeine Bestimmung der Gesetze des menschlichen Denkens und die Zweckvorstellung, die in die Erkenntnis der Gegenstände gesetzt wird, hat jedoch eine Bedeutung für den Gegenstand der Praxis.

Wenn die theoretische Wissenschaft spezifisch ist, z. B. die Physik, und sich nicht um die Frage des menschlichen Denkens bewegt, bemüht sie sich um Beweise von Gesetzen, die zum Bedenken der Einzeldinge, z. B. in ihrer Bewegung, dienen. Diese Theorie hat natürlich keine Verbindung zur Frage nach dem Zweck des Lebens, besser des Daseins, und somit, wie hier ausgeführt wird, der Konstitution der Praxis. In der Frage um die Rolle der Tugend der Wissenschaft für die Praxis geht es also letztlich um die Wissenschaft der praktischen Philosophie.

10 Die intellektuelle Tugend der Weisheit als theoretische Parallele zur Klugheit als praktische Vernunft

In der theoretischen Wissenschaft geht es nach Aristoteles nicht darum, die Prinzipien *zu erfassen*, sondern sie zu *beweisen*.[439] Demzufolge schließt Aristoteles, dass es der Verstand (*nous*) sein muss, der uns die Erkenntnis der Gegenstände als Prinzipien liefert.[440] Aber da der Verstand in letzter Instanz doch immer auf das Einzelne bezogen bleibt, begründet er selbst, als spezifisches Vermögen, nach Aristoteles sein

---

439 Vgl. EN, 1139b32-34.

440 Aristoteles erklärt: „[W]enn von den dreien aber (mit den dreien meine ich: Klugheit, Wissenschaft, Weisheit) keines die Prinzipien zum Gegenstand haben kann, dann bleibt

Wissen und das Bewusstsein von diesem Wissen nicht.[441] Die Prinzipien gehen also Aristoteles zufolge zwar auf das Einzelne, müssen aber um als ewig und notwendig zu gelten von der Wissenschaft *begründet* werden. Das Verständnis der Wissenschaft im Zusammenhang mit dem Einzelnen ist genau das, was Aristoteles unter Weisheit versteht, sofern es in diesem Zusammenhang um die Frage nach dem erhabensten Gegenstand der Vernunft geht. Daher sagt Aristoteles: „Die Weisheit wird also intuitive Vernunft (*nous*) und Wissenschaft (*epistēmē*) sein."[442]

Die Form der Weisheit hat eine strukturelle Ähnlichkeit mit einer prinzipiellen Gründung der Klugheit in der Vernunft und ihrer Anwendung im Einzelfall, indem sie ebenfalls auf das Einzelne und Allgemeine geht, nur in diesem praktischen Sinne auf die Frage nach der Konstitution der Handlung gemäß dem Strebevermögen. Die Weisheit hat jedoch nur mit den erhabensten Gegenständen (*timios*) zu tun und Aristoteles spricht in diesem Zusammenhang nicht von der Idee einer praktischen Philosophie, sondern von Inhalten der theoretischen Wissenschaft. Während die Klugheit sich also auf das menschliche Handeln bezieht und dasjenige, über das man überlegen kann, bezieht sich die Weisheit auf das am höchsten Geschätzte.[443] Aristoteles erklärt, dass die Klugheit und die Weisheit „jeweils die Gutheit (*aretē*) eines der beiden Seelenbestandteile"[444] seien; nämlich einmal die theoretische Disposition zum Unabänderlichen und einmal die praktische Disposition zum Abänderlichen. Diese Einteilung in zwei Seelenbestandteile ist problematisch, weil das Änderliche im menschlichen Subjekt in Bezug auf das Unabänderliche beurteilt werden muss, nur in diesem Fall in Beziehung auf die Strebevermögen und somit den Willen. Die Trennung zwischen dem Änderlichen und dem Unabänderlichen ist also in Bezug auf die Disposition falsch und gilt nur für die Gegenstände der Praxis und der theoretischen Wissenschaft selbst, nicht aber für die Disposition im Menschen die Gegenstände zu erkennen, zu beurteilen und zu behandeln. In diesem Sinne ist mit der Weisheit auch die Klugheit, als Vernunft bezogen auf die Praxis, gegeben und mit der Klugheit auch die Weisheit, denn beide bedürfen *eines*

---

nur, dass es die intuitive Vernunft [Verstand] (nous) ist, welche die Prinzipien erfaßt". EN, 1141a5-8.

441 Aristoteles expliziert: „Denn alle diese Fähigkeiten [Einsicht, Verständigkeit, Klugheit und Nous] haben es mit dem Letzten (*eschaton*), das heißt mit dem Einzelnen (*to kath' hekaston*) zu tun [...] Dasjenige intuitive Denken, das mit Beweisen operiert, [Weisheit] betrifft die ersten und unverständlichen Begriffe, dasjenige aber, das im Bereich des Handelns, operiert, [Klugheit] bezieht sich auf das Letzte und Mögliche, das heißt auf die zweite Prämisse." EN, 1143a28-29 und EN, 1143b1-3.

442 EN, 1141a18.

443 Vgl. EN, 1141b.

444 EN, 1144a2.

intellektuellen Erkennens, das sich sowohl auf die Wissenschaft als Tätigkeitsbereich (wofür die Weisheit Ausdruck ist) als auch auf die Praxis als Tätigkeitsbereich (wofür die Klugheit verantwortlich ist) erstreckt. Sie unterscheiden sich nur anhand des jeweiligen Tätigkeitsbereichs, mit dem das Subjekt beschäftigt ist und dem, was dieser Tätigkeitsbereich bedarf und nicht in der Disposition, denn mit der Disposition des intellektuellen Erkennens ist die Klugheit und die Weisheit gegeben, ohne diese aber können beide nicht bestehen.

Aristoteles trennt die Vermögen zur theoretischen und praktischen Erkenntnis aufgrund des Gegenstandesbereichs auf, welche Auftrennung keinen Sinn macht, da der Gegenstand der Praxis auch Gegenstand des Wissens ist und der Gegenstand des Wissens auch Gegenstand der Praxis. Die Praxis ist letztlich durch beide Gegenstandsbereiche bedingt, d.h. der Wille ist der *Ansporn* zur Erkenntnis und die Erkenntnis bedingt den Willen. Diese Erkenntnis beansprucht eine Reflexion der Erkenntnis, denn nur indem wir ein Bewusstsein über die Erkenntnis der sinnlichen Gegenstände erlangen, besitzen wir Wissen. Dieses Wissen vervollkommnet den Willen und drückt den Willensbegriff aus. Auch Aristoteles sagt, dass die Weisheit angestrebt wird, *nur macht sie den einen Bestandteil der Tugend aus*:

> „Als Erstes nun wollen wir sagen, dass Klugheit und Weisheit, selbst wenn keine von beiden irgendetwas herstellen (poiein) würde, als solche wählenswert sein müssen, da sie jeweils die Gutheit (aretē) eines der beiden Seelenbestandteile sind. Zweitens stellen sie auch beide etwas her, jedoch nicht wie die Medizin die Gesundheit herstellt, sondern wie die Gesundheit es tut – so stellt die Weisheit das Glück her. Denn da sie ein Bestandteil der ganzen Tugend ist, macht sie uns dadurch, dass wir sie besitzen und ausüben, glücklich."[445]

Aus dieser Erklärung geht hervor, dass Aristoteles das Glück, welches durch die Weisheit ermöglicht wird, mit der selbsteigenen Wirkung des Bestrebens nach Weisheit identisch setzt. Die Klugheit ist gleicher Art, denn die Klugheit macht durch sich selbst glücklich.[446] Die wichtige Frage in dieser Beziehung ist, ob die Vernunfttätigkeit es selbst ist, die *gewollt* wird? Wird die Erkenntnis gewollt oder wird sie schlichtweg aufgrund der Verstandestätigkeit in der Erkenntnis von sinn-

---

445 EN, 1144a3-5.

446 Es fragt sich, ob die Tätigkeit nicht selbst die Lust ist: „Denn eine Tätigkeit wird intensiviert durch die ihr eigentümliche Lust: wer mit Lust tätig ist, wird jedes Ding besser beurteilen und genauer bearbeiten." (EN, 1175a30) und: „Der Tätigkeit ist aber die in ihr liegende Lust mehr eigen als die Strebung (orexis), aus der sie [die Tätigkeit] hervorgeht. Die Strebung nämlich ist sowohl der Zeit wie ihrer Natur nach begrenzt, die Lust aber ist der Tätigkeit so verwandt und so wenig von ihr abgegrenzt, dass man darüber im Zweifel sein könnte, ob nicht Tätigkeit und Lust identisch sind." EN, 1175b29-34.

lichen Gegenständen hergestellt und die Hinterfragung dieses Erkennens durch die Vernunft ist kein Wollen als solches? Aristoteles sagt klar aus, dass die Vernunft selbst Lüste, d. h. ein Streben nach etwas in sich birgt:

> „Bei jeder Wahrnehmung nämlich gibt es Lust, ebenso beim Denken (*dianoia*) und bei der Betrachtung (*theoria*). Am lustvollsten aber ist die vollkommenste Betätigung, und am vollkommensten ist die Betätigung dann, wenn ein gut verfasstes [Vermögen] sich auf den besten der Gegenstände in seinem Bereich richtet."[447]

Aber was ermöglicht wiederum, dass Erkenntnisse angewandt werden? Aristoteles hatte zur Beantwortung dieser Frage im Bereich des Wissens den Verstand (*nous*) als Vermögen angeführt, der die Prinzipien erfasst und die Prinzipien (*archai*) sind für Aristoteles reelle, d. h. mit dem Einzelgegenstand der Sinne verbundene, Momente der Wissenschaft.[448] Der Verstand bezieht sich also auf das Allgemeine und das Einzelne,[449] nur begründet er diese Momente nicht. Die Weisheit, die nach Aristoteles die Trefflichkeit der theoretischen Seele ist, wie oben erwähnt, verbindet also das abstrakte Erkennen und Beweisen mit den einzelnen Gegenständen und ist daher der Sitz des intellektuellen Bewusstseins.[450] Dasselbe muss für die Klugheit als Vernunft gelten, die das Erkannte und Bewiesene mit dem Einzelgegenstand der Praxis verbindet, eine Ausführung die bei Aristoteles fehlt. Die Klugheit als Vernunft muss also auch ‚theoretisch' trefflich sein, nur dass die Vernunft in der Praxis den Einzelgegenstand der Handlung berücksichtigt und so eine Praxis bestimmt. Wie der Mensch sich zu sich selbst als Mensch in der Praxis verhält, ist eine Frage der Moralität, eine Frage, die nur durch eine Untersuchung des Willens des Menschen beantwortet werden kann. Die praktische Philosophie als die Untersuchung des Willens des Menschen antwortet auf die Frage nach dem guten Willen. Der gute Wille ist nämlich schlichtweg die Tatsache des Bewusstseins des Menschen, das durch das erkennende Subjekt geleistet wird. Diese Leistung ist Reflexion, ist zu denken. Die Erkenntnisse können natürlicherweise auf den Einzelgegenstand angewandt werden, da sie sich auf die Wirklichkeit des Einzelnen beziehen – die intuitive Vernunft oder der Verstand (*nous*) denkt auch nichts ohne einen reellen Gegenstand.[451] Wenn man von Natur aus nach dem Guten und dem Glück strebt und das absolute Glück, wie Aristoteles erklärt, in der Weisheit und

---

447   EN, 1174b20-22.
448   Vgl. EN, 1140b30-35 in Verbindung mit EN 1143a28-29.
449   Vgl. EN, 1143a35-1143b3.
450   Vgl. EN 1141a13-22.
451   Vgl. zur Rolle des *nous* in der Praxis: EN, 1143a25-1143b6.

dem erhabensten Gegenstand liegt, muss das Streben nach Glück das Streben zum Denken selbst sein. Das Glück der Weisheit ist konstitutiv mit der Erkenntnis des Einzelnen verbunden und daher mit Verstand, der die Erkenntnis des vorliegenden Einzelnen leistet und wodurch die Erkenntnis realisiert ist. Die Realisierung der Erkenntnis in der Praxis durch Anwendung des theoretisch Erkannten auf das Einzelne der Sinne erfolgt ebenfalls durch die Klugheit (als Vernunft), die das Notwendige des Handelns für den Menschen im Sinne seiner Vernunfterkennentnis bestimmt, was ihn frei macht.

Die Klugheit ist also dem intellektuellen Vermögen nach dasselbe wie die Weisheit, nur ist sie mit Überlegung des *erzielten* Einzelumstandes verbunden. Sie ist als Vernunft praktische Weisheit. Beim Kunstgebilde ist das Ziel nicht das Bild, sondern z. B. die Schönheit, die daraus zu ersehen ist und auf einer Idee fußen kann. Was ist der Zweck der Handlung im Sinne eines Willens zum Guten, welcher Zweck nicht *unmittelbar* mit einer sinnlichen Lust, einem Fliehen oder Meiden des Gegenstandes der Praxis zusammenhängt? Worin gründet das Gute und Willentliche der Klugheit als Vernunft, die sich auf den erstrebten Einzelgegenstand bezieht? Der Bezug des Denkens zum Einzelgegenstand ist zwar insofern Zweck der Handlung, als dass man auf das Einzelne zugeht, d. h. dass man als Mensch in einem Bezug des Strebens zu ihm steht. Der Wille bezieht sich jedoch in erster oder letzter Linie auf eine der Vernunft inhärente *Erkenntnis*, die nicht schlichtweg von dem sinnlichen Gegenstand der Vorstellung her bestimmt wird und die das Gute ausmacht.

11 Der Wille als bedingt durch den zweckschaffenden Intellekt

Aristoteles geht nicht auf die inhaltliche Zweckbestimmung der Vernunft in der Praxis ein und daher bleibt sie bei ihm mit den sittlichen Tugenden verknüpft und mit dem Problem der fehlenden Verbindung der Praxis zur Erkenntnis selbst behaftet. Wie verhält sich aber die Erkenntnis zur Praxis über Aristoteles hinausgehend?

Der Intellekt strebt als Wille, indem das Denken *Grund* der Handlung ist. Dabei wird das Verhältnis von Subjekt und Objekt der Handlung zur Erschaffung und zum Erreichen eines bestimmten Zweckes bedacht. Der Endzweck selbst ist das Denken, das alle bestimmte Zwecke jedesmal in vorliegenden Handlungen denkt und gleichzeitig sich selbst in seiner Tätigkeit theoretisch fassen kann.

1. Der Mensch strebt, wenn er denkt, das Wissen an. Dabei wird seine eigene Vernunft zum Gegenstand des Strebens. Somit ist der Intellekt selbst ein Strebevermögen, wenn er wissend tätig ist; dieses Streben ist aber nicht als solches *Wille* bei Aristoteles, denn der Wille betrifft das Handeln, das sich durch den Einzelgegenstand der Sinne definiert.[452] Das Wissen ist aber konstitutiv für den Willen.

2. Der sinnliche Gegenstand, der im Menschen durch sein Erkenntnisvermögen intellektuell bestimmt wird, ist auch Gegenstand des *Handelns*, wenn der Gegenstand einzeln ist und gewollt wird. Dieser Gegenstand, der einzeln ist, ist Gegenstand eines Strebens, das mit den Sinnen korrespondiert, die den Gegenstand in erster Instanz auch bedingen. Der Intellekt bedeutet eine innere Verarbeitung des sinnlichen Gegenstandes, eine Verarbeitung, die mit einer Frage nach dem Zweck desselben für ein Subjekt (in der Handlung) und an sich (im Denken allgemein) einhergeht. Jeder Gegenstand der äußeren Sinne ist für den Menschen sowohl sinnlich (unmittelbar, d. h. ohne Reflexion) als auch intellektuell (mittelbar). Die Intellektualität ist verständig oder rational in der Vorstellung der Sinne und reflektierend und bewusst in seinem Wesen. Das intellektuelle Erkenntnisvermögen und die Zwecksetzung, die daraus erfolgt, verhält sich genauso zum Strebevermögen wie das sinnliche Erkenntnisvermögen, das eine Begierde erweckt: das Vermögen bringt ein ihm gemäßes Streben mit sich. Die sinnliche Vorstellung in Beziehung zum Einzelgegenstand erweckt die Begierde als Gegenstandsbegehren.[453] Der Intellekt bestimmt aber das Streben des Menschen, da er den Zweck denkt. Die intellektuelle Bestimmung erweckt in Beziehung zum Einzelgegenstand einen Willen, der das *rationale* Streben ist. Der Wille als *intellektuelles* Streben ist zudem wesentlich selbstbestimmend, indem der Intellekt den Gegenstand des Intellekts (der innere sinnliche Gegenstand) in seinem Wesen und seinem Zweck hinterfragt. Wenn das verständige Streben diese selbsteigene Bestimmung nicht erhält, bleibt es im Verhältnis zu

---

452 Vgl. De anima, 433a10-25. Der Wille ist bei Aristoteles immer in Hinblick auf eine *Handlung* zu denken: vgl. De anima, 432a15-433a25, insb. 433a13-15. Das Handeln geht auf das Einzelne: EN, 1141b15-17. Zu bedenken ist, dass das Erkenntnisvermögen des Intellekts im Menschen einen Gegenstand mithilfe der sinnlichen Vorstellung produziert (indem er auch die Bedeutung des sinnlichen Gegenstandes reflektieren kann) und dabei entsteht der Gegenstand der menschlichen *Handlung und des Wissens*. Vgl. EN, 1141b16.

453 Die Zweckvorstellung ist eine Kombination aus Erkenntnisvermögen und Begehrungsvermögen, weil diese beiden Vermögen ineinander verzwickt sind. Wir erkennen es, weil wir es begehren und wir begehren es, weil wir es erkennen. Erkenntnis und Handlung sind daher auch miteinander verbunden.

den anderen Strebevermögen gefangen und wird dadurch zu einem rationalen Streben oder Mittel reduziert. Die intellektuelle Erkenntnis aber mündet in einer ‚Veränderung' des Zweckes.[454]

12 Ansätze der Sekundärliteratur zur Klugheit als eigenständige Tugend der Praxis

Nach diesen Klarifizierungen zu dem Prinzip der guten Handlung bei Aristoteles und ihre Gründung in der Erkenntnis wird ausgewählte Sekundärliteratur zum Thema der Klugheit näher untersucht. Im folgenden wird gezeigt, dass der Willen als rationales Strebevermögen, der in Aristoteles Bestimmung der Klugheit als intellektuelles Prinzip der Handlung ausgedrückt ist, von der Sekundärliteratur nicht aufgegriffen wurde. Im vorliegenden Buch ist es dieses rationale Strebevermögen, das in seiner selbsteigenen Bestimmung begründet wird. Bei Aristoteles findet diese Ergründung nicht statt. Nichtsdestotrotz ist die Isolierung des bei Aristoteles ausgesprochenen rationalen Strebevermögens für eine Gründung des Willensbegriffs essentiell. Die Sekundärliteratur verfällt insgesamt in die Aristoteles inhärente Problematik, dass die Klugheit in Verbindung mit den sittlichen Tugenden gebracht wird und daher als Morallehre interpretiert werden kann. Dieser Zusammenhang der Klugheit mit der sittlichen Tugend widerspricht jedoch dem Verständnis der Klugheit als intellektuelles Prinzip, wie im ersten Teil des zweiten Hauptteils ausführlich erläutert wurde. Die Interpretationsweise der Klugheit im Zusammenhang der sittlichen Tugenden in der Sekundärliteratur ist also der aristotelischen Schrift gemäß nicht falsch, aber sie greift nur die eine Seite der widersprüchlichen Handlungskonzeptionen bei Aristoteles auf und es ist ebenjene Seite, die kein Prinzip guten Handelns und keine Ethik begründen kann und aufgrund des Mangels eines intellektuellen Prinzips nicht in die praktische Philosophie gehört. Bei diesem Exkurs in die Sekundärliteratur zur Klugheit wird also als paradigmatisches Beispiel der durchgängigen Herangehensweise der Sekundärliteratur an Aristoteles gezeigt,

---

454 Jeder gesunde Mensch ist mit Vernunft geboren. Deswegen ist jeder Mensch willentlich; er handelt nach einer rationalen Vorstellung. Es ist jedem Menschen möglich sich gemäß der Erkenntnis seines Verstandes näher zu bestimmen, d. h. gemäß seines reflektierten Verstandesurteils auch zu handeln und daher dem Strebevermögen eine weitere, höhere Instanz „hinzuzufügen", welche Verstandesinstanz man dann Vernunft nennt. Wird der Verstand selbst nämlich zum Prinzip des Strebens, so wird der Mensch im Besitze der ‚Tugend' sein und wird sein Leben gemäß der Vernunft und nicht nur mittels des Verstandes führen.

dass die Klugheit von den folgenden Kritikern, die sich mit der Konstitution des Strebens und der Handlung bei Aristoteles beschäftigen, als intellektuelles Prinzip der Praxis nicht isoliert werden konnte.

Claudia Baracchi erklärt, es gebe einen Unterschied zwischen dem Erwerb der sittlichen Tugenden und der intellektuellen Tugend, fasst jedoch den Unterschied nicht durch unterschiedliche Prinzipien auf. Beispielsweise erklärt sie bezüglich der Kunst als intellektuelle Tugend: „Both in the case of the arts and in the case of habituation or education, acting in a certain way is not enough: a certain inner modality or awareness accompanying the outward action is needed."[455] Diese „awareness" begründet Baracchi nicht weiter und schreibt lediglich, dass man ein bestimmtes Können mitbringen müsse, um eine bestimmte Kunst zu beherrschen: „We say that someone is genuinely a maker (a musician, a grammarian) when we perceive that he does what he does with lucidity and skillfulness".[456]

Das Prinzip der Handlung folgt nach Baracchi nicht direkt aus der Erkenntnis, denn die Handlung sei nicht integral mit der intellektuellen Tugend selbst verbunden, bzw. diese könne nicht als Bestimmungsgrund für jene gesetzt werden:

"Despite Aristotle's concluding remark on the end as arche of thought and on the fulfillment of thought as the arche of action, it could be said that thought, noesis, and action, praxis, emerge from this line of thinking in their interdependence. In other words, thought and action appear not to be related according to the former's priority and the latter's derivative character, but rather to be mutually determining."[457]

Sie sieht somit die Handlung zwar in einem Verhältnis zwischen dem Denken und der „Praxis" begründet, legt jedoch nicht weiter aus, wie diese Praxis oder Handlung konstitutiv gedacht werden muss. Baracchi schreibt, dass das rationale Vermögen immer nur die einzelnen Tugenden, die sie für den Gegenstand des Strebens verantwortlich macht, begleitet:

"As the most genuine expression of habitual structures, intention decides on the outlines of action, but, again, it derives its governing authority from desire in its 'deliberative' mode – from the drive toward that which is envisioned as the desirable path. It is not deliberation or intention alone that bring about motion, let alone acting. Our thinking does not move us, we cannot simply (i.e. in a purely rational fashion) will ourselves one way or another".[458]

---

455 Claudia Baracchi: *Aristotle's Ethics as First Philosophy*, Cambridge University Press, New York 2008, S. 117.

456 Ebd., S. 117.

457 Ebd., S. 123.

458 Ebd., S. 142-143.

Dieses Streben sieht sie nicht durch die Erkenntnis der Vernunft, welche praktisch wird, bedingt, sondern mittels der den einzelnen Tugenden eigentümlich gegebenen Gegenständen. Sie verkennt dabei, dass das „desire" sich aus der *ratio* selbst bilden muss, da Aristoteles von einem Strebevermögen des Willens spricht, das sich aus dem Denken als „desire" ergibt; und in der Folge, wie wir ausgelegt haben, dass sich der intellektuell-fundierte Wille als Strebevermögen über die Erkenntnis konstituieren muss.

Baracchi schreibt: „It could be said that, without the moving impulse provided by desire, here understood both as (1) wish for the end and as (2) deliberate desire of the specific traits of the action to be carried out, intention or deliberate choice would remain formal and without consequence."[459] Zu dieser deutlichen Ausführung kann gesagt werden, dass der Wunsch als Zweckvorstellung bereits in der strebenden Vernunft begründet liegen muss. Die strebende Vernunft ist aber nicht unbedingt praktisch, sofern die strebende Vernunft nicht auf den Einzelgegenstand der Handlung gerichtet ist. Daher betrifft der Begriff des „Strebens", der nicht auf eine Handlung geht, etwas anderes als den Willen der Praxis. Die Äußerung eines Strebens nach Wissen bei Aristoteles bezieht sich z. B. auf den ersten Satz der Metaphysik zurück, den Baracchi kommentiert:

"As is well known, the Metaphysics inaugural statement immediately poses the question of desire at the heart of the human quest for knowledge: 'All human brings by nature desire having seen' (980a21). The motive force underlying human striving for understanding is identified as desire, orexis."[460]

Demzufolge ist die Suche nach Wissen selbst eine Form von Streben und bestätigt somit auch den Wunsch zur Vervollkommnung unseres Wissens als „desire" (Streben). Baracchi hätte diese Prämisse des Strebens nach Wissen, welches Prinzip sie in der Tat in seiner Genese bis zur Intellektualität auf den Seiten 17-26 ihres Buches untersucht, bei der Bestimmung des intellektuellen Strebens gemäß des Prinzips des *nous* und somit der Verbindung dieses Strebens mit der Handlung berücksichtigen müssen. Ihr Schluss ist jedoch, dass der Zusammenhang zwischen theoretischem Denken (als die Suche nach Weisheit) und dem praktischen Denken einfach problematisch bleiben muss:

"And calling into question the distinction does not mean so much that theoretical and practical thought may be conflated into one, but that their hierarchical organization

---

459 Ebd., S. 142
460 Ebd., S. 17.

(theoria guiding praxis and practical thought) as well as the autonomy of theoria may be shown in a problematic light."[461]

Das durchgängige Problem der Forschung zur Klugheit, dass sie nicht in der Metaphysik begründet, sondern vielmehr ausschließlich im Zusammenhang der sittlichen Praxis verstanden wird, drückt auch der erste Satz im Hauptteil des von Ralf Elm verfassten Buches *Klugheit und Erfahrung bei Aristoteles*[462] aus:

> „Wenn der erste Teil die ‚ontologischen Voraussetzungen von Erfahrung und Klug-
> heit' bei Aristoteles behandelt, soll damit keine Fundierung seiner Ethik in seiner
> Metaphysik unterstellt werden. [...] Denn mit dem Preisgeben der platonischen
> Ideenlehre bindet Aristoteles sittliche Praxis nicht mehr an die Voraussetzung von
> Seinserkenntnis."[463]

Die Gründung des Willens in der Metaphysik hat Aristoteles zwar nicht unternommen, nur hat er die Klugheit an eine prinzipiell-intellektuelle Zwecksetzung gebunden und hätte sie diesbezüglich auslegen und erläutern sollen, wenn die Bestimmung der guten Praxis ausmachen und somit als Grundlage der Ethik dienen soll.

Aufgrund der Anbindung der Klugheit an die Charaktertugenden schließt Elm:

> „Wenn nun der Sinn fürs Tunliche erst mit der Klugheit gegeben ist, die ihrerseits
> unabdingbar auf Erfahrungen angewiesen ist, und wenn schließlich Klugheit und
> Erfahrung zusammen für die Meisterung menschlicher Lebenspraxis in dieser Welt
> notwendig sind, so legt sich die Vermutung nahe, dass das Verständnis von Praxis an
> ganz bestimmte ontologische Voraussetzungen gebunden ist, etwa an das In-Mög-
> lichkeit-Stehen, an das Andersseinkönnen von Praxis."[464]

An dieser Erklärung wird deutlich, dass Elm einen an die Erfahrung *gebundenen* Begriff von Klugheit hat und daher auf Lebensführung und Lebenspraxis als begriffliche Mittelpunkte des Ausdrucks „Klugheit" hinführt. Dieses Urteil erscheint jedoch bedenklich, wenn Elm selbst fortführt: „Da nur das Streben (orexis) sowie der Nous bzw. Logos prinzipiell handlungs- und damit ordnungsbestimmend sind (1139a117ff), will ich im folgenden zuerst von einer Klärung ihres Verhältnisses meinen Ausgang nehmen."[465] Denn wenn der *nous* tatsächlich den Ausgangspunkt der Handlung bilden kann, fragt man sich, warum für Elm die Klugheit nur als

---

461 Ebd., S. 258.
462 Vgl. Ralf Elm: *Klugheit und Erfahrung bei Aristoteles*, Paderborn 1996.
463 Ebd., S. 18.
464 Ebd., S. 18.
465 Ebd., S. 37.

erfahrungsbedingt verstanden werden kann, wo offensichtlich ist, dass Aristoteles den *nous* allgemein als Intellekt selbst versteht, auch wenn er sich auf sinnliche Gegenstände bezieht.[466] Elm erklärt sodann, wieso der Begriff *nous* oder *logos* in seiner Interpretation des Aristoteles aber kein Handlungsprinzip bilden kann:

> „Als Indiz hierfür lässt sich auch das Fehlen eines Willens-begriffs ansehen. Selbst die Boulēsis wird man nicht als Willen verstehen können. Wie die Griechen vor ihm, so kennt auch Aristoteles keinen isolierten Handlungsimpuls, der sowohl von der Dimension des Logos als auch von der des Strebens losgelöst wäre und in dieser freien Weise allein aus sich heraus eine Praxis motivierte und Wirklichkeit setzte."[467]

Ralf Elm bemerkt allgemein bei Aristoteles nur den Zusammenhang zwischen Nous und Sinnlichkeit an, nicht aber den zwischen Nous und dem Denken; ein Denken das zum Streben wird und daher notwendigerweise auf sich selbst zurückgeführt werden muss. Elm bemerkt, wenn er erklärt, dass Aristoteles sein eigenes Maxim nicht gründet, dass Aristoteles sein rationales Prinzip der Handlung nicht expliziert hat. Was er dabei aber nicht bemerkt ist, dass der Intellekt und somit die Klugheit hierfür aus sich selbst heraus motivierend sein müssen, sofern die Klugheit den Zweck der Handlung abgeben soll. Weil Elm den notwendigen Bezug zwischen der Klugheit und dem Denken nicht öffnet, erklärt er, dass die Handlungsziele, welche *durch* den äußeren Gegenstand gegeben werden, eigentlich die Prinzipien der Praxis seien: „Das Erstreb- und Bezweckbare bildet immer den Anfang für das Tätigsein der

---

466 Christian Jung konstatiert mit Recht, dass bei der Erkenntnis der *Prinzipien* auf den *nous* zurückgegriffen werden muss. Christian Jung erklärt: „Auch Techné und Phronesis können nicht die Hexis der Prinzipienerkenntnis sein, weil ihre Gegenstände dem Wandel unterworfen sind [...] Aristoteles gelangt so durch ein Ausschlussverfahren zu dem Ergebnis, dass der Nous die gesuchte Hexis der gesuchten Prinzipienerkenntnis ist. Denn den fünf wahrheitsfähigen hexeis: techne, episteme, phronesis, sophia, nous bleibt nur noch die letzte als Kandidatin übrig: leipetai noun einai twn archwn. (EN, 1141a7f.)." Christian Jung: *Die doppelte Natur des menschlichen Intellekts bei Aristoteles*, Würzburg 2011, S. 184. Sodann erklärt Jung, dass der *nous* sich einmal nur auf das Allgemeine und auf die prinzipielle Erkenntnis beziehe, sodann aber, dass er sich sowohl auf die ersten wie auch auf die letzten Gegenstände beziehe, d. h. auf das Allgemeine der Erkenntnis wie auch auf das Einzelne. Er bezieht sich hierbei auf die Stellen: EN, 1142a25-27 und EN, 1143a35-b5. Deswegen sei der *nous* ein Verbindungsglied der intellektuellen Erkenntnis mit dem Einzelnen.

467 Ebd., S. 39. Hierbei wird von Elm in der Fußnote auf folgende Autoren hingewiesen: „F. Dirlmeier EN 327f.; A.Dihle, Die Vorstellung vom Willen in der Antike, 1985, 31.ff, 66ff. – Vgl. auch die Differenzierungen von A. Kenny, Aristotle's Theory of the Will, 1979, der sich einerseits vom modernen Willensbegriff abgrenzt, andererseits meint, genuin arisotelische Willensmoment freilegen zu können." Ebd., S. 39, Fn.

praktischen Vernunft. Im Felde der Praxis ist es nichts anderes als das zu verwirkli-chende Gute (prakton agathon)".[468] Auch hiermit liegt Elm nicht falsch, auch wenn es nicht an sich richtig ist, denn das Gute kann nicht ohne die Klugheit vorstellig gemacht werden und verlangt daher eine Frage nach dem Guten selbst. Selbstver-ständlich ist die Klugheit das Prinzip *der Praxis* und damit mit dem Einzelnen der Handlungsgegenstände befasst; das Streben, das für das Wissen selbst gegeben ist, ist ein anderes Streben bei Aristoteles. Die Begründung der Klugheit ist jedoch eine Notwendigkeit, denn sie rekurriert auf Prinzipien, die die intellektuelle Tugend darbietet und die Klugheit wird dadurch zum Strebeprinzip. Die Klugheit setzt die Ziele der Handlung, da diese ohne Klugheit nicht als gut gedacht werden können, auch wenn Aristoteles eine Unterscheidung zwischen der Klugheit und dem *guten Charakter* der sittlichen Tugend zu vollziehen scheint. Der gute Charakter, wenn man es bedenkt, kann jedoch ohne Vernunft nicht gedacht werden. Es sei denn man geht von moralischen Maximen aus, die in der Tat von Aristoteles ausgesprochen worden sind und in diesem Zusammenhang (ohne die Klugheit prinzipiell zu hinterfragen und sie nach ihrem Wesen zu untersuchen) hat Elm durchaus recht. Es wurde mehrmals erwähnt, dass die Handlungsanleitung und Gesellschaftsmoral seinen Grund in der fehlenden Begründung der Klugheit bei Aristoteles hat.

Der Klugheitsbegriff bei Elm ist eine erfahrungsentlehnte Schematik, welche letztlich „den Übergang vom Geführtwerden zu eigener Lebensführung"[469] bedeute. Dieser Übergang wird thematisch, da Elm den notwendigen Zusammenhalt aller Bestrebungen thematisiert und die intellektuelle Tugend der Klugheit in diese sitt-lichen Schemen integriert. In diesem Zusammenhang thematisiert Elm auch den Übergang als ein Übergang zur ‚Vernünftigkeit'. Elm erklärt in eigener Sprache: „Aristoteles denkt den Übergang zu phronetischer Sittlichkeit offensichtlich nicht nach der Art eines Sprungs, jedenfalls finden sich dazu in seinem Werk keine Äu-ßerungen."[470] Elms Interpretation zufolge, durchkreuze das Übergangsschema das Werk des Aristoteles und komme beim eigenständigen Kapitel zum Klugheitsbegriff erneut zur Sprache.[471] Diese Konstellation der Klugheit ansprechend gelangt Elm zu dem empirischen Schluss: „Gegenüber einem theoretischen Wissen aus Gründen ist das praktische Wissen der Klugheit eines aus Erfahrung."[472] Somit handele es sich um ein „kritisches Erkenntnisvermögen"[473], welches auf die verschiedenen Aspekte

---

468 Ebd., S. 41. Siehe auch S. 40 und S. 46.
469 Ebd., S. 187.
470 Ebd., S. 196.
471 Vgl. ebd., S. 187-196.
472 Ebd., S. 190.
473 Ebd., S. 198.

der phänomenologischen Konstitution der Erfahrung gerichtet sei – der Intellekt sei nichts an sich Seiendes für die Praxis, sondern richte sich nach dem jeweils gegebenen Umstand. Dass dies nicht stimmen kann, wurde schon ausführlich dargestellt, auch wenn bei Aristoteles die Einmischung des Empirischen in seinen Klugheitsbegriff nicht anzuzweifeln ist. Elm erklärt seine Hauptthese, indem er schreibt,

> „dass die vom praktischen Wissen der Erfahrungen her eröffnete, anfängliche Phro-
> nesis es ist, die kraft ihres ersten elementaren Wissens um die dem konkreten Tun
> inhärierenden rechten Handlungsziele in eins sowohl der Prohairesis als auch der
> prohairetisch vermittelten Vollendung der sittlichen Haltungen den Zielhorizont
> vorgibt."[474]

Dieses Wissen bilde sich nicht von ‚heute auf morgen', sondern sei das Gesamtkonglomerat einer Lebenserfahrung. Die Lebenserfahrung kann aber nicht erklären, warum es ein im Prinzip der Klugheit selbst begründetes Gutes gibt, das nicht nach Maßgabe des sinnlichen Strebens bestimmt werden kann. Dieses Wissen ist dem Klugen eigen, der eine Disposition hat und nicht deswegen diese Disposition hat, weil er sie erlernt hat, sondern weil er im Sinne seiner Klugheit handelt, welche nach Aristoteles selbst die natürliche Tugend erst zur eigentlichen Tugend macht.

Marcus Riedenauers psychologisch ausgerichtetes Werk geht in der ersten Hälfte schwerpunktmäßig auf die Forschungsliteratur zu der Bedeutung der Affekte zum Verständnis der aristotelischen Seelenlehre ein. Ihm geht es weniger um das Strebevermögen des Willens, als vielmehr darum, dass das Streben in einem Kontext der menschlichen Emotionen überhaupt eingebettet und untersucht wird. Diese Auseinandersetzung durchkreuzt das Werk, aber doch erkennt Riedenauer selbst, aufgrund seiner gründlichen Auseinandersetzung mit der Aristotelesrezeption, dass Aristoteles eine Willenstheorie gehabt habe:

> „Immer wieder ist zu lesen, Aristoteles habe keine eigentliche Theorie des Willens
> entwickelt, vor allem nicht unter dem Aspekt der Willensfreiheit. Andererseits
> erkennen viele, vor allem ältere Autoren durchaus eine eigene Willenstheorie (so
> Aspasius, Thomas, Hegel, Kenny, Irwin); mindestens zeigen sich einer genauen
> Analyse Momente einer solchen."[475]

Riedenauer erwähnt auch die Vorhandenheit eines Willensbegriffs im Zusammenhang der *prohairesis*, führt diese Auffassung jedoch nicht weiter aus:

---

474 Ebd., S. 242.

475 Markus Riedenauer: *Orexis und Eupraxia*, Würzburg 2000, S. 215. Allerdings gehen
     alle diese genannten Autoren (außer Thomas) nicht weiter auf die Verbindung zwischen
     dem Willen als Strebevermögen und der Klugheit als intellektuelle Tugend ein.

„Der Wille ist als eine besondere Form der orexis begriffen – als ihre Vollendungsform. Noch besser wird dies verständlich, wenn die prohairesis als ein Wollen in Einheit von Streben und Vernunft untersucht wird."[476]

Riedenauers psychologische Darstellung sieht den Willen im Zusammenhang anderer seelischer Kräfte und geht nicht auf die eigene Kausalität des Intellekts selbst ein. Riedenauer erkennt im Entschluss zwar das vernünftige Streben, aber nicht das Streben gemäß der Vernunft, wie aus mehreren Stellen deutlich wird. Zwar schreibt er, dass „das Streben in seiner höchsten Funktion […], als immanentes Transzendieren auf Reflexivität hin [auftritt]"[477]; jedoch bezieht er dieses Transzendieren auf den Zusammenhang von alogischen und logistischen Potentialitäten des Strebens. Der Wille selbst im Sinne eines Strebens, welches der rationalen Vorstellung, d. h. der Vernunft als Entschluss folgt, wird nicht weiter problematisiert. Auf derselben Seite erklärt Riedenauer weiter, inwiefern er die *prohairesis* im Unterschied zu *epithymia, thymos* und *boulēsis* versteht und schlussfolgert, dass die *prohairesis* „im Licht mehrerer abzuwägender Handlungsalternativen die Emanzipation des Zieles als Ziel her[stellt]".[478] Aber es handelt sich nicht um eine abzuwägende Möglichkeit, sondern um eine Anwendung der Vernunft in Beziehung auf das Einzelne mittels des Vermögens der Klugheit (*phronēsis*).

Interessant ist Riedenauers Aussage, dass die *phronēsis* (Klugheit) „zusammen mit arete das jeweils zu Tuende mit dem Endziel der Existenz selbst, mit dem ergon des Menschen als solchem [verbindet]".[479] Dieses Zitat deutet zwar auf die Vervollkommnung des Vermögens der Vernunft im Menschen hin, wird aber für die Bestimmung der Praxis nicht weiter ausgeführt. Ganz entschieden zeigt sich aber Riedenauers Verständnis der Vernunft als das eines vernünftigen *Strebens* und nicht eines Strebens gemäß der Vernunft in dem Satz:

„Diese ursprüngliche Einheit von Streben und Denken tritt bei Aristoteles zunächst dadurch nicht hervor, dass dem Denken nur der Ausblick auf Weg und Mittel zugewiesen wird, die gemeinte Sache selbst aber zeigt, dass das Denken schon im Streben waltet, und die Ausbildung der ethischen Tüchtigkeit zur Klugheit nicht durch das Hinzutreten des Verstandes bedingt ist, sondern aus dem Streben selbst kommt".[480]

---

476 Ebd., S. 217.
477 Ebd., S. 220.
478 Ebd., S. 220.
479 Ebd., S. 221.
480 Ebd., S. 221f.

Es gibt keinen von Aristoteles beschriebenen Übergang von den Strebevermögen der *epithymia* und des *thymos* zum Intellekt, wie im obigen Nebensatz, „dass das Denken schon im Streben waltet" angedeutet wird. Aristoteles hat nicht umsonst die Tugenden in zwei Gattungen aufgeteilt und an mehreren Stellen von der Zweiteilung der Seele als grundsätzlich „alogistisch" und „logistisch" gesprochen.[481] Das Missverständnis, das hier bezüglich des vernünftigen Prinzips geäußert wurde, wird auch in Riedenauers Notiz zum obigen Zitat deutlich, indem er die Idee des Vernünftigen rein empirisch aufgefasst: „Allerdings ist hinzuzufügen, dass das Streben immer schon vernünftig geformt ist durch Gewöhnung und Erziehung."[482] Die Gewöhnung und die Erziehung sind jedoch nur äußere Anwendungen des Verstandes nach sittlicher Tugend.

Riedenauer sieht den Menschen nach Aristoteles immer als dynamisches Ganzes gemäß einer rationalen und irrationalen Begabung. Deswegen erklärt Riedenauer psychoanalytisch, dass:

> „Aristoteles eine anthropo-psycho-logische Begründung der moralischen Vernünftigkeit und der Notwendigkeit vernunftbestimmten Handelns gibt, die nicht von der Idee einer Willensfreiheit oder abstrakten Selbstbestimmung ausgeht, sondern vom dynamischen Sein des Menschen".[483]

Die Rolle der Charakterologie im Ganzen versucht Riedenauer in eine philosophische Ethik einzubauen, indem er sagt, dass die *aretē* als „eine Charaktereigenschaft, eine durch Übung eingegrabene Weise, zu empfinden und zu streben, [...] die Stabilität und Stimmigkeit des je aktuellen Begehrens und Handelns [garantiert]."[484]

Riedenauer spricht die Vernunft zwar einzeln als Strebevermögen an, erfasst diese jedoch nicht in ihrer Bedeutung für den Willensbegriff gemäß der Klugheit und untersucht insgesamt nur die Zusammenhänge der Strebevermögen, sofern sie durch Übung und Erfahrung in eine Stimmigkeit für das Handeln gebracht werden. Die Idee eines Intellekts auf das Streben selbst bezogen,[485] wird nicht diskutiert. Der Mensch ist jedoch nach Aristoteles ein rationales Strebewesen, das willentlich handelt. Der Mensch, der gemäß dem Denken handelt, wird von Aristoteles als klug bezeichnet, wenn er nach der Klugheit selbst handelt und nicht nur gemäß seiner Überlegung. Riedenauer erkennt auch an mehreren Stellen, dass es eine

---

481 Vgl. EE, 1220a5-13.
482 Markus Riedenauer: *Orexis und Eupraxia*, S. 222.
483 Ebd., S. 230.
484 Ebd., S. 234.
485 Das Streben des sinnlichen Vermögens wird nicht durch die Erkenntnis des Intellekts verneint, sondern nur nach dem Zweck desselben hinterfragt und es wird gemäß den Zwecken der Vernunft gefragt, ob diese und nicht jene Handlung die beste sei.

Diskrepanz zwischen den Aussagen gibt, dass die Klugheit nur als Überlegung der Mittel eingesetzt wird und dass das Denken auch ein Streben ist. Diese Diskrepanz wurde im vorliegenden Buch aufgeklärt.

Pierre Aubenque basiert in seinem Werk zum *Begriff der Klugheit bei Aristoteles* seinen Argumentationslauf auf den Thesen Werner Jaegers. Nach der Ansicht Werner Jaegers hätten die Kritiker der aristotelischen Ethik die Widersprüche innerhalb des Systems des Aristoteles übersehen. Jaeger entwickelt daraufhin eine seiner Ansicht nach den aristotelischen Schriften gemäße genetische Erklärung dieser Problematik. Aubenque, sich auf diese Erklärung beziehend, sieht in der Klugheit, wie auch Jaeger vor ihm, „nur noch eine Art moralischen Sinn, der es vermag, die Handlung auf das für den Menschen unmittelbar Nützliche und Gute hinzulenken, aber keinerlei Bezug mehr zu einer transzendenten Norm hat."[486] Somit konstatiert Aubenque, rückblickend auf Jaegers eigene Worte: „Aristoteles nimmt der Phronesis jede theoretische Bedeutung".[487] Aubenque erklärt, dass Jaeger und daher auch er selbst in der aristotelischen Klugheit das Metaphysische gar nicht vorhanden sehen, sondern ein rein politisches Ideal, welches auf das Gebiet der Praxis und somit des guten Lebens wirke.[488] Aubenque meint zudem, dass die Definition des praktischen Prinzips, wie Aristoteles es methodisch induziert, von einer Beobachtung des Klugen abhängt. Der Kluge greife dabei nicht auf allgemeine Prinzipien zurück,[489] sondern habe ein Wissen um das Richtige von Natur aus. Diese Natur greife einerseits auf Ideen zurück, die in Vergessenheit geraten können, und andererseits auf Erfahrungen. Letztlich sieht Aubenque die Klugheit darin ausgesprochen, dass der Kluge weiß, wie man „gut erwägt".[490] Auf den Willen, die Konstitution des Entschlusses und auf die Fundierung und Anwendung des Verstandes (*nous*) bei der Tugend der Klugheit geht Aubenque nicht weiter ein.

Es gibt selbstverständlich weitere Werke, die sich mit der ethischen Theorie des Aristoteles befasst haben. Die Autoren dieser Auswahl haben sich jedoch explizit mit der Klugheit auseinandergesetzt und dienen als solche dafür aufzuzeigen, dass der Gegenstand der ethischen Schriften des Aristoteles zwar viel besprochen worden ist, jedoch kein Weg zu dem Schluss gewonnen worden ist, dass bei Aristoteles die Klugheit als Vernunft den guten Willen abgeben kann, indem sie in ihrem selbsteigenen Begriff, d.h. in dem was die Klugheit als Klugheit ausmacht, begründet

---

486 Pierre Aubenque: *Der Begriff der Klugheit bei Aristoteles*, Hamburg 2007, S. 19.

487 Werner Jaeger: *Aristoteles. Grundlegung einer Geschichte seiner Entwicklung*, Berlin 1923, 2. Aufl. 1955, S. 83.

488 Vgl. Pierre Aubenque: *Der Begriff der Klugheit bei Aristoteles*, S. 20.

489 Vgl. ebd., S. 47-48.

490 Ebd., S. 118.

werden muss. Im ersten Teil des zweiten Hauptteils wurde gezeigt, dass Aristoteles die Verbindung zwischen der ‚praktischen' Vernunft und der ‚theoretischen' Vernunft nicht geschlossen hat. Der Wille fußt aber auch bei Aristoteles auf einem rationalen Vermögen und das rationale Vermögen fußt wiederum auf einer Tugend, d. h. auf dem rationalen Vermögen in seiner Vollkommenheit. Diese Willensbestimmung diente als Ausgangspunkt für eine Frage nach dem, was der Intellekt in der Handlung des Menschen bestimmt und bedingt. Es gibt offensichtlich keine Notwendigkeit aus der Handlung selbst heraus den Intellekt zu begründen, da gestrebt werden kann ohne die Intelligibilität des Seins der Gegenstände gedacht zu haben. Es gibt daher von der Natur aus gesehen die Möglichkeit rein nach einem „rationalen Willen" zu handeln, auch wenn man dabei das intellektuelle Strebevermögen des Menschen in seinem Wesen nicht vervollkommnet und in dieser Hinsicht entspricht. Diese doppelte Seinsweise des Willens geht auf die Naturbestimmung des Menschen als Natur und Geist zurück. Durch die Erkenntnis, die den Willensbegriff bedingt, wird die Natur in ihrer Naturhaftigkeit als Erscheinung und Relatives erkannt und der Sinn des Daseins im intellektuellen Willen erlebt, indem man denkt und bewusst handelt.

Dritter Hauptteil – Die negativen Konsequenzen der aristotelischen Klugheits- und daher Willensbestimmung für die Erfassung und Bestimmung des Prinzips der Praxis

In diesem dritten Hauptteil werden die problematischen Konsequenzen davon dargestellt, dass Aristoteles die Klugheit als regulatives Vermögen in seine sittliche Tugendlehre eingebracht hat. In einer kritischen Reflexion auf Aristoteles und Thomas von Aquin, der sich auf Aristoteles bezogen hat, wird der gute Wille als Gegenstand der praktischen Philosophie und als Grundlage für die Moralität deutlich von sittlichen Moralvorstellungen gemäß der menschlichen Natur unterschieden und dargelegt, dass allein der intellektuelle Wille das Prinzip guten Handelns ausmacht. Da Aristoteles die Klugheit nicht erläuternd begründet hat und weil er die Klugheit in die Sittlichkeit einmischte, ist eine sittliche Lehre entsprungen, die der Bestimmung der guten Praxis in der praktischen Philosophie nicht entspricht. Die Moralität, d. h. wie der Mensch sich zu sich selbst als Mensch verhält, ist eine Folge der Vernunft, d. h. des Lebens des Menschen gemäß dem Zwecke des Denkens, nämlich die Gegenstände wesentlich zu denken und jeweilig den Gegenstand der Handlung für ein Subjekt nach seinem Wesen zu bedenken und zu behandeln. Nichtsdestotrotz wird anhand von Aristoteles' Klugheitsvorstellung und Thomas von Aquins Bezugnahme darauf gezeigt werden können, dass das Gute ohne intellektuelle Erkenntnis nicht gedacht werden kann und somit menschliche Emotionen, wie Mitleid, für eine Moralitätslehre nicht gelten können.

Dabei können wichtige geschichtliche Ereignisse mitunter Religionsansprüche aus der Moralitätslehre geräumt werden.

Es wird aufgedeckt, dass Aristoteles die Vorstellung der Handlung gemäß einer sittlichen Naturbestimmung des Menschen nicht hinreichend von der Frage nach dem intellektuellen Prinzip der Handlung differenziert hat und sich somit sittliche Vorstellungen in seine praktische Philosophie eingemischt haben. Bei Thomas von Aquin, der diesbezüglich auf Aristoteles zurückgreift, setzt sich dieses Problem fort. Seine Vorstellung der ethischen Handlung gemäß einem Naturgesetz, das vernünftig sein soll, steht nicht im Einklang mit seinem Verständnis der Vernunft als Bestimmung der Praxis und es mischen sich somit eine Morallehre nach Naturgesetzen und Gedanken zum menschlichen Strebevermögen und somit zum guten Willen in seiner Auslegung des Prinzips der Praxis. Um diese Problematik aufzuzeigen, wird in einem ersten Schritt die Problematik der sittlichen Tugend bei Aristoteles und Thomas von Aquin diskutiert. Thomas von Aquin behauptet, dass der intellektuelle Entschluss den ausschließlich sinnlichen *Affekt des Mitleids* zu einer Tugend, der Barmherzigkeit, erhebt. Dabei stellt sich jedoch die Frage, wie die Barmherzigkeit zu einem Handlungsprinzip werden kann, angesichts der Tatsache, dass sie nur ein Gefühl des Subjekts ist und in sich keinen adäquaten Grund für eine moralische Handlung abgeben kann. In einem zweiten Schritt wird auf die vernünftige Zwecksetzung als in der vernünftigen Erkenntnis selbst begründet bei Aristoteles und Thomas von Aquin eingegangen und gefragt, inwieweit Thomas diese mit der Praxis verbinden konnte, um in einem dritten Schritt diese vernünftige Zwecksetzung im Zusammenhang der Praxis bei Thomas im Detail darzulegen. Dabei wird deutlich, dass nur ein intellektuelles Prinzip die Praxis und Moralität begründen kann und allgemeine Gesetze, die Thomas als Inhalt der vernünftigen Zwecksetzung versteht, aus dem intellektuellen Prinzip heraus nicht für sich geltend aufgestellt werden können. Die sittliche Tugend wird in diesem Hauptteil eindeutig von einem intellektuellen Prinzip, das die praktische Philosophie ausmacht, abgesondert und als ethisches Konstrukt verungültigt.

1   Ist das Mitleid eine Tugend und somit ein vernünftiges Handlungsprinzip?

Es wird im folgenden mit Thomas von Aquin in Rückgriff auf Aristoteles gefragt, ob der Vorsatz den Affekt tatsächlich zu einer Tugend und somit zu einer moralischen Bestimmung erhebt und was die Tugendlehre damit verbunden zu bedeuten hat. Davor wird in einer kurzen Ausführung auf die Trennung und Verknüpfung des Affekts mit dem Vorsatz bei Aristoteles, worauf Thomas sich bezieht, eingegangen, um das Thema zum Problem des moralischen Prinzips deutlicher einzuleiten.

Im Mitleid selbst sieht Aristoteles keine Tugend. Das Mitleid ist nach Aristoteles nur ein *Affekt*, welchen man im gegebenen Moment und bei nachvollziehbarem Schmerz empfindet.[491] In der *Nikomachischen Ethik* werden die Affekte von den Tugenden abgesondert, da die Affekte nicht mit Vorsätzen verbunden gedacht werden können:

> „Ferner empfinden wir Zorn und Furcht ohne Vorsatz, die Tugenden jedoch sind etwas Vorsätzliches, oder sie sind jedenfalls nicht ohne Vorsatz (prohairesis). Außerdem sagt man bei Affekten, dass wir bewegt werden. Bei Tugenden und Lastern aber sagt man nicht, dass wir bewegt werden, sondern dass wir auf bestimmte Weise disponiert sind.“[492]

Die Tugend greift in ihrer Definition also auf eine „Disposition“ (*hexis*) zurück, erklärt Aristoteles.[493] Die Disposition hängt mit einem überlegten Vorsatz zusammen;

---

491   Im zweiten Buch der Nichomachischen Ethik listet Aristoteles mehrere Affekte, unter denen sich auch Mitleid (*eleon*) sich befindet. EN, 1105b22-24.

492   EN, 1106a 3-5.

493   Vgl. EN, 1106a13-27.

dadurch kann die Handlung als gut oder schlecht bewertet werden, denn nur nach dem Vorsatz und nicht nach dem Affekt wird der Handelnde gelobt oder getadelt.[494]

Obwohl Aristoteles das Mitleid als reinen Affekt bestimmt, behauptet Aristoteles die Notwendigkeit der Teilnahme am Leid der Anderen, sofern es unverdient ist, und unterscheidet es von der Entrüstung, die eintritt, wenn es jemandem unverdient gut geht, wie im folgenden Zitat gezeigt wird. Ein Mensch mit „reiner Seele" weiß Aristoteles zufolge um das Mitleid:

> „Es gehört sich ja, über das Leid derer, denen es unverdient schlecht geht, sympathisierend zu sein (*sunaxsthomai*) und sie zu bemitleiden (*elein*), über diejenigen jedoch, denen es gutgeht, ohne dass sie dessen würdig sind, entrüstet zu sein, denn was einem wider Verdienst zukommt, ist ungerecht."[495]

Diese Vorstellung kann nur bedeuten, dass eine Ursache bedacht werden muss, die die Rechtmäßigkeit der Sympathie belegt, d. h. dass der Affekt kausal bedacht wird. Dieses Bedenken der Kausalität erhebt den Affekt des Mitleids bei Aristoteles nicht zu einer Tugend, weil die Tugend erst durch eine verständige Zweckvorstellung gemäß dem Vorsatz entsteht, wie im zweiten Hauptteil ausgeführt wurde.

Thomas von Aquin führt Aristoteles' Vorstellung zum Affekt aus, indem er argumentiert, dass die Affekte, welche Aristoteles mit der Definition der Tugend als solche nicht verknüpft sieht, doch mit einem Vorsatz verbunden gedacht werden können und somit als Tugenden gelten würden:

> "Now the Philosopher proposes these means not as virtues, but as passions, because, even as passions, they are praiseworthy. Yet nothing prevents them from proceeding from some elective habit [prohairesis/Vorsatz], in which case they assume the character of a virtue."[496]

Thomas von Aquin erklärt in obigem Zitat, dass die Leidenschaften zwar schätzenswert sein können, dass sie aber lobenswert sind, wenn sie mit einem Vorsatz verbunden sind. Man *schätzt* gute und richtige Affekte und *lobt* sie, wenn sie aus einer willentlichen Haltung hervorgehen und daher mit Vorsatz vollzogen werden. Grund dafür, dass man die Affekte nur in Zusammenhang des Vorsatzes lobe, sei nach Thomas, dass man bei den Affekten nicht sicher gehen könne, dass das richtige Gefühl in jedem Fall gegeben sei.

---

494 Vgl. EN, 1105b30-32.
495 Aristoteles: *Rhetorik*, Stuttgart 2007, Buch II, Kap. 9, 1386b12-15.
496 Thomas von Aquin: *Summa Theologica,* II, II, Q. 30, art.3, ad. 4.

Thomas von Aquin geht nun in der folgenden Passage auf die Grundlage für seine Aufstellung des Unterschiedes zwischen Mitleid als Affekt und Mitleid als Tugend ein:

"I answer that, mercy [Mitleid] signifies grief for another's distress. Now this grief may denote, in one way, a movement of the sensitive appetite, in which case mercy is not a virtue but a passion; whereas, in another way, it may denote a movement of the intellective appetite, in as much as one person's evil is displeasing to another. This movement may be ruled in accordance with reason, and in accordance with this movement regulated by reason, the movement of the lower appetite may be regulated."[497]

Thomas behauptet im obigen Zitat: wenn das Mitleid mit einem intellektuellen Vorsatz gedacht wird, wird das Mitleid (*compassio*) zur Barmherzigkeit (*misericordia*) als Tugend umgewandelt. Deswegen sagt Thomas auch in der Summa Theologica:

"Pity [Barmherzigkeit] is said to be a virtue, i.e., an act of virtue, in so far as that movement of the soul is obedient to reason; viz., when pity is bestowed without violating justice, as when the poor are relieved, or the penitent forgiven, as Augustine says. But if by pity we understand a habit perfecting man so that he bestows pity reasonably, nothing hinders pity, in this sense, from being a virtue. The same applies to similar passions."[498]

Man sieht also, dass bei Thomas Affekte durch die Vernunft zu Tugenden erhoben werden. Mit Vorsatz und ohne die Gerechtigkeit zu verletzen (wie oben im Zitat), gewinnt das Mitleid (*compassio*) den Rang einer Tugend und zwar im Sinne der Barmherzigkeit (*misericordia*). Thomas erklärt daher, dass die Barmherzigkeit ein intellektuelles Streben sei: „Therefore this act must pertain to the intellectual part's appetite."[499]

Die Frage ist aber bei der Festsetzung der Tugend, die per definitionem auf dem rationalen Zweck fußt, welchen Zweck die *ratio* selbst verfolgt – der Zweck wurzelt nämlich, wenn er sich in der ratio und nicht in einer rational bedachten Vorstellung gründet, *nicht* in der Barmherzigkeit selbst, sondern in der Vernunft. Das Mitleid als Erkenntnis eines Leids, die ein Gefühl verursacht, deutet nur auf ein Problem hin und die Barmherzigkeit ist für sich genommen nur die Anerkennung eines Problems hinsichtlich des Gefühls, d. h. ohne die Erkenntnis des Grundes als Bedingung für die Handlung zu setzen. Der Natur nach ist das Leid natürlich auf eine Ursache zurückführbar. Das Leid kann also untersucht und womöglich durch die Auffindung

---

497 Thomas von Aquin: *Summa Theologica*, II, II, Q. 30, Art 3, resp.
498 Thomas von Aquin: *Summa Theologica*, I, II,, Q. 59, Art 1, ad 3.
499 Thomas von Aquin: *Sententiarum III*, D. 27, q. 2, a. 3.

der Ursache behoben werden. Die Aufhebung des Leides und das Mitleid selbst ist aber noch keine für sich bestehende vernünftige Zweckbestimmung, denn es setzt für sich genommen die *Vorstellung* des Glückes der Person als Zweckvorstellung. Wenn Thomas also das Mitleid, insofern es rational in seiner Ursächlichkeit begründet wurde, als Tugend versteht, so ist dies immernoch nur eine Überlegung in Bezug auf eine in sich relative und unbegründete Vorstellung, denn die Natur kann nicht als Natur ohne vernünftige Bestimmung einen *Grund* abgeben. Es ist nur in der Erkenntnis einer Problematik, die aufgrund des Zweckes des Menschen erst *wirklich* problematisch ist, und dem Wunsch der Erkenntnis diese zu lösen, da der Zweck in der Intelligibilität in letzter Instanz und der vernünftigen einzelnen Naturerkenntnis in anderer Instanz, liegt, etwas Gutes gegeben. Das Moralische hat also nur *mittelbar* mit der Erkenntnis des Problems zu tun.

Das Vorsätzliche und somit die Tugend wie Thomas sie versteht, z. B. die ‚Tugend' der Barmherzigkeit, die als Zweck auf das *Leben* des Menschen zurückzuführen ist, kann also nicht als Prinzip guten Handelns dienen. Das Leid anderer kann nie ein Prinzip bilden, denn Phänomene dieser Art, geben keine Handlungsvorschriften ab und hängen von Kausalketten der Naturerkenntnis ab. Auch wenn die Ursache bedacht wird, bleibt diese Ursächlichkeit relativ und kann kein vernünftiges Handlungsprinzip abgeben. Das was man über die Einzeldinge als Einzeldinge erkennt ist etwas Naturbestimmtes, z. B. die Ursache für ein Leid oder Glück kann entweder selbstverantwortet sein oder aber auch nicht; was die Ursache ist, muss in der Erscheinung immer relativ unklar bleiben und das Glück selbst ist nur dann Erfüllung und daher allgemein wesentlich, wenn die Erkenntnis selbst Bestimmungsgrund ist. Die Handlungsrealität selbst, d.h. die Erkenntnis eines Einzelfalls, kann nie verallgemeinert als ein Gutes oder Schlechtes definiert werden, denn die *Art* der Erfahrungserkenntnis gibt kein *Prinzip* her. Nur der *Zweck* einer jeden Handlung kann theoretisch gedacht, d. h. allgemein und einzeln bestimmt, werden und für eine Zwecksetzung dienen, die für das Subjekt absolut ist. Die Einschätzung des Umstandes und diesen auf Zwecke zurückzuführen, ist eine Leistung des Denkens und in diesem Sinne das Gute. Was jedoch im Einzelfall zu tun ist, kann nicht abstrakt entschieden werden, da es von der Erscheinung, d. h. der Zeit usw. des Subjekts und Objekts abhängt, somit ist es nur für das Subjekt gut, d. h. auch moralisch, sofern das Subjekt denkt.

Das Thema des Zusammenhangs zwischen Affekt und Tugend hat natürlich auch seinen eigenen Thematisierungsbereich in der ‚Moralitätslehre' gefunden. Rosalind Hursthouse z. B. nimmt diesen Thematisierungsbereich in ihrem Buch auf, indem sie das Verhältnis zwischen der Tugend und der Affekte bei Thomas thematisiert: „It is commonly asserted that someone's compassion might lead them to act wrongly, to tell a lie they should not have told, for example, in their desire to prevent someone else's hurt feelings".[500] Die Gefühle sind in diesem Fall Grund der Lüge und nicht der Entschluss.[501] Es geht bei ihrer Ausführung darum, dass die Seele des Menschen als ein wertvoller Gegenstand -den Emotionen nach- betrachtet wird. Die Emotionen werden nämlich hierbei thematisch. Es gibt jedoch keine Grundlage für eine Entscheidung darüber, ob Emotionen verletzt werden sollten oder nicht – den Emotionen nach. Der Grund muss hinzutreten. Der Grund aber, der in der *ratio* gemäß dem Entschluss bestimmt und der *Natur gemäß* begründet wird, ist auch keine Grundlage für ein Prinzip guten Handelns und daher einer vernünftigen Beurteilung der Handlung, sofern nur die Kausalkette der Natur, d. h. der Handlungsereignisse, hinzugezogen wird, wie erklärt.

Es wurde bereits im zweiten Hauptteil ausführlich erläutert, dass die ‚Klugheit' als intellektuelle Tugend das eigentlich Gute bedingt, sofern sie als Prinzip des Willens gedacht wird. Die vorliegende Ausführung zum Mitleid als Tugend diente also dazu, zu zeigen, dass der Intellekt für die ‚Tugend', als Vervollkommnung des Vermögens und daher den guten Willen verantwortlich ist und dass diese sittliche Moralitätslehre nicht gültig ist – sowohl bei Thomas als auch bei Aristoteles. Dies wird wiederholt, um gefährliche Missverständnisse möglichst auszuräumen. Die Barmherzigkeit als Tugend bei Thomas ist durch den Wunsch zur Hilfestellung des anderen als Leidendem bestimmt. Diese Haltung kann aber keine Moralität begründen. Zwar wäre die Frage nach der Ursache des Leidens zu berücksichtigen und somit etwas Verständiges im Spiel, nur ist diese Ursache eine Erscheinung und daher weder aus einer Wirkung auf das Subjekt – das Gefühl des Mitleids – noch aus der Erkenntnis der Ursache heraus – als Prinzip einer guten Handlung zu fassen.

Thomas versucht also die Tugenden nicht als Gewohnheit zu verstehen, sondern als eine intellektuelle Haltung, welche über den Vorsatz möglich sein soll. Er verkennt dabei, dass die Haltung das Erkennen selbst ist und die einzige Grundlage für das Moralische ist. Man kann die Gegenstände des äußeren Lebens und ihre Wirkungen im Subjekt nicht als solche moralisieren. Der Ursprung dieser Vorstellung zur Tugend als begründet im Vorsatz liegt in Aristoteles. Der Affekt ist ohne richtigen Begriff mal zu intensiv, mal zu schwach, sagt Aristoteles. Aristoteles erklärt daher auf sein Klugheitsprinzip rekurrierend (das Tugendhafte im eigentlichen Sinne), dass die eigentliche Tugend auf einer intellektuellen Haltung zum schlechthin Guten beruhe und nicht auf einem Affekt; nur mischt er wiederum diese Haltung in die Thematisierung und somit in den Gegenstandsbereich der sittlichen Tugend. Emotionen basieren auf Kausalitäten, auf der Erscheinung, auf dem Einzelwesen,

---

500 Rosalind Hursthouse: *On Virtue Ethics*, Oxford 2002, S. 13.

501 Die Lüge betrifft allerdings die Handlung als Handlung und kann moralisch nicht als solche bewertet werden.

auf relativen Gründen usw. Man kann nicht prinzipiell ‚mitleidig' handeln oder prinzipiell dem Leidenden gerecht werden. Wie das intellektuelle Prinzip für die Praxis aber gedacht werden kann, wird im Folgenden in einer Kritik an Aristoteles und Thomas erläutert, die aus ihrer Philosophie von einem intellektuellen Prinzip wissen.

2   Vernünftige Zwecksetzung bei Aristoteles und Thomas von Aquin

Der Gegenstand des guten Handelns ist nach Aristoteles letztlich das, was die Vernunft als das Gute für das Streben erkennt und bestimmt. Der Gegenstand des Wollens wird in dem Fall von der Vernunft bedacht. Das Gute ist daher *im Grunde* das Intelligible. Aristoteles sagt hierzu:

> „Denn Gegenstand des Gelüstes ist das gut Scheinende, erster Gegenstand des Willens (boulēton) aber das gut Seiende. Denn wir begehren vielmehr, weil etwas uns gut dünkt, als etwas uns gut dünkt, weil wir sein begehren. Der Anfang aber ist das Denken. Der denkende Geist aber wird von dem Intelligiblen bewegt."[502]

Der Zweck der Handlung wird, unabhängig davon nach welchem Strebevermögen der spezifische Gegenstand *gewollt* wird, durch die Vernunft bestimmt werden können. Wird die Vernunft zum Prinzip der Handlung, so umgeht man eine Scheinvorstellung des Zweckes: „Denn die Prinzipien der Handlungen liegen in ihren Zwecken. Ist man einmal durch Lust oder Unlust bestochen, so verbirgt sich einem sofort das rechte Prinzip, und man vergisst, dass man seinetwegen und um seinetwillen alles wählen und tun soll."[503] So folgert dann auch Thomas in seinem Kommentar zur Ethik: „He [Aristoteles] says that for the good man that thing is an object of willing which is truly worthy of being willed, i.e., good in itself. But for the wicked or vicious man that thing is the object of willing which attracts him, i.e. whatever seems pleasing to himself."[504]

---

502   Aristoteles: Metaphysik, übers. von Hermann Bonitz, hrsg. von Horst Seidl, Hamburg 1989, 1072a28-31.

503   EN, 1140b17-22.

504   Thomas von Aquin : Commentary on Aristotle's Nichomachean Ethics, trans. C. I. Litzinger, O.P. Notre Dame, 1964, Nr. 493 in Beziehung auf EN, 1113a 23-25. Siehe auch zum Guten und dem Klugen als Maßstab der sittlichen Tugend, Nr. 494.

Das Problem betrifft bei Aristoteles und Thomas von Aquin die Verbindung des intellektuellen Prinzips zur Praxis. Es steht auch im obigen Zitat nicht fest, was dieses rechte Prinzip des Guten ist und die Gegenüberstellung bei Thomas, nämlich gegenüber dem bösen Mann, ist eher ein Hinweis auf eine Charaktereigenschaft, die wiederum eine sittliche Vorstellung zum Ausdruck bringt.[505] Es geht jedoch bei beiden Philosophen um die Frage nach dem, was an sich gut ist; um die Frage nach dem Endzweck. Dieser Endzweck wird jedoch nicht auf die Praxis bezogen gedacht.

Die Vernunft ist für jegliche Zweckbestimmung deswegen Grund, weil sie den Endzweck in jeder Handlung als das Denken trägt. Die Erkenntnis geht auf den spezifischen Gegenstand der Handlung und bedenkt ihn. Die Erkenntnis selbst ist aber letzter Zweck der Erkenntnis vorgestellter Gegenstände; die Erkenntnis ist dabei konstitutiv für die Erkenntnis (Reflexion) und die Erkenntnis erkennt immer Gegenstände für ein Subjekt. Das Subjekt will den Gegenstand, weil das Subjekt auf diese Weise konstituiert ist, d.h. ist in diesem Zusammenhang zum Gegenstand überhaupt sich selbst, und dieses Wollen führt dazu, dass die Vernunft den *Gegenstand* für ein Subjekt als ein *Gegenstand für ein Subjekt* erkennt; das Wollen ist sinnlich-verständig und das Wollen selbst kann hinterfragt werden und ist dabei theoretisch, d.h. mit einem intelligiblen Gegenstand – der Konstitution der Erkenntnis selbst – befasst. Diese Befassung betrifft auch die Handlung, denn die Handlung konstituiert sich jeweilig im Inneren des Menschen. Schokolade ist gut, ist z.B. eine Erkenntnis oder das Ich erkennt eine Welt auch. Die erste Erkenntnisart und -inhalt ist ein äußerer Gegenstand der Sinne für ein Subjekt; die zweite Erkenntnisart und -inhalt des Gegenstandes ist ein intelligibler Gegenstand für ein Subjekt im allgemeinsten Sinne, die die Frage nach dem Bezug des Subjekts zum Gegenstand im ersten Sinne konstitutiv theoretisch erfragt. Dabei bestimmt „das Theoretische" ja auch den „praktischen" Bezug zum Gegenstand. Diese Leistung der Vernunft muss jedoch jedesmal erfolgen, da der Bezug immer ein Verhältnis zwischen dem Gegenstand als Gewolltes und dem Subjekt als Wollendes zum Ausdruck bringt.

Thomas greift die unzureichende intellektuelle Bestimmung der Praxis bei Aristoteles problematischerweise auf, indem er die „natürliche Vernunft" für das vorgestellte *Ziel* der ‚sittlichen Tugend' verantwortlich macht. Die vernünftige Zielsetzung würde jedoch den Gegenstand der sittlichen Tugend nichtig machen

---

505 Das Zitat, das sich direkt auf Aristoteles bezieht, wird am Beispiel des Körpers erläutert, d.h. an der Gesundheit, nämlich an dem, was für den Gesunden gesund erscheint und dadurch auch ist. So ist es auch beim Klugen, der das Kluge zu wählen weiß. Das Gute wird also von beiden Philosophen nicht theoretisch in Beziehung zu praktischen Gegenständen erläutert, sondern nur betreffs bestimmter einzelner praktischer Voraussetzungen.

und weil Thomas dennoch von der sittlichen Tugend spricht, mischt sich wieder ein Gegenstandsbereich in das Handlungsprinzip, der gar nicht Gegenstand, bzw. Bedingung des Prinzips der guten Handlung, ist. Thomas sagt:

> "Natural reason [ratio naturalis] known by the name of synderesis appoints the end to moral virtues, [...] The end concerns the moral virtues, not as though they appointed the end, but because they tend to the end which is appointed by natural reason [ratio naturalis]. In this they are helped by prudence, which prepares the way for them, by disposing the means [ea quae sunt ad finem]. Hence it follows that prudence is more excellent than the moral virtues, and moves them: yet synderesis moves prudence".[506]

Die Klugheit geht, wenn sie nicht mit der Vernunft in Einklang steht, nur auf die Mittel ein, wie im Zitat auch geäußert wird. Dies offenbart deutlich die Problematik; denn wenn die Klugheit als rationales Vermögen im Sinne der Vernunft verstanden wird und die Vernunft die Zwecke bestimmt und dennoch eine andere Instanz (die „sittliche Tugend") für das tatsächliche Wollen und den Entschluss zur Handlung mitverantwortlich gemacht wird, so sagt man implizit, dass nicht eigentlich das vernünftig Erkannte selbst kraft des vernünftigen Strebens gewollt wird, sondern etwas Unabhängiges davon, etwas dem „Charakter", d. h. der Natur des Individuums, Entsprechendes. Dies widerspricht jedoch dem gesamten Verständnis eines intellektuellen Prinzips der Handlung, das dem Subjekt entspricht, das auch Aristoteles und Thomas in Ansätzen entwickeln, wie nachfolgend weiter erklärt und im Verhältnis der im Zitat genannten Begriffe der natürlichen Vernunft und der Synderesis bei Thomas von Aquin besprochen wird.

---

3   Das praktische Prinzip als Berücksichtigung des Einzelnen und Allgemeinen – Die Lex naturalis, Synderesis und das Gewissen

Wie ist die gute Handlung im Einzelfall bei Aristoteles und in der Folge bei Thomas von Aquin zu denken? Ein allgemeines Gesetz für die Handlung des Menschen kann nicht als solches befolgt werden, ohne dass man den Einzelfall im allgemeinen Prinzip der Praxis mitbedenkt, sagt Aristoteles und erläutert Thomas von Aquin. Die Handlung nach einem allgemeinen Gesetz, welches den Einzelfall nicht berücksichtigt, könnte zum größeren Übel führen, schreibt Thomas von Aquin, wie im folgenden erläutert wird.

---

506 Thomas von Aquin: *Summa Theologica*, IIa IIae, q. 47, art. 6. resp.

Die theoretische Wissenschaft behandelt einen Gegenstand der von Natur aus unveränderlich ist. Die Praxis bezieht sich auf das Änderliche des Einzelfalls. In diesem Sinne geht es immer darum auch dem Umstand des Einzelfalls entsprechend zu handeln. Demzufolge sagt Thomas: „nothing would seem to be more just than returning what has been borrowed to its owner, and yet you do not have to return a borrowed sword to a madman, or money for arms to your country's enemy."[507] Die Formulierung der Prinzipien der Praxis erfolgt nach Thomas von Aquin aus der *Synderesis* und diese Prinzipien liegen bereits im Menschen vor.[508] Diese Prinzipien werden zunächst als abstrakte Gesetze, d. h. in ihrer Gültigkeit als an sich allgemeines Gesetz gefasst und beziehen sich anschließend durch *die Klugheit* (*prudentia*) des Menschen auf das Einzelne. Obwohl sich die Vernunft bei Thomas also auf den Einzelfall der Handlung bezieht, nimmt er an, dass es praktische Gesetze gibt, zum Beispiel die Gerechtigkeit, wie in der Folge problematisiert wird.

Der einzelne Fall hat in der Praxis Priorität über dem allgemeinen Gesetz als solches, weshalb bei Thomas nicht jeder, der nicht im Sinne des Gesetzes der Gerechtigkeit handelt (z. B. dem anderen seinen Besitztum nach einer Ausleihe zurückzugeben), gegen die Gerechtigkeit im eigentlichen Sinne handelt, d. h. nach dem, was nach dem Prinzip der Anwendbarkeit der Gerechtigkeit das beste ist. Stellt man demzufolge im Einzelfall fest, dass man ein allgemeines Gesetz (ein Allgemeines als Allgemeines) verletzen muss, um das Gute zu tun (wie oben im Zitat dem Verrückten sein Schwert nicht zurückzugeben), so handelt man nach Thomas richtig, weil man das Übel meidet. Nun bedürfen diese Aussagen einer näheren Analyse der theoretischen Bedingung des guten Handelns nach praktischer Vernunft bei Thomas von Aquin.

Das *natürliche Gesetz*, welches jeder Mensch in sich trägt und aus einer natürlichen Neigung heraus folgt, ist nach Thomas von Aquin die ‚lex naturalis'. Durch die *lex naturalis* vermag der Mensch das Gute und Schlechte überhaupt zu bestimmen. Kluxen fasst die Bestimmung der *lex naturalis* von Thomas auf folgende Weise zusammen:

> „Dem Menschen ist ein göttliches Licht eingeprägt in seiner natürlichen Vernunft, durch die er gut und schlecht unterscheidet, und so verdient seine Weise der Teilhabe am Ewigen Gesetz den besonderen Namen lex naturalis."[509]

---

507 Thomas von Aquin: *Nichomachean Ethics*: V *Ethic.*, lect. 12 [1134b24], 147-53.

508 Thomas von Aquin: *Untersuchungen über die Wahrheit. Quaestiones disputate de veritate 2*, übersetzt von Edith Stein, eingeführt und bearbeitet von Andreas Speer und Francesco Valerio Tommasi, Freiburg 2008, q. 16, art. 1, S. 66. Auf die *Synderesis* wird im Folgenden weiter eingegangen.

509 Wolfgang Kluxen: *Lex naturalis bei Thomas von Aquin*, Wiesbaden 2001, S. 33.

Die *lex naturalis* ist ein Abbild des von Gott gegebenen ewigen Gesetzes (*lex aeterna*). Das ewige Gesetz ist dem ganzen Seienden inhärent, da dieses ein Geschöpftes Gottes ist, und daher haben alle Geschöpfe eine natürliche Neigung (*inclinatio*) zu diesem Gesetz:

> „Da nun alle Naturdinge von dem ersten Beweger, und das ist Gott, mit einer gewissen natürlichen Neigung auf ihre Ziele hingewendet sind, so muß das, zu dem ein jedes von Natur aus geneigt ist, das sein, was von Gott gewollt oder beabsichtigt ist."[510]

Die Möglichkeit der Entdeckung der höchsten Prinzipien und daher der *natürlichen Gesetze* für die Praxis verdankt der Mensch wiederum dem Vermögen der *Synderesis*: eine Haltung zur intuitiven Erkenntnis der ersten Prinzipien des Praktischen, woraus jegliche weitere Prinzipien und Gesetze erfolgen:

> „Wie es aber für die Menschenseele einen natürlichen Habitus gibt, wodurch sie die Prinzipien des spekulativen Wissens erkennt, wir nennen ihn die Einsicht der Prinzipien, so gibt es in ihr auch einen natürlichen Habitus für die ersten Prinzipien des Handelns (operabilium), die die natürlichen Prinzipien des Naturrechts sind; dieser Habitus nun gehört zur Synderesis."[511]

Die Prinzipien, die aus der *Synderesis* erfolgen, sind an sich gewusst, d. h. sie sind natürlich und intuitiv verständlich (*subito*),[512] wie auch Ralph Macintyre erklärt: „The principles that underwrite both theoretical and practical thinking are per se nota, indemonstrable, self-evident."[513] Die *Synderesis* kennzeichnet Thomas daher auch als „*ratio naturalis*".[514]

Die Synderesis kommt jedem Menschen auf gleiche Weise zu und kann nicht erlöschen, weil „dieses Licht nämlich zur Natur der Seele [gehört]".[515] Die *Synderesis selbst* hat nicht damit zu tun, dass man im konkreten Fall der Handlung auf das Einzelne eingeht. Dass man gut handeln muss und welche Regeln dafür gelten,

---

510 Thomas von Aquin, *Untersuchungen über die Wahrheit. Quaestiones disputate de veritate 2*, übersetzt von Edith Stein, eingeführt und bearbeitet von Andreas Speer und Francesco Valerio Tommasi, Freiburg 2008, hiernach De veritate, Q. 22, S. 567.

511 Ebd., q. 16, art. 1, S. 66. Zu dieser Argumentation siehe auch: Summa Theologica, Ia. q. 79, art. 12, resp.

512 Vgl. ebd., q. 16, S. 66.

513 Ralph McInerny: *Aquinas on Human action – a theory of practice*, Washington 1992, S.113.

514 Vgl. Thomas von Aquin: *Summa Theologica*, IIa IIae, q. 47, art. 6. resp.

515 Ebd., q. 16, art. 3.

gibt einem die Synderesis vor, was aber das Gute bei einer konkreten Handlung *de facto* ist, kann intuitiv nicht erkannt werden. Dazu bedarf es einer diskursiven Erinnerung daran, das Handlungsprinzip zu erschließen, welche vom Gewissen geleistet wird. Es ist das Gewissen, welches die Frage aufwirft, inwieweit das Allgemeine im Einzelnen berücksichtigt worden ist: „Therefore, it is not to say that synderesis simply falls headlong, but that conscience does, which applies the general judgment of synderesis to particular matters."[516] Deswegen hinterfragt die Klugheit (*prudentia*) als Vollzug des Gewissens die Zielsetzung bei *jeglicher* Handlung – sie bedenkt sie hinsichtlich der natürlichen Vernunft und der Synderesis. Martin Rhonheimer versteht das Gewissen bei Thomas als eine (Rück-)Wirkung aus dem Handlungsvollzug. Deswegen meint er, das Gewissen erfülle keine Funktion für den Klugen, weil er jeweils in Einklang mit sich selbst handelt. Rhonheimer schließt in diesem Sinne, dass „das Gewissensurteil in diesem Falle keine neuen Aspekte in die Entwicklung des Handlungsbefehls der Klugheit einbringt."[517] Aber doch sieht Thomas das Gewissen als Werkzeug der Erkenntnis der praktischen Wahrheit (die Wahrheit in Beziehung zum Einzelnen) oder zumindest zur Berichtigung der falschen Annahme. Welche Rolle erfüllt also das Gewissen?

Eine klare Definition des Gewissens wird in der *Summa Theologiae* gegeben: „For conscience, according to the very nature of the word, implies the relation of knowledge to something: for conscience may be resolved into ‚cum alio scientia', i.e. knowledge applied to an individual case."[518] Diese Bestimmung deutet auf zwei wesentliche Momente des Gewissens hin: zum einen, dass das Gewissen ein Wissen zur Grundlage haben muss und zum zweiten, dass dieses Wissen auf den Einzelfall angewandt wird, weswegen Thomas das Gewissen als einen Akt der *praktischen Vernunft* (*prudentia*) bezeichnet. Da das Gewissen die Anwendung der „allgemeinen Prinzipien" auf einzelne Handlungsakte prüft, wird der Gewissensakt analog zur spekulativen Vernunft ein praktischer Syllogismus genannt.[519] Der Obersatz des Syllogismus stellt allgemeingültige Gesetze oder Prinzipien dar, die sich Thomas zufolge durch die Synderesis und aus dem Naturgesetz ergeben. Der Untersatz betrifft das über die konkreten Handlungen gebildete Urteil. Das Gewissen prüft die Verbindung dieser Grundsätze und liefert ein Gewissensurteil über die Hand-

---

516 De Veritate, Q. 16, Art. 2, Ad. 1.

517 Martin Rhonheimer: *Praktische Vernunft und Vernünftigkeit der Praxis*, Berlin 2006, S. 390.

518 Thomas von Aquin: *Summa Theologica*, Ia. q. 79, art. 13, resp.

519 Vgl. Thomas von Aquin: *Summa Theologica*, Ia IIae, q. 94, art. 4. resp.

lung ab.[520] Die Synderesis erbringt nach ihrem selbstseigenen *habitus*, das Gute zu tun, einen allgemeinen Obersatz, der ein Gesetz nach dem Naturgesetz ausdrückt. Thomas erklärt aber, dass da der praktische Syllogismus kontingente Gegenstände in der Handlung betreffe, das Gewissensurteil, das aussagt, ob der Obersatz mit dem Untersatz übereinstimmt, nicht *notwendig richtig* ist. Diese Problematik erläutert Thomas an dem Beispiel des ausgeliehenen Schwertes, welches oben bereits zitiert wurde.[521] Der Obersatz wäre in dem einen Fall ein Gesetz, dass man ausgeliehene Gegenstände zurückgeben sollte; der Untersatz wäre das über die konkrete Handlung gebildete Urteil, dass man ein Schwert ausgeliehen hat. Die Konklusion dieses Syllogismus wäre, dass man das Schwert zurückgeben sollte und das Gewissensurteil würde lauten, dass es falsch war, das Schwert nicht zurückzugeben. Da man jedoch weiß, dass das Schwert, das man ausgeliehen hat, einem Wahnsinnigen gehört, der einen Krieg gegen das Heimatland mit diesem Schwert führen würde, überprüft die praktische Vernunft das Gewissensurteil. Nach der Synderesis, d. h. das Gute zu tun, ergibt sich Thomas zufolge ein zutreffenderes Gesetz, in diesem Fall z. B. dass der Tod Unschuldiger vermieden werden soll, das das vorhergehende Gesetz als Maxim dieses Einzelfalls außer kraft setzt. Somit wäre die richtige Konklusion, dass man das Schwert nicht zurückgeben sollte, aufgrund des konkreten Falles und dem Überdenken des Gewissens, durch welches der Untersatz die allgemeine Gültigkeit des erstangenommenen Obersatzes in Frage stellt. Dieses Beispiel bringt zum Ausdruck, dass das richtige Urteil in Einzelfällen gegen ein allgemeines Gesetz gefällt werden kann, jedoch Thomas zufolge nie gegen die *Synderesis*.[522] Daraus geht die notwendige Relevanz des Einzelnen für die Bestimmung der richtigen Handlung hervor: es ist nicht genug, Gesetze und Normen zu befolgen, sondern jede Handlung bedarf einer situativen Bestimmung gemäß der praktischen Vernunft. Doch woher nimmt diese ihre Prinzipien?

Wie bei Aristoteles ist auch bei Thomas von Aquin die praktische Vernunft und damit ein intellektuelles Prinzip für die Bestimmung der letztlich guten Handlung

---

520   Zu einer ausführlichen Ausformulierung des praktischen Syllogismus siehe: Alois Schoenenberger: *Das Gewissen nach der Lehre des hl. Thomas von Aquin*, Freiburg 1924, S. 67.

521   Vgl. Thomas von Aquin: *Summa Theologica*, Ia IIae, q. 94. art. 4. resp.

522   Zu dieser Problematik siehe u. a. Ana Marta González: *Depositum gladius non debit restitui furioso: precepts, synderesis, and virtues in Saint Thomas Aquinas*. The Thomist 63 (1999), S. 217-240. In diesem Artikel wird die Änderbarkeit des Naturgesetzes thematisiert und anhand des oben angeführten Beispiels zu beweisen versucht, dass die Änderung des Obersatzes integral und notwendig mit dem Naturgesetz zusammenhängt und dieses somit auch ändert.

verantwortlich, während das Gute das erste Prinzip für das Streben überhaupt und damit auch für den Willen abgibt:

> "Consequently the first principle of practical reason is one founded on the notion of good, viz. that "good is that which all things seek after." Hence this is the first precept of law, that "good is to be done and pursued, and evil is to be avoided." All other precepts of the natural law are based upon this: so that whatever the practical reason naturally apprehends as man's good (or evil) belongs to the precepts of the natural law as something to be done or avoided."[523]

Doch was ist es, das nach Thomas von Aquin zum Guten des Menschen gehört, das durch die Vernunft erkannt wird?

Das Gute drückt sich Thomas zufolge im Naturgesetz aus. Er nennt dabei die Neigungen der Natur des Menschen in einer Hierarchie, nach welcher Hierarchie er auch die Regeln des Naturgesetzes bestimmt. Dabei nennt Thomas zuerst die Erhaltung seiner selbst, dann das Gemeinsame mit der tierischen Natur, worunter er z. B. Sexualität und die Aufbringung des Nachwuchses versteht[524] und als letztes das, was der Natur der menschlichen Verständigkeit zufolge das Gute ist, wobei er die Wahrheit über Gott zu wissen und in einer Gemeinschaft zu leben nennt.[525] Thomas macht also zwar das durch Vernunft erkannte und bestimmte Gute für den Menschen als oberstes Prinzip für die gute Handlung verantwortlich, nennt dabei aber aus der Überlegung entlehnte Maximen der Natur als Maßstab des Guten für die Vernunftbestimmung.

Ist es miteinander vereinbar, die Vernunft selbst zum Prinzip des ‚Naturgesetzes‘ zu machen und zugleich den Erhalt der Natur und das Tierische als Maßstab für das Gute aufzustellen? Wonach richtet sich die Vernunft primär bei der Bestimmung der Regel in Bezug auf den Einzelfall– nach sich selbst oder nach dem Naturgesetz?

Die Voraussetzungen für das Naturgesetz werden auch von Thomas theoretisch gefasst, d. h. als ein Verhältnis der Vernunft zu sich selbst. Nach Thomas von Aquin gibt es ‚praktische Prinzipien‘, die als Naturgesetz von der Synderesis aufgefasst werden: „Synderesis is said to be the law of our mind, because it is a habit containing

---

523   Thomas von Aquin: *Summa Theologica*, qu. 94, Ia IIae, q. 94. art. 2, Whether the natural law contains several precepts, or only one?

524   Dass Thomas von Aquin die Sexualität und die Erziehung des Menschen als mit den Tieren gemeinsam versteht, ist für sich genommen bezeichnend für seine Beziehung zur Praxis des Denkenden, denn er erfasst nicht, dass der Grund, der für den Menschen die Liebe sein kann, die Sexualität und die Erziehung eines Kindes zu etwas anderem und untierischen macht.

525   Thomas von Aquin: *Summa Theologica*, qu. 94, Ia IIae, q. 94. art. 2, Whether the natural law contains several precepts, or only one?

the precepts of the natural law, which are the first principles of human actions".[526] Diese ersten Prinzipien sind dem Menschen immer inhärent, auch wenn seine Vernunft sie nicht erkennt (d. h. nach dem oben erläuterten, dass das Gewissen den Einzelfall nicht richtig nach dem allgemeinen Gesetz überprüft oder die praktische Vernunft keinen Bezug auf das Gewissensurteil nimmt) und er nicht danach handeln kann. Der Inhalt der Naturgesetze ist ein zweiter Schritt, der aber die Vernünftigkeit selbst als Maßstab der Richtigkeit aufhebt und von dem eigentlichen intellektuellen Prinzip der Erkenntnis für die Handlung wegführt, weil in diesem Inhalt, wie oben erläutert, ein Maßstab neben der Erkenntnis behauptet wird; nämlich die Natur selbst für sich genommen und nicht die Vernunfterkenntnis (auch der Natur). Die Prinzipien, die sich auf die Praxis beziehen und die gute Handlung begründen, bilden nach Thomas ein „Wissen", aber sie sind selbst „praktisch" und von den theoretischen Prinzipien abgetrennt: „The precepts of the natural law in man stand in relation to practical matters, as the first principles to matters of demonstration."[527] Auch Thomas von Aquin unterscheidet also zwischen theoretischen und praktischen Prinzipien der Vernunft in dem Verhältnis von einer Naturbestimmung und einer theoretischen Bestimmung der Erkenntnis. Die praktische Vernunft befasst sich in der Folge nicht mit der Erkenntnis selbst, sondern mit den praktischen Prinzipien, die von Thomas letztlich auch auf die Natur zurückgeführt werden. Was aber den Grund für die Handlung des Denkenden abgibt ist die Erkenntnis im Ganzen, sowohl der Naturerscheinungen als auch der Erkenntnis der Erkenntnis.

Die Trennung zwischen Theorie und Praxis für den Willensbegriff und damit für das Denken einer vernünftigen Praxis führte bei Aristoteles dazu, dass er nicht erklären konnte, wie die *Vernunft* Prinzip der Praxis sein kann, erkennt doch die Vernunft das Intelligible der Natur, während die Handlung der Naturerscheinung unterworfen ist. Bei Thomas von Aquin führt die übernommene Abtrennung der Praxis von der Theorie für das willentliche Subjekt, wie bei Aristoteles auch, dazu, dass keine klare Unterscheidung zwischen der Überlegung gemäß des natürlichen verständigen Strebens und dem Prinzip aus der Vernunft gemäß dem Intelligiblen als Element zur Beurteilung der Natur stattfindet. Er postuliert ein allgemeines Prinzip, das Gute, das von der Vernunft auf die Natur für sich genommen zurückgeführt wird. Die Naturerkenntnis gibt jedoch kein *Prinzip* ab, was sich z. B. an der ‚Barmherzigkeit‘ oder der Regel der ‚Mitmenschlichkeit‘ zeigt. Thomas schreibt, dass aus dem natürlichen Guten für den Menschen in einer Gemeinschaft zu leben

---

526 Thomas von Aquin: *Summa Theologica,* qu. 94, Ia IIae, q. 94. art. 1, Whether the natural law is a habit?

527 Thomas von Aquin: *Summa Theologica,* qu. 94, Ia IIae, q. 94. art. 2, Whether the natural law contains several precepts, or only one?

die Regel folgt, den anderen nicht anzugreifen.[528] Aber jemanden anzugreifen oder nicht anzugreifen, kann beides seinen Grund in der Vernunft haben und es kommt auf den Grund an, damit das vernünftige Subjekt seine Handlung rechtfertigen kann (wie an seinem eigenen praktischen Syllogismus offenbar wird). Es kann also kein Prinzip für die Gutheit der Handlung geben, das dem Menschen als Naturwesen und den Gesetzen, die daraus folgen, inhärent ist, da das Gute der Handlung an der Erfüllung des menschlichen Wesens als Erkennendes gemessen werden muss und nicht an der Erscheinung des Menschen im Verhältnis zur Natur. Aus der Natur des Menschen erfolgen zwar bestimmte allgemeine Vorstellungen, die für den Menschen als Naturwesen gelten, aber obwohl diese Allgemeinheiten eine Gültigkeit haben, geben sie kein absolutes und daher richtiges Handlungsprinzip ab, weil die Natur allein für den Menschen einen unvollkommenen Maßstab für den Grund seiner Handlung bildet. Durch die Vernunft ist jedoch ein Prinzip im Subjekt gegeben, das die Praxis bestimmt, d.h. die Beurteilung und Setzung der Zwecke nach der Erkenntnis insgesamt *und* der jeweiligen Erkenntnis der Situation bestimmt.

Dafür, dass Thomas von Aquin die Vernunft als intellektuelles Prinzip für das Gute verantwortlich macht, spricht, dass sich das Gesetz als Maßstab der einzelnen Handlung, das nach Thomas von der Vernunft aus dem Naturgesetz abgeleitet wird, letztlich doch nach der Beurteilung des Einzelfalls ergibt und sich dieser anpassen muss- ein Prozess, der nur durch das Subjekt selbst erfolgen kann und durch die Voraussetzung einer allgemeinen Regel gar nicht erbracht werden kann. In Thomas von Aquins Ausführung liegt die Schwäche, wie bei Aristoteles auch, in der Erklärung des Inhaltes für die Vernunftbestimmung selbst, nach dem die Vernunft die Zweckmäßigkeit im Einzelnen überhaupt zu bestimmen vermag. Dieser Inhalt aber liegt in der Vernunft selbst, dadurch dass sie die Erkenntnis als Endzweck ihrer (der) Natur und damit des Menschen erkennt, und nicht in der Natur als solche. Die Erkenntnis, die intelligent ist, erkennt jegliche Erscheinung in ihrem Wesen. Das Wesen der Erscheinung ist jeweilig durch die Vernunft als Wesen zu bestimmen. Die Erkenntnis des an sich seins jeglicher Erscheinung (auch das Erscheinungsverhältnis vom Subjekt und Objekt in der Handlung) ist durch den Intellekt bestimmt und (noch) nicht durch die Erscheinung.

---

528 Thomas von Aquin: *Summa Theologica*, qu. 94, Ia IIae, q. 94. art. 2, Whether the natural law contains several precepts, or only one?

Schluss

Der Zweck des vorliegenden Buches war es, den Willen als rationales Strebevermögen zu klarifizieren und den Willensbegriff zu gründen. Ziel des ersten Hauptteils war es, Schopenhauers *Willensvorstellung* in seiner ursprünglichen Beziehung zur menschlichen Motivation systeminhärent nach seiner Gültigkeit zu hinterfragen und dabei Klarheit in das Prinzip des Willens als potentiell intellektuelles Strebevermögen zu bringen. In einer Auseinandersetzung mit Aristoteles war es daraufhin Ziel des Buches, den Willen als Strebevermögen, den man aus der Kritik an Schopenhauer als rationales Strebevermögen geklärt hatte, bei Aristoteles im Verhältnis zu den anderen Strebevermögen aufzugreifen und ihn mit Aristoteles in seiner inhärenten Verknüpfung mit der praktischen Vernunft darzustellen. Dies ermöglichte die Aufweisung der Notwendigkeit eines intellektuellen Prinzips der Praxis. Die Isolierung des intellektuellen Prinzips der Handlung gründet den Willen als Strebevermögen in der Vernunft, deren Erkenntnisgegenstand den sinnlichen Gegenstand der Praxis beinhaltet. Letztlich hat Thomas von Aquin, wie auch Aristoteles, das Handeln nach einem rationalen Willen gemäß der Natur mit dem Streben gemäß eines intellektuellen Prinzips vermischt und dabei sittliche Tugendvorstellungen in die praktische Philosophie zum Willensbegriff eingemischt.

1   Die Willenskonzeption bei Schopenhauer

Im ersten Hauptteil dieses Buches wurde gezeigt, dass Schopenhauer aufgrund seiner Willensvorstellung und der Abwertung des intellektuellen Vermögens für die Motivation keine erkenntnistheoretische Verbindung zwischen dem Willensakt und dem Motiv herstellen konnte. Daraus folgend wurde gezeigt, dass der *Wille als Ding an sich*, der von der Willensbestimmung abhing, keine Gültigkeit hat. Es wird nun zusätzlich zu den Konklusionen des ersten Hauptteils eine allgemeine Erläuterung der systeminhärenten Problematik Schopenhauers folgen, um die Inhalte und Schlüsse des ersten Hauptteils zu stützen und zusammenzufassen.

Die Kluft zwischen dem Willensakt und dem Motiv der Erscheinung versucht Schopenhauer durch das *„unmittelbare"* Verhältnis zwischen dem Willensakt und der Leibesaktion zu schließen. Die *„fehlende Kausalität"* zwischen beiden ist ein Versuch Schopenhauers zu erklären, wie der Wille mit der Außenwelt korreliert.[529] Das Vorhaben diesbezüglich ist es, den Leib unmittelbar zu erkennen und *dabei* den Willen als ein Unmittelbares im Selbstbewusstsein zu erschließen, – wodurch man den Intellekt nicht mehr bräuchte, um die Motivation zu erklären. Warum das? Weil der Wille dann im Entschluss, d. h. in dem Moment des Übergangs zur Handlung, durch einen Modus erklärlich wäre (körperlich), der die Rolle des theoretischen Intellekts zur Erklärung des Entschlusses und damit des Handlungsprinzips überflüssig machen würde. Man kann sich dies folgenderweise veranschaulichen: Wenn der Leib sich bewegt und diese Bewegung mit einer inneren Regung gleichgesetzt werden könnte, so wüsste man, dass alles Handeln von einer Regung abhängig ist, denn steht diese Regung in direkter Korrespondenz zu der Leibesbewegung, so

---

529 Schopenhauer erklärt, dass wir „den Hergang unserer eigenen Leibesaktion als ein Wunder anstaunen, welches dann darauf beruht, daß zwischen dem Willensakt und der Leibesaktion wirklich keine Kausalverbindung ist." WII, S. 281; vgl. WI, S. 120.

könnte man empirisch und mittels der Beobachtung der Regung in einem selbst feststellen, dass die Regung und die empirisch-körperliche Aktion Identität aufweisen. Wenn z. B. ich mir den Finger verbrenne, so entsteht in mir einen Schmerz, den ich wahrnehme. Umgekehrt: wenn ich innerlich aufgeregt bin, so bewegt sich mein Herz. Die sinnliche Regung steht also in Korrelation zum Körperlichen. Wenn ich Lust auf ein Eis habe und diese Lust ist groß genug, so wird mein Leib sich bewegen, um ein Eis zu kaufen. Der Moment der Leibesaktion ist also scheinbar mit der Lust verbunden, denn ist die Lust groß genug, so wird sie mich dazu bringen, mich zu bewegen. In diesem Moment des Anfangs der Leibesaktion zeigt sich also, ob die Lust tatsächlich groß genug war oder nicht. Dieser Moment ist im Menschen aber innerlich mit zwei, bzw. drei Vermögen verbunden, wie Schopenhauer auch anerkennt; mit Sinnlichem oder Vorstellungshaftem und mit Intellekt. Der Intellekt wägt z. B. ab, ob es gesund wäre, ein Eis zu essen. Ist die Lust aber groß genug, so wird Schopenhauer zufolge der Wunsch zur Gesundheit keine Rolle spielen; es zeigt sich aber erst im Moment des Entschlusses, so Schopenhauer, was der Willensakt wirklich ist, der zur Leibesaktion führt. Aber was bedeutet dieser letzte Satz?

Was ist wenn die Lust noch so groß ist, aber man trotzdem im Sinne der Gesundheit handelt? Wann ist die Lust groß genug und was ist der Maßstab für den Entschluss? Schopenhauer sagt, dass die rationale Erwägung, die Wahl, nur mittelbar für den Entschluss wirkend ist und es sei der „Wille", der letztlich für den Willensakt verantwortlich ist. Die beiden Momente korrelieren zwar, aber der eigentliche Willensakt wird nicht durch die Erwägung selbst bestimmt, sondern durch den Willen, der, wie oben erklärt, mit Lust direkt korreliert, denn Lust ist direkt ‚willentlich', sie ist direkt mit dem Strebevermögen verbunden. Die Frage ist daher, warum die Erwägung selbst, d. h. als eigenständige Instanz, keine Rolle für den Willensakt spielt?

Der Intellekt ist ein Mittel der Vorstellung und die Vorstellung ist dem Willen sekundär oder untergeordnet. Somit ist der Intellekt kein eigentliches Strebevermögen, sondern nur zur Erkenntnis der Erscheinung dienlich. Der Intellekt stellt nur ein Verhältnis zum Motiv der Handlung dar; ein mittelbares Verhältnis zwischen dem willentlichen Subjekt und dem Objekt des Wollens. Dieses Verhältnis selbst ist auch willentlich, denn man will etwas z. B. Leibliches, weil der Wille sich im Leib manifestiert hat. Das Verhältnis zwischen dem leiblichen Subjekt und seinem körperlichen Objekt ist unmittelbar, sofern keine Vorstellung „im Wege" des Verhältnisses steht. Der Intellekt wägt also ab, der ‚Wille' entschließt jedoch nach seinem eigentlichen Streben. Das Problem ist daher nur, ob das Verhältnis, das der Intellekt zum Gegenstand des Strebens herstellt, wesentlich ist für den Entschluss, für die Motivation. Schopenhauer kann den Intellekt nicht mehr an den Willen knüpfen, weil der Wille dadurch mit der Vorstellung integral verknüpft wäre, was er ja grundsätzlich leugnet – warum? Er leugnet dieses Verhältnis, weil er aufgestellt hat, dass die Welt, die man mittels der Vorstellung erkennt, nur Erscheinung ist und keine Stetigkeit hat, nichts Wesentliches ist usw. Diese Problematik der Erscheinung gegenüber einem Ding an sich, das für das Wesen steht, führt Schopenhauer dazu, das „Innere" der Erscheinung erfassen zu wollen – dieses Innere sieht er im menschlichen ‚Willen' ausgedrückt und möchte daher dieses Innere von dem Äußeren abtrennen. Der Intellekt und die Erkenntnis, die im Menschen damit einhergeht, ist äußerlich; das Streben in gewisser Hinsicht innerlich. In gewisser Hinsicht, da das Streben mit seinem Objekt durch die Erkenntnis verknüpft ist und daher wiederum nicht rein innerlich ist. Das, was den Gegenstand mit seinem Subjekt des Wollens verknüpft, muss also nach seinem Vorstellungsgehalt abgesondert und abgezogen werden, damit man den Willen im Verhältnis zum Streben erhält. Dieses ist in erster Linie leiblich, denn der Leib ist nach Schopenhauer nicht vermittelte Vorstellung; er erfährt unmittelbar. Diese Unmittelbarkeit des Leibes als Wille muss also festgehalten werden. Man beobachtet also, welche Regungen im Selbstbewusstsein bei der Leiberfahrung oder Leibesaktion stattfinden. Das Dilemma ist, dass der Leib, um für die Erkenntnis des Willens als Leib zu dienen, nicht schlichtweg als Wille gelten kann, d. h. als etwas Innerliches, sondern etwas mit diesem korrelierenden Äußerlichen sein muss, das die Regung innerlich erfassen lässt. Das Problem mit dieser Faktizität des Leibes ist, dass der Leib eine Vorstellung wird, sobald er als Leib erfasst werden soll (als Körper). Diese Problematik führt dazu, dass es ein Verhältnis zwischen einem Innerlichen und einem Äußerlichen auf eine Weise gibt, die Schopenhauer aufgrund der Vorstellung und ihrer Oberflächlichkeit nicht haben wollte. Nun, wie schließt man die Kluft zwischen der Innerlichkeit des ‚Willens' und seinem Verhältnis zur Außenwelt in der Motivation, die ja konstituierend ist für die Innerlichkeit als Regung; denn die Regung steht in einem bestimmten Verhältnis zu etwas, um sie interpretieren und realisieren zu können.

Die Motivation wird nun analysiert. Schopenhauer stellt aber fest, dass das Verhältnis zwischen Motiv, Entschluss, Willensakt, Leibesaktion und Wahl, nicht geklärt werden kann, weil der Willensakt dem Willen zugehört, der Wille aber notwendigerweise in einem Verhältnis zum Motiv mittels des Leibes steht. Der Wille wird im Zusammenhang des Leibes notwendig mit dem Motiv durch den Intellekt in Verbindung gebracht. Der Intellekt ist für Schopenhauer jedoch kein Strebevermögen und gehört daher dem Willen nicht an. Die Wahrnehmung z. B. gibt notwendig den Grund des sinnlichen Strebevermögens ab, aber der Intellekt wird bei Schopenhauer nicht mit einem Strebevermögen korreliert. Das Problem ist also, warum man das Eis isst oder nicht isst? War die Gesundheit als Grund für das Nicht-essen ein sinnliches Streben und daher ein Entschluss des Willens, das nicht durch die Abwägung selbst als eigenständige Instanz bestimmt stattfand, sofern die Gesundheit eine größere „Lust" darstellte als das Essen? Wenn dies der Fall ist, der Intellekt aber die Wahl zwischen dem Essen und der Gesundheit ermöglichte, wie kann dann der Intellekt nicht an dem Entschluss beteiligt sein, sofern der Entschluss integral und wesentlich mit dieser Wahl zusammenhängt? Der Intellekt wirkt in diesem Fall auf die sinnlichen Strebevermögen, sodass auch er wesentlich für das Streben, den Willen, ist.

Die weitere Frage, die sich zum Willen in diesem Buch stellte, war, ob der Intellekt nicht selbst eine Zweckvorstellung entwirft, die das Handeln gemäß dieser intellektuellen Zweckvorstellung bestimmt. Es wurde im vorliegenden Buch nicht nur gezeigt, dass der Intellekt bei der konkreten Handlung in Beziehung zu dem Wunsch nach Eis als eine sinnliche Lust wesentlich ist, und somit für den Entschluss gemäß diesem Streben, sondern auch, dass der Intellekt für die Frage nach dem Zweck der Handlung wesentlich ist und somit ein eigenständiges Strebevermögen darstellt.

2   Der Willensbegriff gegründet in der intellektuellen Erkenntnis

Um die Resultate aus dem zweiten und dritten Hauptteil und des Hauptthemas des Buches zur Gründung des Willensbegriffs hervorzuheben, wird hier der Willensbegriff noch einmal abschließend erläutert und zusammengefasst.

Die erste vorläufige Formulierung eines *guten Willens* als ein Handlungsprinzip nach der Klugheit (*phronēsis*) als intellektuelle Tugend, das sich letztlich im Entschluss (*prohairesis*) äußert, war in Aristoteles' Ethik als eine bestimmte Konstitution der *boulēsis* (Wille) vorzufinden. Das Streben gemäß dem rationalen Seelenteil zeichnet sich dadurch aus, dass die Klugheit, die auf die Praxis gerichtet ist, den Zweck setzt und diesen anstrebt. Es wurde in der Frage nach der Konstitution der Klugheit als intellektuelle Tugend bei Aristoteles erst einmal dargelegt, dass die Vernunft ein *bestimmtes Prinzip* der Handlung bildet. Denken, ohne dabei auf die Handlung selbst gerichtet zu sein, ist bei Aristoteles theoretisches Denken. Die Klugheit, die auf den Einzelgegenstand der Praxis gerichtet ist, macht den Willen aus, denn der Wille ist ein rationales Streben in der Handlung. Sowohl das praktische Denken wie auch das Streben sind nach Aristoteles Beweggründe der Handlung und der rationale Wille des Menschen ist nie ein einfaches vernünftiges, d. h. ein von den Strebevermögen abstraktes Streben, sondern immer mit praktischem Denken einhergehend, d. h. auf den Gegenstand der Handlung gerichtet: „Daher erscheinen diese beiden mit gutem Grund die bewegenden Vermögen zu sein, Streben und praktisches Denken [*dianoia praktikē*]; denn das erstrebbare Objekt bewegt, und deshalb bewegt auch das Denken, weil ihr Prinzip das erstrebbare Objekt ist."[530] Das erstrebbare Objekt ist hier das Einzelding der Handlung und der Wille (*boulēsis*) ist das Strebevermögen, welches im praktischen Denken enthalten ist. Wille und praktisches Denken sind im Grunde dasselbe. Welches Strebevermögen letztlich die „Bewegung", also die Zweckvorstellung, ausmacht, ist für die Unterscheidung zwischen den sinnlichen und dem intellektuellen Strebevermögen entscheidend, denn der Wille enthält auch das Sinnliche. Es stellte sich durch die Auseinandersetzung mit Aristoteles heraus, dass er jedoch keine praktische Philosophie etabliert hat, weil er den Willen des Menschen nicht in der reflektierenden Vernunft begründet und ihn nach ihr bestimmt hat. Den guten Willen hat Aristoteles nur der Form nach, d. h. der Erkenntnis der Notwendigkeit einer vernünftigen Zweckausrichtung, zum Ausdruck gebracht, nur wurde diese Gutheit an sittliche Tugenden geknüpft und nicht an die Vernunft als solche.

Aristoteles trennte nämlich im praktischen Denken die Überlegung und das reflektierende Denken nicht voneinander: „Wenn man sich durch die Überlegung [*logismon*] bewegt, bewegt man sich auch durch den Willen."[531] Obwohl Aristoteles die Klugheit als ein *praktisches Denken nur in der Überlegung begründet*, führt seine Erklärung der Klugheit dazu, dass das Ziel des Strebens gemäß dem Willen auf die *intellektuelle* Erkenntnis angewiesen ist, insofern, dass die Überlegung auf *eine allgemeine Annahme* zugreift und dabei auf das Urteil der *Vernunft*, wie im zweiten Hauptteil des vorliegenden Buches ausgeführt wurde.[532] Wie im Verhältnis der anderen intellektuellen Tugenden gezeigt wurde, muss das Gute (das Richtige in der Praxis) in der Konsequenz durch das Wahre (das Richtige in der Erkenntnistheorie) mitbestimmt werden; die *phronēsis* muss sich letztlich als praktisches Prinzip in der *sophia* gründen, d. h. die Vernunft ist ein Reflexionsvermögen und eine Bedingung für den vernünftigen Willen des Menschen. Dieses Bewusstsein, das im Jetzt den Gegenstand denkt, macht die gute Handlung aus. Man sucht in der intellektuellen Form der Handlung die Erfüllung des menschlichen Wesens selbst, nämlich seinem Willen als Strebevermögen gerecht zu werden und sich bewusst zu sein. Die Handlung gemäß dem guten Willen basiert somit nicht auf Subjektivität, Emotionalität oder Vorteil, wie Aristoteles allerdings auch in dem gegensätzlichen Verhältnis von Schlauheit (*panourgia*) und Klugheit ansatzweise bemerkt.[533] In der Einteilung der intellektuellen Tugenden bei Aristoteles wird jedoch deutlich,

---

530   De anima, 433a19-20.
531   De anima, 433a24. Hervorhebung hinzugefügt.
532   Vgl. zweiter Hauptteil, Kap. 7 des vorliegenden Buches.
533   Vgl. EN, 1144a22-35.

dass er die Tugend der Klugheit in ihrem Zusammenhang zu einem prinzipiellen Streben des Subjekts nach Erkenntnis nicht expliziert hat und somit den Bezug des Subjekts zum Gegenstand der Handlung nicht in seiner Freiheit gefasst hat.

In diesem Buch wurde gezeigt, dass das Wissen insofern für die Praxis von Bedeutung ist, als dass der Gegenstand der Praxis gewusst wird und dem gemäß gewollt wird. Die Vernunft bezieht sich als ein Erkenntnisvermögen auf die Praxis. Die Erkenntnis der Vernunft ist ein Wissen und das Wissen ist immer auch ein Wissen vom Einzelgegenstand, der zugleich Gegenstand des Strebens und daher Handelns ist. Das Wissen und die Tätigkeit der Vernunft in der Praxis erfolgen beide aus *einem* prinzipiellen Streben nach Erkenntnis. Dieses prinzipielle Streben nach Erkenntnis ist bei Aristoteles nur in Bezug auf die Theorie eindeutig ausgesprochen. Da auch die Praxis des erkennenden Subjekts nicht ohne Erkenntnis des Vorliegenden und des von ihm Gedachten beurteilt werden kann, finden sich in seiner Bestimmung der Klugheit Hinweise auf den Bezug zur Erkenntnis. Das Streben nach Erkenntnis, das in der Praxis auch ein Streben gemäß der Erkenntnis ist, will Aristoteles nicht direkt in Bezug zur Praxis verstehen, weil es nicht durch einen „Zweck" geleitet ist. Die Frage nach dem Zweck führt aber, sobald auf den Grund eines Gegenstandes gefragt wird, zum Wissen und zum Denken (das im Verhältnis zum Gegenstand der Praxis oder der Sinnlichkeit reell ist). In der Theorie ist der Zweck nicht mehr die leitende Frage als „Zweck für das Subjekt", weil der Zweck in der Tätigkeit des Denkens erfüllt ist und die Erkenntnis für das Subjekt *das Zweckvolle* ist. Dieses Denken als Zweck trägt jedoch einen Grund für die Handlung in sich. In der Erkenntnis der äußeren Dinge – in Beziehung zum Subjekt – ist die Vernunft beim Zweck und die inhaltlichen Erkenntnisse, die über den Einzelgegenstand des Strebens gemacht werden, sind die Zwecke in der Praxis, die in der Praxis auch jeweilig erkannt werden. Die Erkenntnis ist naturbezogen und auf sich selbst bezogen. Das Streben nach Erkenntnis und die daraus resultierende Erkenntnis ist also nicht nur für das theoretische Wissen, sondern auch für die Praxis des intellektuell-willentlichen Subjekts bestimmend. Die Vernunft hat mit der Praxis (dem Gegenstand gemäß) einen anderen *Aktivitätsbereich* als beim theoretischen Denken, da sie sich mit der vernünftigen Beurteilung, d. i. einem allgemeinen Wissen von einzelnen Situationen und Gegenständen, die für das Erstrebte relevant sind, und mit der Bestimmung des im Sinne dieser Erkenntnis Zweckvollen und daher Gewollten beschäftigt. Der Gegenstand der Wissenschaft der praktischen Philosophie selbst ist der gute Wille, d. h. das Strebevermögen und darauffolgend die Beurteilung der Praxis diesem gemäß. Im theoretischen Denken hat die Vernunft einen intellektuellen Gegenstand und untersucht ihn allein zum Zwecke der Erkenntnis, d. h. die Erkenntnis selbst wird reflektiert. Dasselbe Denken setzt auch bei der Beurteilung der für das Erstrebte relevanten Situation ein und wirkt sich natürlicherweise auf die Handlung aus, da das theoretisch Gedachte das einzeln Gewollte ist und bestimmt. Das praktische Denken ist also auch reflektiertes Wissen, das sich aber zweckmäßig auf die Bestimmung des Erstrebten für ein Subjekt im einzelnen bezieht. In der wissenschaftlichen Tätigkeit steht das theoretische Denken für sich und bezieht sich auf die Erkenntnis zum Zwecke der Erkenntnis, Die Reflexion geschieht um eines Zweckes willen, nämlich um der Selbsterkenntnis und damit des Glückes willen.[534] Man hat letztlich einen Willen zur Vervollkommnung der Erkenntnis und also des menschlichen Wesens. Der Mensch erkennt sich selbst durch die Erkenntnis der objektiven Welt, was im Ich in der Reflexion auf seine Erkenntnis geschieht. In dieser Beziehung von dem Subjekt und Objekt des Denkens deckt sich das Erstrebte als intelligibler Gegenstand mit dem sinnlichen Gegenstand der Praxis. Denkt man nach, so handelt man nach der Erkenntnis. Man strebt in der Praxis *nach Gegenständen* und daher muss man natürlicherweise auch verstehen, was man anstrebt und wie es sich konstituiert. Die Handlung bringt demnach mit sich, dass man auf das Verstehen der Gegenstände, nämlich diese in ihrer wahren Konstitution zu begründen und danach zu erstreben, hinaus ist. Somit ist die Wirkung oder Ursache des intellektuellen Strebens, dass der Mensch sich von der unbewussten Relation zu den Dingen befreit.

Der Wille ist der Grundsatz der Handlung: ein Streben gemäß dem Grundsatz des Denkens. Bei dem guten Willen geht es darum, dass das Vernünftige angestrebt wird. Der Wille ist integral mit dem sich selbst gründenden Denken verbunden, welches durch die Erkenntnis überhaupt sich zu begründen angespornt wird. Der Willensbegriff, d. h. der gute Wille, der in der menschlichen Erkenntnis, sofern sie reflektiert ist, gegründet liegt, ist Bedingung der Beurteilung der Handlung, d. h. die Moralität ist auf den Willensbegriff angewiesen. Aristoteles und Thomas von Aquin haben in die Frage nach der guten Handlung und daher dem guten Willen die sittliche Vorstellung eingebracht, dass das Handeln gemäß einer geregelten Natur der Affektion oder verallgemeinerter Gesetze einer Naturvorstellung gut sei. So haben sich sittliche Vorstellungen in ihre praktische Philosophie zum guten Willen und somit auch zur Grundlage der Moralität eingemischt.

In diesem Buch wurde der Willensbegriff gegründet, d. h. das menschliche Strebevermögen in seinem inhärenten Bezug zur Erkenntnis expliziert, und damit das Prinzip der guten Praxis erklärt. Die praktische Philosophie wurde so als eigenständiges Gebiet unabhängig einer Handlungsethik gedacht und damit falsche Vorstellungen, die sich geschichtlich in die Explikation des Willensbegriffs und die Bestimmung der guten Praxis eingemischt hatten, ausgeräumt. Die Ergründung

---

534 Auch Aristoteles erklärt im *Protreptikos*, dass die Philosophie letztlich zur Erfüllung führt. Aristoteles: *Protreptikos*, Frankfurt am Main 1969.

des Willens des Menschen in der reflektierenden Erkenntnis, die auf den Einzelgegenstand der Praxis bezogen ist, bildet das Prinzip der praktischen Philosophie und die Grundlage der Moralität.

Literaturverzeichnis

Primärwerke

Thomas von Aquin: Sentenzen des Thomas von Aquin Deutsch, übers. von Josef Pieper, München 1965.

Thomas von Aquin: Summa Theologiae, http://www.newadvent.org/summa/ (19.06.2014).

Thomas von Aquin: Über sittliches Handeln, Summa theologiae I-II q. 18-21, übers., komm., hrsg. Von Rolf Schönberger, Stuttgart 2001.

Thomas von Aquin: Untersuchungen über die Wahrheit. Quaestiones disputate de veritate 2, übersetzt von Edith Stein, eingeführt und bearbeitet von Andreas Speer und Francesco Valerio Tommasi, Freiburg 2008.

Thomas von Aquin: Commentaries on the Nicomachean Ethics, Trans. Ralph McInerny, Oxford 1993.

Aristoteles: Nikomachische Ethik, Hamburg 2006.

Aristoteles: Eudemische Ethik, Darmstadt 1962

Aristoteles: Metaphysik, Hamburg 1989.

Aristoteles: Über die Seele, Stuttgart 2011.

Aristoteles: Rhetorik, Stuttgart 2007.

Aristoteles: The Complete Works of Aristotle, hrsg. von Jonathan Barnes, 2 Bde, Princeton 1995.

Immanuel Kant: Sämtliche Werke, Wissenschaftliche Buchgesellschaft 5. Auflage, Darmstadt 1983.

Arthur Schopenhauer: Sämtliche Werke, hrsg. von Arthur Hübscher, durchges. von Angelika Hübscher, Mannheim 1988.

Arthur Schopenhauer: Der Handschriftliche Nachlaß, hrsg. von Arthur Hübscher, Frankfurt 1970.

Arthur Schopenhauer: Schopenhauer im Kontext III, Auf der Grundlage der Paul Deussen Edition, hrsg. von Karsten Worm, Infosoftware, Berlin 2003.

Sekundärwerke

Atwell, John: Schopenhauer on the Character of the World – The Metaphysics of Will, Berkeley and L.A. 1995.

Atwell, John: The Human Character, Philadelphia 1990.

Aubenque, Pierre: Der Begriff der Klugheit bei Aristoteles, Hamburg 2007.

Baracchi, Claudia: Aristotle's Ethics as First Philosophy, Cambridge University Press, New York 2008.

Baumann, Lutz: Kants Theorie der Gegenstandserkenntnis und Schopenhauers Lehre vom Ding an sich, in: Schopenhauer-Jahrbuch 1990, S. 17-25.

Berg, Jan: Objektiver Idealismus und Voluntarismus in der Metaphysik Schellings und Schopenhauers, Würzburg 2003.

Birnbacher, Dieter: Schopenhauer, Stuttgart 2009.

Birnbacher, Dieter: Nahmoral und Fernmoral. Ein Dilemma für die Mitleidsethik, in: Die Ethik Arthur Schopenhauers im Ausgang vom deutschen Idealismus, Würzburg 2006, S. 44-56.

Birnbacher, Dieter: Schopenhauer und die moderne Neurophilosophie, in: Schopenhauer-Jahrbuch 2005, S. 133-148.

Birnbacher, Dieter: Induktion oder Expression? Zu Schopenhauers Metaphilosophie, in: Schopenhauer Jahrbuch 1988, S. 7-20.

Booms, Martin: Aporie und Subjekt, Würzburg 2003.

Bradley, Denis J. M.: Aquinas on the Twofold Human Good, Washington 1997.

Breidbach, Olaf: Goethes Metamorphosenlehre, München 2006.

Brenner, Andreas: Bioethik und Biophänomen, Würzburg 2006.

Broadie, Sarah: Ethics with Aristotle, New York 1991.

Brunner, Jürgen: Die Materialisierung bewusster und unbewusster psychischer Phänomene bei Schopenhauer, Schopenhauer Jahrbuch 2007, S. 89-114.

Bujo, Benezet: Moralautonomie und Normenfindung bei Thomas von Aquin, Paderborn 1979.

Copleston, Frederick: Arthur Schopenhauer – Philosopher of Pessimism, London 1946.

Deussen, Paul: Schopenhauer und die Religion, in: Schopenhauer-Jahrburch 1915, S. 8-15.

Dörflinger, Bernd: Schopenhauers Philosophie des Leibes, in: Schopenhauer-Jahrbuch 2002, S. 43-85.

Dörpinghaus, Andreas: Der Leib als Schlüssel zur Welt, in: Schopenhauer-Jahrbuch 2000, S. 15-42.

Elm, Ralf: Klugheit und Erfahrung bei Aristoteles, Paderborn 1996.

Esser, Franziska: Die Funktion des Leibes in der Philosophie Schopenhauers, Münster 1991.

Forschner, Maximilian: Thomas von Aquin, München 2006.

Gardiner, Patrick: Schopenhauer, Harmondsworth 1963.

Garewisz, Jan: Schopenhauers Philosophie der Freiheit, in: Schopenhauer im Kontext, Deutsch-polnisches Schopenhauer-Symposium 2000, hrsg. von D. Birnbacher, A. Lorenz, L. Miodonski, Würzburg 2002.

Gödde, Günther: Schopenhauers Entdeckung der Psychologie des Unbewussten, in: Schopenhauer-Jahrbuch 2005, S. 15-36.

Göhmann, Dirk: Schopenhauers „Gehirnparadox", Schopenhauer-Jahrbuch 2004, S. 211-229.

González, Ana Marta: Depositum gladius non debit restitui furioso: precepts, synderesis, and virtues in Saint Thomas Aquinas, in: The Thomist (63) 1999, S. 217-240.

Gordon, John-Stewart: Aristoteles über Gerechtigkeit: Das 5. Buch der Nikomachischen Ethik, Freiburg/München 2007.

Günther, Heinrich: Über den Begriff der Vernunft bei Schopenhauer, Frankfurt am Main 1989.

Hall, Roland: The nature of the Will and its Place in Schopenhauer's Philosophy, Schopenhauer-Jahrbuch 1996, S. 73-90.

Hamlyn, D.W: Schopenhauer: The Arguments of the Philosopher, London 1980.

Hartmann, Eduard von: Die Gefühlsmoral, Hamburg 2006.

Hartmann, Eduard von: Philosophie des Unbewußten, Berlin 1889.

Horváth, Tibor: Caritas est in Ratione, Aschendorff 1966.

Hühn, Lore: Das Mit-Leid. Zur Grundlegung der Moralphilosophie bei J.J. Rousseau und Arthur Schopenhauer, in: Ethik und Ästhetik des Mitleids, hrsg. von Nina Gülcher, Irmela von der Lühe, Freiburg 2007, S. 113-133.

Hühn, Lore: Die Ethik Arthur Schopenhauers im Ausgang vom Deutschen Idealismus, Würzburg 2006.

Hühn, Lore: Der Wille der Nichts will. Zum Paradox negativer Freiheit bei Schelling und Schopenhauer, in: Die Ethik Arthur Schopenhauers im Ausgang vom Deutschen Idealismus, hrsg. von Lore Hühn, Würzburg 2006, S. 149-160.

Hühn, Lore: Die intelligible Tat. Zu einer Gemeinsamkeit Schellings und Schopenhauers, in: Selbstbesinnung der philosophischen Moderne: Beiträge zur kritischen Hermeneutik ihrer Grundbegriffe, hrsg. von Christian Iber u. a., Cuxhaven 1998, S. 55-94.

Hühn, Lore: Arthur Schopenhauer, in: Metzler Philosophen Lexikon, hrsg. von Bernd Lutz, Stuttgart /Weimar 1995.

Hursthouse, Rosalind: On Virtue Ethics, Oxford 2002.

Iber, Christian: Freiheit und Determination. Überlegungen zum Begriff des Willens bei Kant, Hegel und Schopenhauer, in: Die Ethik Arthur Schopenhauers im Ausgang vom Deutschen Idealismus, hrsg. von Lore Hühn, Würzburg 2006, S. 101-117.

Jacob, Alexander: From the World-Soul to the Will. The Natural Philosophy of Schelling, Eschenmayer and Schopenhauer, Schopenhauer-Jahrbuch 1992, S. 19-37.

Jaeger, Werner: Aristoteles. Grundlegung einer Geschichte seiner Entwicklung, Berlin 1923.

Janaway, Christopher: Beyond Selflessness, Oxford 2007.

Janaway, Christopher: Will and Nature, in: The Cambridge Companion to Schopenhauer, hrsg. von Christopher Janaway, Cambridge 1999, S. 138-170.

Janaway, Christopher: Self and World in Schopenhauer's Philosophy, Oxford 1989.

Jung, Christian: Die doppelte Natur des menschlichen Intellekts bei Aristoteles, Würzburg 2011.

Kluxen, Wolfgang: Lex naturalis bei Thomas von Aquin, Wiesbaden 2001.

Kluxen, Wolfgang: Philosophische Ethik bei Thomas von Aquin, Hamburg 1998.

Koßler, Matthias: Life is but a Mirror. On the Connection between Ethics, Metaphysics and Character in Schopenhauer, in: European Journal of Philosophy 16/2 2008, S. 230-250.

Koßler, Matthias: Schopenhauer als Philosoph des Übergangs, in: Nietzsche und Schopenhauer – Rezeptionsphänomene der Wendezeiten, hrsg von M. Kopij, W. Kunicki, Leibzig 2006, S. 365-380.

Koßler, Matthias: Formen des Unbewußten bei Schopenhauer in ihrer Beziehung zur philosophischen Tradition, Schopenhauer Jahrbuch 2005, S. 37-54.

Koßler, Matthias: Empirische Ethik und Christliche Moral. Zur Differenz einer areligiösen und einer religiösen Grundlegung der Ethik am Beispiel der Gegenüberstellung von Schopenhauers mit Augustinus, der Scholastik und Luther, Würzburg 1999.

Koßler, Matthias: Substantielles Wissen und subjektives Handeln, dargestellt in einem Vergleich von Hegel und Schopenhauer, Frankfurt/ Bern/ New York/ Paris 1990.

Krebs, Angelika (Hrsg.): Naturethik, Frankfurt a. M. 1997.

Malter, Rudolf: Arthur Schopenhauer, Transzendentalphilosophie und Metaphysik des Willens, Stuttgart/Bad-Cannstatt 1991.

Malter, Rudolf: Der eine Gedanke – Hinführung zur Philosophie Arthur Schopenhauers, Darmstadt 1988.

Malter, Rudolf: Wesen und Grund. Schopenhauers Konzeption eines neuen Typus von Metaphysik, Schopenhauer Jahrbuch 1988, S. 29-40.

Malter, Rudolf: Schopenhauers Transzendentalismus, Schopenhauer-Jahrbuch 1985, S. 29-51.

McInerny, Ralph: Aquinas on Human action – a theory of practice, Washington 1992.

Morgenstern, Martin: Metaphysik in der Moderne. Von Schopenhauer bis zur Gegenwart, Stuttgart 2008.

Morgenstern, Martin: Die metaphysischen Wurzeln der Moral bei Schopenhauer, in: Schopenhauer im Kontext, Deutsch-polnisches Schopenhauer-Symposium 2000, hrsg. von D. Birnbacher, A. Lorenz, L. Miodonski, Würzburg 2002, S. 71-82.

Morgenstern, Martin: Schopenhauers Grundlegung der Metaphysik, in: Schopenhauer-Jahrbuch 1988, S. 57-68.

Naegelsbach, Hans: Das Wesen der Vorstellung bei Schopenhauer, Heidelberg 1927.

Neeley, Steven: The Knowledge and Nature of Schopenhauer's Will, Schopenhauer-Jahrbuch 1996, S. 85-113.

Nicholls, Moira: Schopenhauer, Young, and the Will, Schopenhauer-Jahrbuch 1991, S. 143-157.

Plessner, Helmuth: Die Frage nach der Conditio Humana, Baden-Baden 1976.

Plessner, Helmuth: Die Stufen des Organischen und der Mensch, Berlin 1928.

Rapp, Christof; Flascher, Helmut: Aristoteles: Rhetorik, Berlin 2002.

Recki, Birgit: Zur physiologischen Voraussetzung eines Übergangs, in: Die Ethik Arthur Schopenhauers im Ausgang vom transzendental Idealismus, hrsg. von Lore Hühn, Würzburg 2006, S. 23-39.

Reginster, Bernard: Knowledge and Selflessness. Schopenhauer and the Paradox of Reflection, in: Better Consciousness. Schopenhauers Philosophy of Value, Ed. by Alex Neill and Christopher Janaway, 2009, S. 98-119.

Rhode, Wolfgang: Schopenhauer heute. Seine Philosophie aus der Sicht naturwissenschaftlicher Forschung, Berlin 1991.

Rhonheimer, Martin: Praktische Vernunft und Vernünftigkeit der Praxis, Berlin 1994.

Rhonheimer, Martin: Natur als Grundlage der Moral, Innsbruck 1987.

Riedenauer, Markus: Orexis und Eupraxia, Würzburg 2000.

Röhr, Reinhard: Mitleid und Einsicht – das Begründungsproblem in der Moralphilosophie Schopenhauers, Frankfurt am Main 1985.

Rogler, Erwin: Das Gehirnparadox – ein Problem nicht nur bei Schopenhauer, in: Schopenhauer-Jahrbuch 2007, S. 71-114.

Ruffing, Margit: Wille zur Erkenntnis? Die Problematik des Übergangs in Schopenhauers Erkenntnistheorie, in: Schopenhauer und die Schopenhauer-Schule. Beiträge zur Philosophie Schopenhauers, hrsg. von Matthias Koßler u. a., Würzburg 2008, S. 101-107.

Ruffing, Margit: Wille zur Erkenntnis – Die Selbsterkenntnis des Willens und die Idee des Menschen in der ästhetischen Theorie Arthur Schopenhauers, veröffentlicht online: http://archimed.uni-mainz.de/pub/2002/0060/.

Salaquardas, Jörg: Die Deutung der Welt. Jörg Salaquardas Schriften zu Arthur Schopenhauer, hrsg. von Konstantin Broese, Matthias Koßler, Barbara Salaquarda, Würzburg 2007.

Salomon, Max: Der Begriff der Gerechtigkeit bei Aristoteles, Leiden 1937.

Schmidt, Alfred: Schopenhauers subjektive und objektive Betrachtungsweise des Intellekts, in: Schopenhauer-Jahrbuch 2005, S. 105-132.

Schmidt, Alfred: Physiologie und Transzendentalphilosophie, in: Schopenhauer-Jahrbuch 1989, S. 43-53.

Schmidt, Alfred: Die Wahrheit im Gewande der Lüge. Schopenhauers Religionsphilosophie, München/Zürich 1986.

Schoenenberger, Alois: Das Gewissen nach der Lehre des hl. Thomas von Aquin, Freiburg 1924.

Schöndorf, Harald: Zum Paradox von Wille und Freiheit bei Schopenhauer, Schopenhauer-Jahrbuch 1991, S. 83-90.

Schöndorf, Harald: Der Leib im Denken Schopenhauers und Fichtes, München 1982.

Schubbe, Daniel: Philosophie des Zwischen, Hermeneutik und Aporetik bei Schopenhauer, Würzburg 2010.

Schulz, Walter: Philosophie des Übergangs, in: Zeit der Ernte, hrsg. von Wolfgang Schirmacher, Stuttgart/Bad Cannstatt 1982, S. 30-40.

Siep, Ludwig: Konkrete Ethik, Frankfurt a. M. 2004.

Spierling, Volker: Arthur Schopenhauer. Philosophie als Kunst und Erkenntnis, Frankfurt am Main 1994.

Spierling, Volker: Schopenhauers transzendentalidealistisches Selbstmißverständnis, München 1977.

Volkelt, Johannes: Arthur Schopenhauer. Seine Persönlichkeit, seine Lehre, sein Glaube, Stuttgart 1923.

Weimer, Wolfgang: Schopenhauer, Darmstadt 1982.

Weimer, Wolfgang: Die Aporie der Vernunft, Köln 1977.

Wittmann, Michael: Die Ethik des hl. Thomas von Aquin, Frankfurt am Main 1962.

Wolf, Jean-Claude: Hartmanns Schopenhauer-Kritik, Schopenhauer Jahrbuch 2006, S. 157-184.

Young, Julian: Willing and Unwilling A study in the philosophy of Arthur Schopenhauer, Dordrecht 1987.

Zöller, Günter: Schopenhauer und das Problem der Metaphysik. Kritische Überlegungen zu Rudolf Malters Deutung, Schopenhauer Jahrbuch 1996, S. 51-65.

Abkürzungsverzeichnis

Arthur Schopenhauer

Sämtliche Werke, hrsg. von Arthur Hübscher, durchges. von Angelika Hübscher, Mannheim 1988.

WI, II .. Welt als Wille und Vorstellung, Band I und II.
PI, II ... Parerga et Paralipomena, Band I und II
G ...... Über die vierfache Wurzel vom zureichenden Grunde 1813 und 1847.
E ...... Die Beiden Grundprobleme der Ethik (Enthält Über die Freiheit des menschlichen Willens (S.3-98) und Über das Fundament der Moral S (107-275).
N ...... Über den Willen in der Natur (S. IX-S.147).

Arthur Schopenhauer: Handschriftlicher Nachlass, Schopenhauer im Kontext III, Auf der Grundlage der Paul Deussen Edition, hrsg. von Karsten Worm, Infosoftware, Berlin 2003.

Gbr .... Gesammelte Briefe
HN .... Handschriftlicher Nachlass

Aristoteles

EE .... Eudemische Ethik
EN .... Nikomachische Ethik
M .... Metaphysik
De anima ... Über die Seele

The manufacturer's authorised representative in the EU is Springer
Nature Customer Service Centre GmbH, Europaplatz 3, 69115 Heidelberg,
Germany. If you have any concerns regarding our products, please
contact ProductSafety@springernature.com

Printed and bound by CPI Group (UK) Ltd, Croydon, CR0 4YY
27/04/2026
02097652-0002